KB213080

가사체 불교경전과
한글세대 불교경전

가사체 불교경전과
한글세대 불교경전

무비스님·조현춘 공역

운주사

인류 역사에서
행복하고 빛이나고 향기났던 사람들은
불교경전 사경독송 전하였던 사람이고

지금 지구에서
행복하고 빛이나고 향기나는 사람들도
불교경전 사경독송 전하였던 사람이니

우리모두 불교경전 사경독송 전하여서
행복하고 빛이나고 향기나는 사람되세.

불교는 과학과 부합하는 과학종교
　　　도덕과 부합하는 도덕종교
　　　행복을 창조하는 행복종교입니다.

서 문

'사람은 어떻게 살아야 하는가?'

이 질문은 인간이 그 역사를 시작하면서부터 품어온 인간존재에 대한 본질적인 문제입니다. 이것은 매우 어려운 문제이지만 '사람으로서 사람답게 사는 일'이라고 할 수 있을 것입니다. 그렇습니다. 사람인 이상 무엇보다도 중요하며 우선해야 할 일은 사람답게 사는 일입니다.

어떻게 사는 것이 사람답게 사는 일이겠습니까? 이 문제에 대한 올바른 길을 제시하기 위해서 그동안 수많은 현철들이 세상에 오시어 많은 가르침들을 남겨 놓았습니다. 불교 역시 사람이 사는 올바른 길을 위한 팔만사천의 가르침을 제시하고 있습니다. 기계문명의 발달로 물질을 누리는 삶은 눈부시고 풍요로우며 편리하게 되었으나, '사람으로서 진정

사람답게 사는 것이 무엇인가?'라는 문제에서는 그 의문이 적지 않습니다. 이번에 불교경전을 공역한 대심거사님은 심리학을 활용한 행복훈련원을 세워 많은 사람들에게 행복의 길을 안내하는 동시에 근래에는 부처님의 가르침에 심취하여 '화엄경과 화이트헤드 연구회'와 '가사체 금강경 독송회'를 지도하고 있습니다. 이 모임을 통해 부처님의 진리, 즉 '어떻게 하면 진정 사람답게 사는가?'라는 문제에 대한 해답을 한글세대들의 언어로 제시하고 있습니다. 그리고 다시 합송하기에 좋은 가사체로 다듬었습니다.

이 책『가사체 불교경전과 한글세대 불교경전』외에도 『가사체 금강경과 정본 한문 금강경』, 『The Diamond Sutra 가사체 금강경』, 그리고 여러 사경집들을 출간하였습니다.

모쪼록 참 진리인 부처님 말씀을 지금의 우리말로 읽고, 그 인연공덕으로 삶의 의미를 깨달으시기 바랍니다.

불기 2563년(서기 2019년) 如天 無比 합장

서문 • 5

I. 가사체 불교경전   9

   1. 금강경   11

   2. 아미타경   79

   3. 관음경   105

   4. 원각경   133

   5. 부모은중경   169

   6. 약사경   225

II. 가사체 불교의례   279

   1. 삼귀의   281

   2. 예불/예참   282

   3. 반야심경   287

   4. 사홍서원   296

   5. 천수경   297

   6. 새벽 종송   322

   7. 저녁 종송   324

   8. 정근   325

9. 무비·대심 법성게　　　331

10. 화엄경 약찬게　　　336

11. 장엄염불　　　342

12. 혜연선사 발원문　　　370

13. 무상계　　　376

14. 사부시　　　384

15. 큰소리 염불의 공덕 열 가지　　　387

16. 경허선사 참선곡　　　388

17. 회심곡　　　396

18. 영가법문　　　410

19. 백팔대참회　　　419

20. 신도 공양게　　　439

Ⅲ. 한글세대 불교경전　　　441

1. 부처님의 유언　　　443

2. 보현행원품　　　473

3. 지장경　　　527

미주 • 653

발문 • 673

I

가사체 불교경전

1

금강경

인류의 정신문화는 불교에 있으며,
불교의 대표경전은 금강경 입니다.

금강경은 대한민국 최대 종단인 조계종의 소의경전입니다. 또한 둘째로 큰 종단인 태고종의 소의경전이기도 합니다. 셋째로 큰 종단인 천태종의 소의경전은 법화경이지만 천태종 불교대학의 이름은 금강불교대학이며, 천태종에서도 금강경을 매우 중요시합니다.

대강백 무비스님의 발원으로 화엄경과 화이트헤드 연구회에서 1)구마라집 한문 금강경을 원본으로, 다른 한문5본, 범어2본, 티베트어본, 몽골어본을 참고하여, 문장수로 1/3 이상을 교감(수정 보완)하고, 2)지금의 우리말로 번역하였으며, 3)독송하기에 좋도록 가사체로 다듬었습니다.

별도의 책 : 『정본 한문 금강경』
　　　　　　『가사체 금강경과 정본 한문 금강경』(독송, 사경)
　　　　　　『The Diamond Sutra 가사체 금강경』

입으로 지은 업을 씻어내는 진언

깨끗이~ 깨끗하게 참으로~ 깨끗하게
완전히~ 깨끗하게 깨끗이~ 살렵니다.
수리수리 마하수리 수수리 사바하(세번)

부처님과 성중님을 모셔오는 진언

일체모든 부처님~ 일체모든 성중님~
이자리에 편안하게 임하시어 주옵소서.
나무 사만다 못다남
옴 도로도로 지미 사바하(세번)

경전 독송 전의 진언

높디높고 깊디깊은 부처님말씀
백천만겁 지나가도 듣기힘든데
제가지금 보고들어 지니었으니
부처님의 진실한뜻 이루렵니다.
옴 아라남 아라다(세번)

가사체 금강경

1장 법회가 열린 배경

①

부처님이 일천이백 오십명의 스님들과
많디많은 보살들과 어느날~ 사위국의
기원정사 계시면서 다음같이 하시는걸
제가직접 들었으며 제가직접 봤습니다[1].

②

부처님은 아침일찍 가사입고 발우들고
사위성에 들어가서 탁발하여 공양하고
기원정사[2] 돌아와서 가사발우 거두시고
발을씻고 사자좌에 오르시어 가부좌로
반듯하게 앉으시어 마음챙기 셨습니다.

③

이때에~ 스님들이 부처님께 다가가서

부처님의 양쪽발에 이마대어 예경하고
부처님을 세번돌고[3] 모두앉으 셨습니다.

2장 수보리 장로님이 가르침을 청함

①

수보리~ 장로님이[4] 자리에서 일어나서
오른어깨 드러내고 오른무릎 땅에꿇고
합장하고 부처님께 말씀드리 셨습니다.

②

거룩하신 부처님~ 정말대단 하십니다.
부처님은 보살들을[5] 참으로잘 보살피고
보살들을 참으로잘 가르치고 계십니다.

③

거룩하신 부처님~ 거룩하신 부처님~
보살의길 가려하는 선남자와 선여인은
어떻게~ 발원하고 어떻게~ 수행하며

어떻게~ 자기마음 다스려야 하옵니까?

④

수보리~ 장로님~ 수보리~ 장로님~

참으로~ 옳습니다 장로님의 말씀대로

여래는~ 보살들을 참으로잘 보살피고

보살들을 참으로잘 가르치고 있습니다.

⑤

수보리~ 장로님~ 말씀드리 겠습니다.

보살의길 가려하는 선남자와 선여인은

어떻게~ 발원하고 어떻게~ 수행하며

어떻게~ 자기마음 다스려야 하는지를

장로님을 위하여서 말씀드리 겠습니다.

⑥

거룩하신 부처님~ 말씀하여 주십시오.

저희들을 위하여서 말씀하여 주십시오.

3장 대승의 근본 가르침

①

수보리~ 장로님~ 수보리~ 장로님~
보살의길 가려하는 선남자와 선여인은
'일체중생 열반으로 내가모두 제도한다'
'알로생긴 중생이나 태로생긴 중생이나
습기에서 생긴중생 변화하여 생긴중생
형상있는 중생이나 형상없는 중생이나
생각있는 중생이나 생각없는 중생이나
생각이~ 있다없다 할수없는 중생들을
고통없고 행복가득 무여열반 이르도록
한중생도 빠짐없이 내가모두 제도한다'
이와같은 큰발원을 해야하는 것입니다.

②

이리하여 무량중생 열반으로 제도하되
중생제도 하였다고 생각하면 안됩니다.

③

수보리~ 장로님~ 수보리~ 장로님~
중생제도 하였다고 생각하는 보살들은
참~된~ 보살이라 말할수가 없습니다.

④

수보리~ 장로님~ 자기중심 인간중심
중생중심 생명중심 생각하는 보살들은
참~된~ 보살이라 말할수가 없습니다.

4장 걸림없는 보시

①

수보리~ 장로님~ 보살들은 어디에도
안걸리는 보시행을[6] 해야하는 것입니다.

②

형상소리 냄새맛촉 현상들~[7] 어디에도
안걸리는 보시행을 해야하는 것입니다.

③

수보리~ 장로님~ 참~된~ 보살들은
보시하되 보시했다 생각하지 않습니다.

④

보시하되 보시했다 생각하지 아니하는
보살들이 짓는복은[8] 한량없이 많습니다.

⑤

수보리~ 장로님~ 어찌생각 하십니까?
동방허공[9] 크기를~ 상상할수 있습니까?

⑥

아닙니다 부처님~ 상상하지 못합니다.

⑦

수보리~ 장로님~ 수보리~ 장로님~
서남북방 동남동북 서남서북 아래위~
허공들의 크기를~ 상상할수 있습니까?

⑧
아닙니다 부처님~ 상상하지 못합니다.

⑨
수보리~ 장로님~ 수보리~ 장로님~
보시하되 보시했다 생각하지 아니하는
보살들이 짓는복도 상상할수 없습니다.

⑩
수보리~ 장로님~ 참~된~ 보살들은
보시하되 보시했다 생각하지 않습니다.

5장 부처님 모습 바로 보기
①
수보리~ 장로님~ 어찌생각 하십니까?
부처님의 거룩한~ 상호들을[10]다갖추면
부처라고 말할수가 있다생각 하십니까?

②
아닙니다 부처님~ 부처상호 갖췄다고

반드시~ 부처라고 말할수는 없습니다.

③

갖추어도 갖추었다 생각하면 안됩니다.

④

수보리~ 장로님~ 갖추었다 생각하면

제대로~ 갖추었다 말할수가 없습니다.

부처상호 갖추고도 갖추었다 아니해야

참으로~ 갖추었다 말할수가 있습니다.

부처상호 갖추고도 갖추었다 아니해야

참~된~ 부처라고 말할수가 있습니다.

6장 바른 믿음의 무량 복덕

①

거룩하신 부처님~ 거룩하신 부처님~

미래에도 이법문을 믿을중생 있습니까?

②

수보리～ 장로님～ 그런말씀 마십시오.

여래가～ 열반한후 오백년이 지나가도

계지키고 복을짓는 지혜로운 사람들은

이법문을 참되다며 깊이믿을 것입니다.

③

한부처님 앞에서만 선근심지 아니하고

백천만의 부처님들 앞에서도 선근심은

사람들은 이법문을 깊이믿을 것입니다.

④

수보리～ 장로님～ 수보리～ 장로님～

여래는～ 모두알고 모두보고 있습니다.

이런사람 짓는복은 한량없이 많습니다.

⑤

이런사람 자기중심 인간중심 중생중심

생명중심 생각들을 하지않을 것입니다.

⑥
이런사람 법중심~ 생각하지 아니하고,
생각하지 않는다는 생각조차 않습니다.

⑦
법중심~ 생각해도 자기중심 인간중심
중생중심 생명중심 생각하는 것입니다.
법중심~ 생각하지 아니한다 생각해도
자기중심 인간중심 중생중심 생명중심
생각하는 것이라고 말할수가 있습니다.

⑧
보살들은 법중심~ 생각하지 아니하고
생각하지 않는다는 생각조차 않습니다.

⑨
여래말을 뗏목같이 여기도록 하십시오.
법중심~ 생각에도 걸리지~ 아니하고
걸리지~ 않는다는 생각도~ 마십시오.

7장 깨달음이나 설법에 걸리지 않음

①

수보리~ 장로님~ 어찌생각 하십니까?
'최고바른 깨달음을 온전하게 이루었다'
여래가~ 이런생각 한다할수 있습니까?
'부처님의 거룩한법 널리널리 전하였다'
여래가~ 이런생각 한다할수 있습니까?

②

거룩하신 부처님~ 거룩하신 부처님~
제가지금 부처님의 말씀이해 하기로는
'최고바른 깨달음을 온전하게 이루었다'
부처님은 그런생각 하시지~ 않습니다.
'부처님의 거룩한법 널리널리 전하였다'
부처님은 그런생각 하시지~ 않습니다.

③

이루었다 생각도~ 부처님은 않으시고

전하였다 생각도~ 부처님은 않습니다.

④

부처님은 법에도~ 걸리지~ 않으시고
걸리지~ 않는다는 생각도~ 않습니다.

⑤

내자신은 하였다는 생각에서 벗어나야
참~된~ 성현이라 말할수가 있습니다.

8장 금강경과 깨달음

①

수보리~ 장로님~ 어찌생각 하십니까?
삼천대천 세계만큼[11]금은보화 보시하는
사람들이 짓게되는 복덕들은 많습니까?

②

많습니다 부처님~ 그렇지만 말씀하신
많은복을 짓고서도 지었다고 아니해야
참으로~ 지었다고 말할수가 있습니다.

③

수보리~ 장로님~ 이법문의 사구게를[12]
하나라도 받아지녀 널리널리 전해주는
사람들이 짓는복이 훨씬더~ 많습니다.

④

수보리~ 장로님~ 수보리~ 장로님~
일체모든 부처님의 최고바른 깨달음은
이경에서 나왔다고 말할수가 있습니다.

⑤

수보리~ 장로님~ 부처님의 바른법을
깨닫고도 깨달았다 생각하지 아니해야
참으로~ 깨달았다 말할수가 있습니다.

9장 지위에 걸리지 않음

①

수보리~ 장로님~ 어찌생각 하십니까?
'나는이제 수다원을 온전하게 이루었다'

수다원이 이런생각 한다할수 있습니까?

②

아닙니다 부처님~ 그리생각 않습니다.
세상흐름 뛰어넘은 수다원을 이루고도
수다원을 이루었다 생각하지 아니해야
참으로~ 이루었다 말할수가 있습니다.
형상소리 냄새맛촉 현상들을 빠짐없이
모두뛰어 넘었다고 생각하지 아니해야
수다원을 이루었다 말할수가 있습니다.

③

수보리~ 장로님~ 어찌생각 하십니까?
'나는이제 사다함을 온전하게 이루었다'
사다함이 이런생각 한다할수 있습니까?

④

아닙니다 부처님~ 그리생각 않습니다.
세상으로 한번만올 사다함을 이루고도

사다함을 이루었다 생각하지 아니해야
참으로~ 이루었다 말할수가 있습니다.

⑤

수보리~ 장로님~ 어찌생각 하십니까?
'나는이제 아나함을 온전하게 이루었다'
아나함이 이런생각 한다할수 있습니까?

⑥

아닙니다 부처님~ 그리생각 않습니다.
세상으로 안돌아올 아나함을 이루고도
아나함을 이루었다 생각하지 아니해야
참으로~ 이루었다 말할수가 있습니다.

⑦

수보리~ 장로님~ 어찌생각 하십니까?
'나는이제 아라한을 온전하게 이루었다'
아라한이 이런생각 한다할수 있습니까?

⑧

아닙니다 부처님~ 그런생각 아니해야
참으로~ 이루었다 말할수가 있습니다.

⑨

거룩하신 부처님~ 거룩하신 부처님~
아라한을 이루었다 생각하는 아라한은
자기중심 인간중심 중생중심 생명중심
생각들에 걸려있다 말할수가 있습니다.

⑩

거룩하신 부처님~ 거룩하신 부처님~
"참으로~ 평화롭게 살고있는 아라한~"
"탐욕에서 벗어나서 자유로운 아라한~"
부처님은 저를보고 그리말씀 하셨으나
'탐욕에서 벗어나서 아라한을 이루었다'
제자신은 그러한~ 생각아니 했습니다.

⑪

거룩하신 부처님～ 거룩하신 부처님～
아라한을 이루었다 제가생각 했더라면
"참으로～ 평화롭게 살고있는 아라한～"
부처님이 제게말씀 않으셨을 것입니다.

⑫

아라한을 이루었다 제가생각 않았기에
"참으로～ 평화롭게 살고있는 아라한～"
부처님이 제게말씀 하시었던 것입니다.

10장 불국토 장엄
①

수보리～ 장로님～ 어찌생각 하십니까?
과거연등 부처님을 모시고～ 있을때에
'다음생에 최고바른 깨달음을 이룰거라'
여래가～ 생각했다 말할수가 있습니까?

아닙니다 부처님~ 그리생각 않습니다.

과거연등 부처님을 모시고~ 계실때에

'다음생에 최고바른 깨달음을 이룰거라'

부처님은 그렇게~ 생각않으 셨습니다.

수보리~ 장로님~ '불국토를 장엄했다'

여래가~ 이런생각 한다하는 보살들은

바른말을 하고있다 말할수가 없습니다.

불국토를 장엄하되 장엄했다 아니해야

참으로~ 장엄했다 말할수가 있습니다.

수보리~ 장로님~ 일체모든 보살들은

깨끗하고 맑은마음 청정심을 갖습니다.

형상소리 냄새맛촉 현상들에 안걸리며

어디에도 안걸리는 청정심을 갖습니다.

⑥

수보리~ 장로님~ 수보리~ 장로님~

수미산과[13] 같은사람 어찌생각 하십니까?

존귀하다 말할수가 있다생각 하십니까?

⑦

거룩하신 부처님~ 거룩하신 부처님~

매우매우 존귀하게 보일수도 있지마는

스스로~ 존귀하다 생각하지 아니해야

참으로~ 존귀하다 말할수가 있습니다.

11장 무위의 큰 복덕

①

수보리~ 장로님~ 어찌생각 하십니까?

강가강에[14] 있는모든 모래알과 같은수의

강가강의 모래수는 많다할수 있습니까?

②

많습니다 부처님~ 매우매우 많습니다.

강가강의 모래알도 셀수없이 많은데~

그만큼의 강가강에 있는모든 모래수는

상상조차 못할만큼 매우매우 많습니다.

③

수보리~ 장로님~ 진실말씀 드립니다.

그모든~ 강가강의 모래알과 같은수의

세계들을 채울만큼 금은보화 보시하는

선남자와 선여인이 짓는복은 많습니까?

④

많습니다 부처님~ 매우매우 많습니다.

⑤

수보리~ 장로님~ 수보리~ 장로님~

이법문의 사구게를 하나라도 받아지녀

널리널리 전해주는 선남자와 선여인이

짓는복이 그보다도 훨씬더~ 많습니다.

12장 금강경 존중

①

수보리~ 장로님~ 수보리~ 장로님~
이법문의 사구게를 하나라도 전해주면
온세상의 하느님과[15] 사람들과 아수라가[16]
부처님의 탑에하듯 공양올릴 것입니다.

②

하물며~ 이법문을 받아지녀 독송하며
전해주며 짓는복은 상상조차 못합니다.

③

수보리~ 장로님~ 수보리~ 장로님~
이사람이 짓는복은 참으로~ 많습니다.

④

이법문이 전해지고 있는곳은 어디에나
부처님과 제자들이 항상함께 계십니다.

13장 금강경을 받아 지니는 법

①

거룩하신 부처님~ 이경이름 무엇이며
어떻게~ 받들어~ 지니어야 하옵니까?

②

수보리~ 장로님~ 수보리~ 장로님~
이경이름 금강반야 바라밀경 이라하며
다음같이 받들어~ 지니어야 하옵니다.

③

수보리~ 장로님~ 금강반야 바라밀을[17]
수행하되 수행했다 생각하지 아니해야
참으로~ 수행했다 말할수가 있습니다.

④

수보리~ 장로님~ 어찌생각 하십니까?
'부처님의 거룩한법 널리널리 전하였다'
여래가~ 이런생각 한다할수 있습니까?

아닙니다 부처님~ 그리생각 않습니다.
부처님은 그런생각 하시지~ 않습니다.

수보리~ 장로님~ 어찌생각 하십니까?
삼천대천 세계이룬 티끌들은 많습니까?

많습니다 부처님~ 그렇지만 말씀하신
많은티끌 보면서도 실체라고 아니봐야
참으로~ 본다고~ 말할수가 있습니다.

세계들을 보면서도 실체라고 아니봐야
참으로~ 본다고~ 말할수가 있습니다.

수보리~ 장로님~ 어찌생각 하십니까?
서른둘의 거룩한~ 상호들을[18]다갖추면

부처라고 말할수가 있다생각 하십니까?

⑩

아닙니다 부처님~ 그리생각 않습니다.
서른둘의 거룩한~ 상호들을 갖췄다고
반드시~ 부처라고 말할수는 없습니다.

⑪

서른둘의 거룩한~ 상호들을 갖추어도
상호들을 갖추었다 생각하지 아니해야
참으로~ 갖추었다 말할수가 있습니다.

⑫

수보리~ 장로님~ 강가강의 모래만큼
여러차례 자기몸을 보시하는 복보다도
이법문의 사구게를 하나라도 받아지녀
전해주며 짓는복이 훨씬더~ 많습니다.

14장 분별에서 벗어난 적멸

①

부처님의 법문듣고 감격눈물 흘리면서
수보리~ 장로님이 말씀드리 셨습니다.

②

거룩하신 부처님~ 정말대단 하십니다.
부처님은 심오한법 설해주시 었습니다.

③

부처님의 법문듣고 지혜의눈[19] 떴습니다.

④

이런법문 단한번도 들어본적 없습니다.

⑤

거룩하신 부처님~ 이법문을 이해하는
사람들이 짓는복은 참으로~ 많습니다.

⑥

거룩하신 부처님~ 거룩하신 부처님~

이법문을 이해하되 이해했다 아니해야
참으로~ 이해했다 말할수가 있습니다.

⑦

거룩하신 부처님~ 제가지금 이법문을
이해하고 지니는건 어렵지가 않지마는
후오백년 이법문을 이해하고 받아지녀
독송하고 널리널리 설법하여 전해주는
사람들이 짓는복은 참으로~ 많습니다.

⑧

이러한~ 사람들은 자기중심 인간중심
중생중심 생명중심 생각않을 것입니다.

⑨

이러한~ 사람들은 자기중심 인간중심
중생중심 생명중심 생각들을 보면서도
실체라고 생각하지 아니할~ 것입니다.

⑩

모든생각 벗어나서 부처가될 것입니다.

⑪

수보리~ 장로님~ 참으로~ 옳습니다.
이경듣고 놀라거나 두려워~ 하지않는
사람들이 짓는복은 참으로~ 많습니다.

⑫

수보리~ 장로님~ 바라밀을 매우잘~
수행하되 수행했다 생각하지 아니해야
참으로~ 수행했다 말할수가 있습니다.

⑬

수보리~ 장로님~ 인욕수행 하면서도
인욕수행 하였다고 생각하면 안됩니다.

⑭

수보리~ 장로님~ 수보리~ 장로님~
가리왕이[20] 여래몸을 베고찢고 할때에~

그때에도 여래는~ 자기중심 인간중심
중생중심 생명중심 생각아니 했습니다.

⑮

여래몸이 마디마디 베이고~ 찢길때에
그때에~ 여래가~ 자기중심 인간중심
중생중심 생명중심 생각들을 했더라면
여래도~ 성을내고 원망했을 것입니다.

⑯

수보리~ 장로님~ 수보리~ 장로님~
인욕수행 하고있던 오백생애 동안에~
그때에도 여래는~ 자기중심 인간중심
중생중심 생명중심 생각아니 했습니다.

⑰

수보리~ 장로님~ 온갖생각 벗어나서
최고바른 깨달음을 온전하게 이루려는

큰마음을 보살들은 내야하는 것입니다.

⑱

형상소리 냄새맛촉 현상들에 안걸리는
큰마음을 보살들은 내야하는 것입니다.

⑲

어디에도 안걸리는 큰마음을 내야하며
아주작은 걸림에도 걸리면~ 안됩니다.

⑳

보살들은 형상소리 냄새맛촉 현상들에
안걸리는 보시행을 해야하는 것입니다.

㉑

수보리~ 장로님~ 보살들은 모든중생
이롭게~ 하기위해 보시하는 것입니다.

㉒

보시하되 보시했다 생각하면 아니되고
모든중생 위하였다 생각하면 안됩니다.

㉓

수보리～ 장로님～ 여래는～ 당연히～
참된말과 바른말과 옳은말만 말합니다.
속이는말 아니하고 헛된말을 안합니다.

㉔

수보리～ 장로님～ 여래는～ 부처님법
깨닫고도 깨달았다 생각하지 아니하고,
생각하지 않는다는 생각조차 않습니다.

㉕

수보리～ 장로님～ 눈이밝은 사람들도
어두운～ 밤중에는 아무것도 볼수없듯
보시하는 보살들도 걸려있는 마음으론
제대로～ 복덕들을 지을수가 없습니다.

㉖

수보리～ 장로님～ 눈이밝은 사람들도
빛이있는 낮이라야 여러모습 볼수있듯

보시하는 보살들도 마음이~ 안걸려야
참으로~ 복덕들을 지을수가 있습니다.

㉗

수보리~ 장로님~ 부처님의 지혜로써
여래는~ 모두알고 모두보고 있습니다.
이법문을 받아지녀 독송하며 전해주는
선남자와 선여인이 짓게되는 복덕들은
헤아릴수 없을만큼 한량없이 많습니다.

15장 금강경을 받아 지니는 공덕

①

수보리~ 장로님~ 백천만억 겁동안을[21]
매일매일 아침에도 한낮에도 저녁에도
강가강의 모래만큼 여러차례 자기몸을
보시하는 사람들이 짓게되는 복보다도
이법문을 듣고서~ 비방않는 사람들이

짓게되는 복덕들이 훨씬더~ 많습니다.

②

하물며~ 이법문을 사경하고 받아지녀
독송하고 널리널리 전해주는 복덕이랴!

③

수보리~ 장로님~ 이법문의 복덕들은
헤아릴수 없을만큼 한량없이 많습니다.

④

이법문은 대승의길[22]가는사람 위하여서
최상승길 가는사람 위하여서 설합니다.

⑤

이법문을 받아지녀 독송하며 설해주면
여래는~ 모두알고 모두보고 있습니다.
이런사람 짓는복은 끝도없이 많습니다.
헤아릴수 없을만큼 한량없이 많습니다.

⑥
최고바른 깨달음을 이루게될 것입니다.
⑦
수보리～ 장로님～ 수보리～ 장로님～
믿는마음 부족하여 자기중심 인간중심
중생중심 생명중심 생각하는 사람들은
이법문을 받아지녀 독송하지 못합니다.
널리널리 설법하여 전해주지 못합니다.
⑧
수보리～ 장로님～ 이법문이 있는곳은
온세상의 하느님과 사람들과 아수라가
부처님의 탑에하듯 공양올릴 것입니다.
예경하며 꽃과향을 올리게될 것입니다.

16장 전생 죄업까지도 씻어냄

①

수보리~ 장로님~ 이법문을 받아지녀
독송하며 널리널리 전하여~ 주면서도
천대받는 선남자와 선여인이 있습니다.
이들은~ 전생지은 죄업으로[23] 인하여서
다음생에 삼악도에 떨어질~ 사람인데
이생에서 남들에게 약간천대 받음으로
전생죄업 소멸하고 깨달음을 이룹니다.

②

수보리~ 장로님~ 수보리~ 장로님~
여래가~ 과거연등 부처님을 모시기전,
여래는~ 백천만억 아승기겁[24] 동안에~
팔만사천 만억나유 부처님을 친견하며
빠짐없이 정성다해 섬겼던일 있습니다.

③

그렇지만 말법세상 이법문을 받아지녀
독송하고 전해주며 짓는복에 비교하면
여래가~ 그모든~ 부처님께 공양하고
예경하여 지은복은 백분의일 천분의일
만억분의 일에조차 미치지~ 못합니다.
숫자로는 비교조차 할수가~ 없습니다.

④

수보리~ 장로님~ 수보리~ 장로님~
말법세상 이법문을 받아지녀 독송하며
널리널리 전해주는 선남자와 선여인이
짓게되는 복덕들을 여래가~ 다말하면
사람들은 믿지않고 혼란해할 것입니다.

⑤

수보리~ 장로님~ 이법문의 복덕들은

헤아릴수 없을만큼 한량없이 많습니다.
이에따라 생겨나는 이법문의 과보역시
헤아릴수 없을만큼 한량없이 많습니다.

17장 자기중심 생각에서 완전히 벗어남
①
거룩하신 부처님~ 거룩하신 부처님~
보살의길 가려하는 선남자와 선여인은
어떻게~ 발원하고 어떻게~ 수행하며
어떻게~ 자기마음 다스려야 하옵니까?
②
수보리~ 장로님~ 수보리~ 장로님~
보살의길 가려하는 선남자와 선여인은
'일체중생 열반으로 내가모두 제도한다'
이와같은 큰발원을 해야하는 것입니다.

③

이리하여 일체중생 열반으로 제도하되
중생제도 하였다고 생각하면 안됩니다.

④

수보리~ 장로님~ 자기중심 인간중심
중생중심 생명중심 생각하는 보살들은
참~된~ 보살이라 말할수가 없습니다.

⑤

수보리~ 장로님~ 그런생각 아니해야
참으로~ 보살의길 가고있는 것입니다.

⑥

수보리~ 장로님~ 어찌생각 하십니까?
과거연등 부처님을 모시고~ 있을때에
'다음생에 최고바른 깨달음을 이룰거라'
여래가~ 생각했다 말할수가 있습니까?

⑦

아닙니다 부처님~ 그리생각 않습니다.
제가지금 부처님의 말씀이해 하기로는
과거연등 부처님을 모시고~ 계실때에
'다음생에 최고바른 깨달음을 이룰거라'
부처님은 그렇게~ 생각않으 셨습니다.

⑧

수보리~ 장로님~ 참으로~ 옳습니다.
'다음생에 최고바른 깨달음을 이룰거라'
여래는~ 그렇게~ 생각아니 했습니다.

⑨

수보리~ 장로님~ 수보리~ 장로님~
'다음생에 최고바른 깨달음을 이룰거라'
여래가~ 그렇게~ 생각을~ 했더라면
과거연등 부처님이 여래에게 그당시에

"다음생에 석가모니 부처가될 것입니다"
이러한~ 수기를~ 안주셨을 것입니다.

⑩

'다음생에 최고바른 깨달음을 이룰거라'
여래가~ 그렇게~ 생각하지 않았기에
과거연등 부처님이 여래에게 그당시에
"다음생에 석가모니 부처가될 것입니다"
이러한~ 수기를~ 주시었던 것입니다.

⑪

수보리~ 장로님~ 부처라고 하는말은
모든것에 대하여서 여여하다[25] 뜻입니다.

⑫

수보리~ 장로님~ 수보리~ 장로님~
'최고바른 깨달음을 온전하게 이루었다'
여래가~ 이런생각 한다하는 사람들은

여래를~ 근거없이 비방하는 것입니다.

⑬
수보리~ 장로님~ 수보리~ 장로님~
'최고바른 깨달음을 온전하게 이루었다'
여래는~ 이런생각 조금도~ 않습니다.

⑭
수보리~ 장로님~ 여래는~ 깨달음을
이루고도 이루었다 생각하지 아니하고,
생각하지 않는다는 생각조차 아니하여
모든법을 깨달았다 말할수가 있습니다.
부처님법 깨달았다 말할수가 있습니다.

⑮
수보리~ 장로님~ 일체모든 법들을~
깨닫고도 깨달았다 생각하지 아니해야
참으로~ 깨달았다 말할수가 있습니다.

⑯

수보리~ 장로님~ 수보리~ 장로님~
존귀함에 대하여서 말씀하여 보십시오.

⑰

거룩하신 부처님~ 거룩하신 부처님~
존귀하되 존귀하다 생각하지 아니해야
참으로~ 존귀하다 말할수가 있습니다.

⑱

수보리~ 장로님~ 보살들도 같습니다.
중생제도 하였다고 말을하는 보살들은
참~된~ 보살이라 말할수가 없습니다.

⑲

수보리~ 장로님~ 어찌생각 하십니까?
'나는이제 보살경지 온전하게 이루었다'
보살이~ 이런생각 한다할수 있습니까?

㉕

아닙니다 부처님~ 그런생각 아니해야
참~된~ 보살이라 말할수가 있습니다.

㉑

수보리~ 장로님~ 중생제도 하고서도
중생제도 하였다고 생각하지 아니해야
참으로~ 제도했다 말할수가 있습니다.

㉒

어떠한~ 경우라도 자기중심 인간중심
중생중심 생명중심 생각하면 안됩니다.

㉓

수보리~ 장로님~ 수보리~ 장로님~
불국토를 장엄했다 말을하는 보살들은
참~된~ 보살이라 말할수가 없습니다.

㉔

불국토를 장엄하되 장엄했다 아니해야

참으로~ 장엄했다 말할수가 있습니다.
㉕
수보리~ 장로님~ 수보리~ 장로님~
자기중심 생각들을 조금도~ 아니해야
참~된~ 보살이라 말할수가 있습니다.

18장 빠짐없이 두루 관찰함
①
수보리~ 장로님~ 어찌생각 하십니까?
여래는~ 육신의눈[26] 가지고~ 있습니까?
②
거룩하신 부처님~ 가지고~ 계십니다.
부처님은 육신의눈 가지고~ 계십니다.
③
수보리~ 장로님~ 어찌생각 하십니까?
여래는~ 하늘의눈[27] 가지고~ 있습니까?

④

거룩하신 부처님~ 가지고~ 계십니다.
부처님은 하늘의눈 가지고~ 계십니다.

⑤

수보리~ 장로님~ 어찌생각 하십니까?
여래는~ 지혜의눈[28]가지고~ 있습니까?

⑥

거룩하신 부처님~ 가지고~ 계십니다.
부처님은 지혜의눈 가지고~ 계십니다.

⑦

수보리~ 장로님~ 어찌생각 하십니까?
여래는~ 법의눈을[29]가지고~ 있습니까?

⑧

거룩하신 부처님~ 가지고~ 계십니다.
부처님은 법의눈을 가지고~ 계십니다.

⑨

수보리~ 장로님~ 어찌생각 하십니까?

여래는~ 부처의눈[30]가지고~ 있습니까?

⑩

거룩하신 부처님~ 가지고~ 계십니다.

부처님은 부처의눈 가지고~ 계십니다.

⑪

수보리~ 장로님~ 어찌생각 하십니까?

"강가강에 있는모든 모래알과 같은수~"

여래가~ 이런말을 했던적이 있습니까?

⑫

거룩하신 부처님~ 하신적이 있습니다.

부처님은 그런말씀 하신적이 있습니다.

⑬

수보리~ 장로님~ 어찌생각 하십니까?

강가강에 있는모든 모래알과 같은수의

강가강의 모래수의 세계들은 많습니까?

⑭

많습니다 부처님~ 매우매우 많습니다.

⑮

수보리~ 장로님~ 그모든~ 세계안의
모든중생 모든마음 여래는~ 다압니다.

⑯

마음들을 알면서도 실체라고 아니해야
참으로~ 안다고~ 말할수가 있습니다.

⑰

수보리~ 장로님~ 수보리~ 장로님~
과거의~ 마음에도 걸리면~ 아니되고
미래의~ 마음에도 걸리면~ 아니되며
현재의~ 마음에도 걸리면~ 안됩니다.

19장 복덕에 걸리지 않음

①

수보리~ 장로님~ 어찌생각 하십니까?

삼천대천 세계만큼 금은보화 보시하는

사람들이 짓게되는 복덕들은 많습니까?

②

많습니다 부처님~ 매우매우 많습니다.

③

수보리~ 장로님~ 수보리~ 장로님~

많은복을 짓더라도 지었다고 생각하면

제대로~ 지었다고 말할수가 없습니다.

④

복짓고도 지었다고 생각하지 아니해야

참으로~ 지었다고 말할수가 있습니다.

20장 모습에 걸리지 않음

①

수보리~ 장로님~ 어찌생각 하십니까?

부처님의 거룩한~ 형상들을[31] 다갖추면

부처라고 말할수가 있다생각 하십니까?

②

아닙니다 부처님~ 부처형상 갖췄다고

반드시~ 부처라고 말할수는 없습니다.

③

부처형상 갖추고도 갖추었다 아니해야

참으로~ 갖추었다 말할수가 있습니다.

④

수보리~ 장로님~ 어찌생각 하십니까?

부처님의 거룩한~ 상호들을[32] 다갖추면

부처라고 말할수가 있다생각 하십니까?

아닙니다 부처님~ 부처상호 갖췄다고
반드시~ 부처라고 말할수는 없습니다.

⑥

부처상호 갖추고도 갖추었다 아니해야
참으로~ 갖추었다 말할수가 있습니다.

21장 설법에 걸리지 않음

①

수보리~ 장로님~ 어찌생각 하십니까?
'부처님의 거룩한법 널리전해 주었다'고
여래가~ 생각한다 말할수가 있습니까?

②

아닙니다 부처님~ 그리생각 않습니다.

③

수보리~ 장로님~ 참으로~ 옳습니다.

'부처님의 거룩한법 널리전해 주었다'고
여래가~ 생각한다 말을하는 사람들은
여래를~ 근거없이 비방하는 것입니다.
④

수보리~ 장로님~ 부처님의 법을널리
전하고도 전하였다 생각하지 아니해야
참으로~ 전하였다 말할수가 있습니다.
⑤

거룩하신 부처님~ 거룩하신 부처님~
미래에도 이법문을 믿을중생 있습니까?
⑥

수보리~ 장로님~ 수보리~ 장로님~
이법문을 아니믿는 중생들을 보면서도
아니믿는 중생이라 생각하면 안됩니다.
⑦

수보리~ 장로님~ 중생들을 보면서도

중생들을 실체라고 생각하지 아니해야
참으로~ 본다고~ 말할수가 있습니다.

22장 깨달음에 걸리지 않음

①

수보리~ 장로님~ 어찌생각 하십니까?
'최고바른 깨달음을 온전하게 이루었다'
여래가~ 이런생각 한다할수 있습니까?

②

아닙니다 부처님~ 그리생각 않습니다.
'최고바른 깨달음을 온전하게 이루었다'
부처님은 그런생각 조금도~ 않습니다.

③

수보리~ 장로님~ 참으로~ 옳습니다.
'최고바른 깨달음을 온전하게 이루었다'
여래는~ 이런생각 조금도~ 아니해서

참으로~ 이루었다 말할수가 있습니다.

23장 깨끗한 마음으로 법을 잘 닦음
①
수보리~ 장로님~ 수보리~ 장로님~
차별하지 아니하고 평등하게 생각해야
최고바른 깨달음을 이룰수가 있습니다.
②
수보리~ 장로님~ 자기중심 인간중심
중생중심 생명중심 생각하지 아니하고
일체모든 법들을~ 온전하게 닦았어야
최고바른 깨달음을 이룰수가 있습니다.
③
수보리~ 장로님~ 수보리~ 장로님~
법들을잘 닦았어도 닦았다고 아니해야
참으로~ 닦았다고 말할수가 있습니다.

24장 비교할 수 없이 큰 복덕

①

수보리~ 장로님~ 삼천대천 세계안의
가장큰산 수미산을 전부합친 것만큼의
금은보화 보시하는 사람들이 짓는복은
이법문의 사구게를 하나라도 받아지녀
독송하며 널리널리 전해주는 사람들이
짓는복에 비교하면 백분의일 천분의일
만억분의 일에조차 미치지~ 못합니다.
숫자로는 비교조차 할수가~ 없습니다.

25장 중생해탈에 걸리지 않음

①

수보리~ 장로님~ 어찌생각 하십니까?
"중생해탈 시켰다고 여래가~ 생각한다"
이렇게~ 말할수가 있다생각 하십니까?

수보리~ 장로님~ 그리생각 마십시오.
여래는~ 그런생각 조금도~ 않습니다.

②

중생해탈 시켰다고 여래가~ 생각하면
여래도~ 자기중심 인간중심 중생중심
생명중심 생각들을 하고있는 것입니다.

③

수보리~ 장로님~ 자기중심 생각보되
그생각을 실체라고 생각하면 안됩니다.
범부들만[33] 그렇게~ 생각하는 것입니다.

④

수보리~ 장로님~ 범부들을 보면서도
범부들을 실체라고 생각하지 아니해야
참으로~ 본다고~ 말할수가 있습니다.

26장 법신에도 걸리지 않음

①

수보리~ 장로님~ 어찌생각 하십니까?

부처님의 거룩한~ 상호들을 다갖추면

부처라고 말할수가 있다생각 하십니까?

②

아닙니다 부처님~ 부처상호 갖췄다고

반드시~ 부처라고 말할수는 없습니다.

③

수보리~ 장로님~ 참으로~ 옳습니다.

장로님의 말씀대로 부처상호 갖췄다고

반드시~ 부처라고 말할수는 없습니다.

④

부처상호 갖췄다고 부처라고 말한다면

전륜왕도[34] 부처라고 하여야할 것입니다.

⑤

거룩하신 부처님~ "부처상호 갖췄다고
반드시~ 부처라고 말할수는 없다"라는
부처님의 말씀더잘 이해하게 됐습니다.

⑥

이때에~ 부처님이 게송부르 셨습니다.
　형상으로 부처님을 보려하거나
　음성으로 부처님을 찾으려하면
　옳지않은 길을가고 있기때문에
　부처님을 만나뵐수 없게됩니다.

⑦

　부처님은 법성으로 봐야합니다.
　부처님은 법신으로 나타납니다.
　부처님을 인식으로 찾으려하면
　부처님을 찾을수가 없게됩니다.

27장 단절과 소멸을 초월함

①

수보리~ 장로님~ 어찌생각 하십니까?
"여래는~ 부처상호 다갖추고 있으니까
최고바른 깨달음을 온전하게 이루었다"
그렇게~ 말할수가 있다생각 하십니까?

②

수보리~ 장로님~ 그리생각 마십시오.
"여래는~ 부처상호 다갖추고 있으니까
최고바른 깨달음을 온전하게 이루었다"
누구도~ 그렇게~ 말할수가 없습니다.

③

수보리~ 장로님~ 수보리~ 장로님~
보살의길 가고있는 사람들도 생각들이
끊어지고 없어질수 있다생각 마십시오.

보살의길 가고있는 사람들은 생각들이
끊어지지 아니하고 없어지지 않습니다.

28장 보답에 걸리지 않음

①

수보리～ 장로님～ 수보리～ 장로님～
강가강의 모래수와 같은세계 채울만큼
금은보화 보시하는 사람짓는 복보다도
자기중심 생각에서 완전하게 벗어나신
보살들이 짓는복이 훨씬더～ 많습니다.

②

수보리～ 장로님～ 참～된～ 보살들은
지은복을 누리려고 생각하지 않습니다.

③

거룩하신 부처님～ 어떻게～ 하는것이

지은복을 누리려고 생각않는 것입니까?

④

수보리~ 장로님~ 수보리~ 장로님~
복짓고도 지었다고 생각하지 아니해야
지은복을 누리려고 생각않는 것입니다.

29장 고요하고 평화로운 부처님 모습

①

수보리~ 장로님~ 수보리~ 장로님~
"부처님은 스스로~ '와서있다 가서있다
멈춰있다 앉아있다 누워있다' 생각한다"
이런말을 하는사람 여래가~ 하는말을
제대로~ 이해한다 말할수가 없습니다.

②

와있다는 생각에도 걸리지~ 아니하고
가있다는 생각에도 걸리지~ 아니해야

참~된~ 부처라고 말할수가 있습니다.

30장 대상에 걸리지 않음
①
수보리~ 장로님~ 선남자와 선여인이
삼천대천 세계부숴 티끌로~ 만든다면
어찌생각 하십니까 티끌수는 많습니까?
②
많습니다 부처님~ 그렇지만 말씀하신
티끌들을 보더라도 실체라고 생각하면
제대로~ 본다고~ 말할수가 없습니다.
③
티끌들을 보면서도 실체라고 아니봐야
참으로~ 본다고~ 말할수가 있습니다.
④
거룩하신 부처님~ 거룩하신 부처님~
삼천대천 세계보되 실체라고 아니봐야

참으로~ 본다고~ 말할수가 있습니다.
⑤
삼천대천 세계들을 실체라고 생각하면
일합상에 걸려있다 말할수가 있습니다.
⑥
일합상을 보면서도 실체라고 아니봐야
참으로~ 본다고~ 말할수가 있습니다.
⑦
수보리~ 장로님~ 수보리~ 장로님~
일합상을 실체라고 생각하면 안됩니다.
범부들만 그렇게~ 생각하는 것입니다.

31장 지견을 내지 않음
①
수보리~ 장로님~ 자기중심 인간중심
중생중심 생명중심 편견에서 벗어나라
설법하여 주었다고 여래가~ 생각한다

이런말을 하는사람 어찌생각 하십니까?
옳은말을 하고있다 말할수가 있습니까?

②

아닙니다 부처님~ 그리생각 않습니다.
옳은말을 하고있다 말할수가 없습니다.

③

자기중심 인간중심 중생중심 생명중심
편견에서 벗어나라 부처님은 설법하되
설법하여 주었다고 생각하지 아니하여
참으로~ 설법했다 말할수가 있습니다.

④

수보리~ 장로님~ 수보리~ 장로님~
참으로~ 보살의길 가려하는 사람들은
모든것을 있는대로 온전하게 알고보며
있는대로 믿고이해 해야하는 것입니다.
법중심~ 생각에도 걸리면~ 안됩니다.

⑤
수보리~ 장로님~ 수보리~ 장로님~
법중심~ 생각보되 실체라고 아니봐야
참으로~ 본다고~ 말할수가 있습니다.

32장 모든 것은 지나감
①
수보리~ 장로님~ 수보리~ 장로님~
헤아릴수 없이많은 무량세계 채울만큼
금은보화 보시하는 사람짓는 복보다도
이법문의 사구게를 하나라도 받아지녀
독송하며 널리널리 전해주는 사람들이
짓게되는 복덕들이 훨씬더~ 많습니다.
②
어떻게~ 전해줘야 하는지를 아십니까?
전하여~ 주었다고 생각하지 아니해야

참으로~ 전해줬다 말할수가 있습니다.

③

보고듣는 일체모든 삼라만상은
별허깨비 등불환영 이슬과거품
꿈과번개 구름처럼 지나갑니다.
모든것을 이와같이 봐야합니다.

④

부처님이 이법문을 모두모두 마치시니,
수보리~ 장로님과 남자스님 여자스님
남자신도 여자신도 보살님들 모든세상
하느님과 사람들과 아수라와 건달바가
부처님의 설법듣고 매우매우 기뻐하며
믿고지녀 받들어~ 행하기로 했습니다.

〈가사체 금강경 끝〉

2

아미타경

아미타경에는 극락세계가 있습니다. 극락세계는 불교인의 희망입니다. 또한 모든 인류의 희망입니다.

일상생활 속에서
'나무 아미타불'을 열심히 염송해서 이 생에서 바로 극락세계를 이루시면 가장 좋습니다. 일주일에 한 시간이라도 아미타경을 읽고, '나무 아미타불'을 하시기를 축원드립니다.

임종이 가까이 오면,
모든 힘을 다하여서 (정말 죽을 힘을 다하여) '나무 아미타불'을 염송하시기 바랍니다. 이 생을 떠나는 분은 자신을 위하여, 보내는 분들은 떠나는 분의 극락왕생을 위하여 지극 정성으로 '나무 아미타불'을 해 주시기를 축원드립니다. 업풍에 날아가지 않을 수 있습니다. 저승사자에게 끌려가지 않을 수 있습니다.

입으로 지은 업을 씻어내는 진언

깨끗이~ 깨끗하게 참으로~ 깨끗하게
완전히~ 깨끗하게 깨끗이~ 살렵니다.
수리수리 마하수리 수수리 사바하(세번)

부처님과 성중님을 모셔오는 진언

일체모든 부처님~ 일체모든 성중님~
이자리에 편안하게 임하시어 주옵소서.
나무 사만다 못다남
옴 도로도로 지미 사바하(세번)

경전 독송 전의 진언

높디높고 깊디깊은 부처님말씀
백천만겁 지나가도 듣기힘든데
제가지금 보고들어 지니었으니
부처님의 진실한뜻 이루렵니다.
옴 아라남 아라다(세번)

가사체 아미타경

1장 법회가 열린 배경

①

부처님이 일천이백 오십명의 스님들과
대중들을 위하여서 어느날~ 사위국의
기원정사 계시면서 다음같이 하시는걸
제가직접 들었으며 제가직접 봤습니다.

②

사리불~ 목건련~ 마하가섭 가전연~
구치라~ 이바다~ 주리반타 난~다~
아난다~ 라후라~ 교범바제 빈두로파
가류타이 겁빈나~ 아누루다 박구라등
많디많은 아라한도[35]같이자리 했습니다.

③

제자외에 법왕자인 문수사리 보살님~

아일다~ 보살님~ 건타하제 보살님~
상정진~ 보살님등 많은보살 오시었고
환인등의 많디많은 하느님도 왔습니다.

2장 극락세계의 존재
①

부처님이 사리불께 말씀하시 었습니다.
사리불~ 장로님~ 여기에서 서쪽으로
일십만억 많디많은 나라들을 지나가면
아미타~ 부처님이 설법하고 계시는~
아미타불 서방정토 극락세계 있습니다.

3장 보물 가로수와 연못과 연꽃
①

사리불~ 장로님~ 어찌하여 그세계를
서방정토 극락이라 하는지를 아십니까?

극락세계 중생들은[36]괴로움이 전혀없고
모든낙을 누리므로 극락이라 말합니다.

②

사리불~ 장로님~ 아미타~ 부처님의
극락세계 네가지의 최고좋은 보물로된[37]
일곱겹의 난간들과 일곱겹의 그물들과
일곱겹의 가로수로 둘러싸여 있습니다.

③

사리불~ 장로님~ 아미타~ 부처님의
극락세계 공덕장엄 이렇게도 좋습니다.

④

극락에는 팔공덕수 좋은물로[38]가득찬~
일곱가지 최고좋은 보물연못[39] 있습니다.

⑤

연못바닥 금모래가 평평하게 깔려있고
연못둑은 금과은과 파란옥과 수정이며

연못위의 누각들은 금과은과 파란옥과
수정들과 하얀산호 빨간진주 마노로써
찬란하고 황홀하게 장식되어 있습니다.
⑥
연못안의 물위에는 수레바퀴 만큼크고
참으로~ 아름다운 연꽃피어 있습니다.
⑦
파란색과 파란빛의 연꽃들도 피어있고
노란색과 노란빛의 연꽃들도 피어있고
빨간색과 빨간빛의 연꽃들도 피어있고
하얀색과 하얀빛의 연꽃들도 피어있고
여러가지 색과빛의 연꽃들도 피어있고
참으로~ 아름답고 참으로~ 향기로운
가지가지 연꽃들이 가득피어 있습니다.

⑧
사리불～ 장로님～ 아미타～ 부처님의
극락세계 공덕장엄 이렇게도 좋습니다.

4장 극락중생들의 꽃 공양
①
사리불～ 장로님～ 아미타～ 부처님의
극락세계 항상좋은 노래소리 들려오며
땅바닥은 황금이며 하늘에는 쉬지않고
만다라꽃 꽃비가득 내려오고 있습니다.
②
아미타～ 부처님의 극락세계 중생들은
매일매일 아침마다 한식경도 되기전에
시방세계[40] 일십만억 부처님께 꽃올리고
돌아와서 여유롭게 산책을～ 즐깁니다.

③
사리불~ 장로님~ 아미타~ 부처님의
극락세계 공덕장엄 이렇게도 좋습니다.

5장 새와 나무의 설법

①
사리불~ 장로님~ 서방정토 극락에는
참으로~ 아름다운 여러빛깔 많은새가
쉬지않고 끊임없이 노래하고 있습니다.

②
흰고니~ 공작새~ 앵무새~ 사리새~
극락새~ 공명새가 우아한~ 목소리로
쉬지않고 끊임없이 노래하고 있습니다.

③
다섯가지 마음가짐[41] 다섯가지 수행의힘[42]
일곱가지 선악기준[43] 여덟가지 바른수행[44]

쉬지않고 끊임없이 노래하고 있습니다.

④

극락세계 중생들은 이노래를 들으면서
온마음과 온몸으로 부처님을 염불하고
일심으로 부처님의 가르침을 염법하고
거룩한~ 대중들을 염승하고 있습니다.

⑤

사리불~ 장로님~ 이새들이 죄때문에
축생으로 태어났다 생각하지 마십시오.

⑥

극락에는 지옥아귀 축생전혀 없습니다.
지옥아귀 축생들이[45] 전혀없는 극락인데
어떻게~ 이새들이 축생일수 있으리오!

⑦

여기있는 이새들은 아미타~ 부처님이
설법위해 법력으로 나투게한 것입니다.

⑧

사리불~ 장로님~ 아미타~ 부처님의
서방정토 극락에는 잔잔한~ 바람결이
보물로된 가로수와 보물그물 흔들어서
황홀하고 감미로운 소리내고 있습니다.

⑨

백천가지 악기들을 합주하는 것과같이
황홀하고 감미로운 소리내고 있습니다.

⑩

극락세계 중생들은 이소리를 들으면서
온마음과 온몸으로 부처님을 염불하고
일심으로 부처님의 가르침을 염법하고
거룩한~ 대중들을 염승하고 있습니다.

⑪

사리불~ 장로님~ 아미타~ 부처님의
극락세계 공덕장엄 이렇게도 좋습니다.

6장 극락 대중

①

사리불∼ 장로님∼ 어찌하여 그부처님
무량수불 이라고도 말하는지 아십니까?

②

그부처님 수명은∼ 무량무변 아승기겁[46]
극락중생 수명도∼ 무량무변 아승기겁
그리하여 무량수불[47] 이라고도 말합니다.

③

사리불∼ 장로님∼ 어찌하여 그부처님
무량광불[48] 이라고도 말하는지 아십니까?

④

그부처님 발하는빛 한량없이 밝디밝아
조금도∼ 걸림없이 시방세계 다비추어
무량광불 이라고도 말을하는 것입니다.

⑤

사리불~ 장로님~ 아미타~ 부처님이

성불하여 부처된지 열겁이~ 됐습니다.

⑥

사리불~ 장로님~ 아미타~ 부처님은

끝도없이 많디많은 성문제자[49]아라한과

한량없는 보살들에 둘러싸여 계십니다.

⑦

사리불~ 장로님~ 아미타~ 부처님의

극락세계 공덕장엄 이렇게도 좋습니다.

7장 극락왕생 발원

①

사리불~ 장로님~ 사리불~ 장로님~

아미타~ 부처님의 극락세계 중생들은

윤회하는 중생으로 돌아가지 않습니다.

②

아미타~ 부처님의 극락세계 중생중엔

다음생에 부처될분 수도없이 많습니다.

무량무변 아승기겁 계속해서 말을해야

다말할수 있을만큼 수도없이 많습니다.

③

사리불~ 장로님~ 이말듣는 중생들은

이렇게도 훌륭하신 분들이~ 많이있는

서방정토 극락세계 태어나길 소원하며

일심으로 아미타불 염송해야 하십니다.

8장 수지독송의 공덕

①

사리불~ 장로님~ 작은선행 복으로는

서방정토 극락세계 태어날수 없습니다.

②

사리불～ 장로님～ 하루이틀 만이라도
사흘나흘 닷새엿새 이레동안 만이라도
온마음과 온몸으로 아미타불 염송하다
이세상을 떠나가는 사람들은 빠짐없이
아미타～ 부처님과 제자들과 보살들이
극락세계 태어나는 길로안내 하십니다.

③

깨달음의 길로부터 벗어나지 아니하고
극락세계 태어나는 길로안내 하십니다.

④

사리불～ 장로님～ 이런공덕 알고있어
간절하게 제가말씀 드리는～ 것입니다.

⑤

사리불～ 장로님～ 이말듣는 중생들은
서방정토 극락세계 태어나길 소원하며

일심으로 아미타불 염송해야 하십니다.

9장 모든 부처님들의 권유
①

사리불~ 장로님~ 아미타~ 부처님의
상상할수 없이많은 공덕들에 대하여서
간절하게 제가말씀 드리는~ 것과같이
동방세계 에서도~ 아촉비~ 부처님~
수미상~ 부처님~ 대수미~ 부처님~
수미광~ 부처님~ 묘~음~ 부처님등
강가강의 모래수와 같이많은 부처님이
참으로~ 간절하게 설법하고 계십니다.
각각자기 세계에서 삼천대천 세계에~[50]
두루미칠 큰소리로 설법하고 계십니다.
믿어야만 하십니다. 아미타~ 부처님의

상상할수 없는공덕 믿어야만 하십니다.
일체모든 부처님의 간절하신 가르침을[51]
온마음과 온몸으로 믿어야만 하십니다.

②

사리불~ 장로님~ 사리불~ 장로님~
남방세계 에서도~ 일월등~ 부처님~
명문광~ 부처님~ 대염견~ 부처님~
수미등~ 부처님~ 무량정진 부처님등
강가강의 모래수와 같이많은 부처님이
참으로~ 간절하게 설법하고 계십니다.
각각자기 세계에서 삼천대천 세계에~
두루미칠 큰소리로 설법하고 계십니다.
믿어야만 하십니다. 아미타~ 부처님의
상상할수 없는공덕 믿어야만 하십니다.
일체모든 부처님의 간절하신 가르침을

온마음과 온몸으로 믿어야만 하십니다.

③

사리불~ 장로님~ 사리불~ 장로님~

서방세계 에서도~ 무량수~ 부처님~

무량상~ 부처님~ 무량당~ 부처님~

대~광~ 부처님~ 대~명~ 부처님~

보~상~ 부처님~ 정~광~ 부처님등

강가강의 모래수와 같이많은 부처님이

참으로~ 간절하게 설법하고 계십니다.

각각자기 세계에서 삼천대천 세계에~

두루미칠 큰소리로 설법하고 계십니다.

믿어야만 하십니다. 아미타~ 부처님의

상상할수 없는공덕 믿어야만 하십니다.

일체모든 부처님의 간절하신 가르침을

온마음과 온몸으로 믿어야만 하십니다.

④

사리불~ 장로님~ 사리불~ 장로님~
북방세계 에서도~ 염~견~ 부처님~
최승음~ 부처님~ 난~저~ 부처님~
일~생~ 부처님~ 망~명~ 부처님등
강가강의 모래수와 같이많은 부처님이
참으로~ 간절하게 설법하고 계십니다.
각각자기 세계에서 삼천대천 세계에~
두루미칠 큰소리로 설법하고 계십니다.
믿어야만 하십니다. 아미타~ 부처님의
상상할수 없는공덕 믿어야만 하십니다.
일체모든 부처님의 간절하신 가르침을
온마음과 온몸으로 믿어야만 하십니다.

⑤

사리불~ 장로님~ 하방세계 에서도~

사~자~ 부처님~ 명~문~ 부처님~
명~광~ 부처님~ 달~마~ 부처님~
법~당~ 부처님~ 지~법~ 부처님등
강가강의 모래수와 같이많은 부처님이
참으로~ 간절하게 설법하고 계십니다.
각각자기 세계에서 삼천대천 세계에~
두루미칠 큰소리로 설법하고 계십니다.
믿어야만 하십니다. 아미타~ 부처님의
상상할수 없는공덕 믿어야만 하십니다.
일체모든 부처님의 간절하신 가르침을
온마음과 온몸으로 믿어야만 하십니다.

⑥

사리불~ 장로님~ 상방세계 에서도~
범~음~ 부처님~ 수~왕~ 부처님~
향~상~ 부처님~ 향~광~ 부처님~

대염견~ 부처님~[52]잡색보화 부처님~
사라수왕 부처님~ 보화덕~ 부처님~
견일체의 부처님~ 여수미산 부처님등
강가강의 모래수와 같이많은 부처님이
참으로~ 간절하게 설법하고 계십니다.
각각자기 세계에서 삼천대천 세계에~
두루미칠 큰소리로 설법하고 계십니다.
믿어야만 하십니다. 아미타~ 부처님의
상상할수 없는공덕 믿어야만 하십니다.
일체모든 부처님의 간절하신 가르침을
온마음과 온몸으로 믿어야만 하십니다.

10장 듣고 믿기를 권함

①

사리불~ 장로님~ 일체모든 부처님이

간절하게 말하시는 이유를~ 아십니까?

②

사리불~ 장로님~ 사리불~ 장로님~
이경전을 받아지녀 온마음과 온몸으로
아미타~ 부처님을 염송하는 사람들은
아미타~ 부처님과 제자들과 보살들이
극락세계 태어나는 길로안내 하십니다.

③

깨달음의 길로부터 벗어나지 아니하고
극락세계 태어나는 길로안내 하십니다.

④

사리불~ 장로님~ 사리불~ 장로님~
저의말과 일체모든 부처님의 가르침을
온마음과 온몸으로 믿어야만 하십니다.

⑤

사리불~ 장로님~ 사리불~ 장로님~

서방정토 극락세계 태어나길 소원하며
온마음과 온몸으로 아미타불 염송하며
이세상을 이미떠난 사람들은 빠짐없이
깨달음의 길로부터 벗어나지 아니하고
서방정토 극락세계 이미태어 났습니다.
⑥

서방정토 극락세계 태어나길 소원하며
온마음과 온몸으로 아미타불 염송하며
이세상을 떠나가는 사람들도 빠짐없이
깨달음의 길로부터 벗어나지 아니하고
서방정토 극락세계 태어나는 중입니다.
⑦

서방정토 극락세계 태어나길 소원하며
온마음과 온몸으로 아미타불 염송하며
이세상을 떠나게될 사람들도 빠짐없이

깨달음의 길로부터 벗어나지 아니하고
서방정토 극락세계 태어날~ 것입니다.

⑧

사리불~ 장로님~ 사리불~ 장로님~
선남자와 선여인은 이경전의 말을믿고
서방정토 극락세계 태어나길 소원하며
일심으로 아미타불 염송해야 하십니다.

11장 서로 칭찬함

①

사리불~ 장로님~ 사리불~ 장로님~
"아미타~ 부처님의 상상할수 없는공덕
일체모든 부처님이 설법하고 계신다"고
제가지금 여기에서 간절하게 설법하듯
"아미타~ 부처님의 상상할수 없는공덕
제가지금 여기에서 설법하고 있다"라고

일체모든 부처님도 설법하고 계십니다.

②

"석가모니 부처님이 어려운일 하고있다.

세월이~ 혼탁하고 생각이~ 혼탁하고

번뇌가~ 혼탁하고 중생이~ 혼탁하고

수명이~ 혼탁한~ 오탁악세[53]사바에서

석가모니 부처님이 깨달음을 이루고서

사바세계 중생으론 믿기힘든 참된진리

설법하고 있다"라고 설법하고 계십니다.

③

사리불~ 장로님~ 알아야만 하십니다.

최고바른 깨달음을 온전하게 이루고서

제가지금 사바세계 중생으론 믿기힘든

참된진리 설하는걸 알아야만 하십니다.

12장 유통분

①

부처님이 이법문을 모두모두 마치시니

사리불~ 장로님과 남자스님 여자스님

모든세상 하느님과 사람들과 아수라가

부처님의 설법듣고 매우매우 기뻐하며

믿고지녀 받들어~ 행하기로 했습니다.

〈가사체 아미타경 끝〉

3

관음경

- 묘법연화경 관세음보살보문품 -

관음경은 '일승사상을 나타내는 대승경전의 대표인 법화경(묘법연화경) 관세음보살보문품'을 말합니다. 관세음보살님은 세상의 모든 음성을 '지금 같이 있으면서 보듯이 들으시는' 보살입니다. 아무리 멀리 있어도 지금 이 자리에 있듯이 생생하게 보듯이 듣는 보살입니다. 특히 사바세계 중생들이 괴로워할 때 모든 괴로움을 거두어 주시는 대비의 보살입니다.

법화경 중에서도 관세음보살보문품이 특히 많이 독송되고 있는 이유는 관세음보살님을 염송하면 일곱 가지 재난이 물러가고 탐진치 삼독에서 벗어나며 나아가 모든 소원이 이루어지기 때문입니다.

입으로 지은 업을 씻어내는 진언

깨끗이~ 깨끗하게 참으로~ 깨끗하게
완전히~ 깨끗하게 깨끗이~ 살렵니다.
수리수리 마하수리 수수리 사바하(세번)

부처님과 성중님을 모셔오는 진언

일체모든 부처님~ 일체모든 성중님~
이자리에 편안하게 임하시어 주옵소서.
나무 사만다 못다남
옴 도로도로 지미 사바하(세번)

경전 독송 전의 진언

높디높고 깊디깊은 부처님말씀
백천만겁 지나가도 듣기힘든데
제가지금 보고들어 지니었으니
부처님의 진실한뜻 이루렵니다.
옴 아라남 아라다(세번)

가사체 관음경

1장 법회가 열린 배경

①

무진의~ 보살님이 자리에서 일어나서
오른어깨 드러내고 오른무릎 땅에꿇고
합장하고 부처님께 말씀드리 셨습니다.

②

거룩하신 부처님~ 거룩하신 부처님~
어찌하여 불자들이 온마음과 온몸으로
관세음~ 보살님을 염송하고[54] 있습니까?

③

무진의~ 보살님~ 무진의~ 보살님~
여러가지 고통들을 겪고있던 중생들이[55]
관세음~ 보살님을 일심으로 염송하면
중생수가 백명천명 만억명이 되더라도

관세음~ 보살님은 빠짐없이 듣습니다.
④
관세음~ 보살님을 일심으로 염송하면
모든고통 벗어나서 평온함을 누립니다.

2장 칠난[56]
①
큰불속에 들어가서 타죽게된 중생들이
관세음~ 보살님을 일심으로 염송하면
불속에서 벗어나서 평온함을 누립니다.
②
큰물속에 떠내려가 목숨잃을 중생들도
관세음~ 보살님을 일심으로 염송하면
얕은곳에 이르러서 평온함을 누립니다.
③
금은보화[57]구하려고 먼바다에 나갔다가

태풍만나 나찰들에 잡히게된 중생들도
관세음~ 보살님을 일심으로 염송하면
위험에서 벗어나서 평온함을 누립니다.
④

칼에찔려 지금당장 목숨잃을 중생들도
관세음~ 보살님을 일심으로 염송하면
칼이산산 부러지고 자유로움 누립니다.
⑤

삼천대천[58] 세계가득 많디많은 야차들과[59]
나찰들과[60] 귀신들이 괴롭히려 하다가도
관세음~ 보살님을 일심으로 염송하면
못해치며 나쁜마음 가지지도 못합니다.
⑥

죄짓거나 억울하게 몸이꽁꽁 묶이우고
손과발에 고랑차고 갇히게된 중생들도

관세음~ 보살님을 일심으로 염송하면
모든속박 벗어나서 자유로움 누립니다.

⑦

많은보물 가지고서 위험한길 가던상인
'삼천대천 국토가득 도둑들을 만났어도'
상인중의 한사람이 '두려워~ 마십시오.
관세음~ 보살님을 일심으로 염송하면
보살님이 우리들을 구하여~ 주십니다.
관세음~ 보살님을 일심으로 염송하면
무사히~ 벗어나게 됩니다~' 말을하고
이사람의 말을따라 상인들이 큰소리로
관세음~ 보살님을 일심으로 염송하면
위험에서 벗어나고 재물들을 지킵니다.

⑧

무진의~ 보살님~ 무진의~ 보살님~

관세음~ 보살님을 일심으로 염송하면
이렇게도 많디많은 이로움을 누립니다.

3장 삼독[61]

①

탐욕많은 중생들이 온마음과 온몸으로
관세음~ 보살님을 일심으로 염송하면
탐욕에서 벗어나서 자유로움 누립니다.

②

분노많은 중생들이 온마음과 온몸으로
관세음~ 보살님을 일심으로 염송하면
분노에서 벗어나서 평온함을 누립니다.

③

어리석은 중생들이 온마음과 온몸으로
관세음~ 보살님을 일심으로 염송하면
어리석음 벗어나서 지혜로움 누립니다.

④

무진의~ 보살님~ 무진의~ 보살님~
관세음~ 보살님을 일심으로 염송하면
이렇게도 많디많은 이로움을 누립니다.

⑤

일체모든 중생들이 온마음과 온몸으로
관세음~ 보살님을 염송토록 하십시오.

4장 염송의 공덕

①

아들낳길 소원하며 온마음과 온몸으로
관세음~ 보살님을 일심으로 염송하면
덕을많이 심어서~ 사랑받고 존경받고
복이있고 지혜있는 장한아들 낳습니다.

②

딸낳기를 소원하며 온마음과 온몸으로

관세음~ 보살님을 일심으로 염송하면
덕을많이 심어서~ 사랑받고 존경받는
단정하고 아름다운 예쁜딸을 낳습니다.

③

무진의~ 보살님~ 무진의~ 보살님~
관세음~ 보살님을 일심으로 염송하면
이렇게도 많디많은 이로움을 누립니다.

④

관세음~ 보살님을 찬양찬탄 예경하고
염송하며 지은복은 없어지지 않습니다.

⑤

일체모든 중생들이 온마음과 온몸으로
관세음~ 보살님을 염송토록 하십시오.

⑥

무진의~ 보살님~ 어찌생각 하십니까?
육십이억 강가강의 모래알과 같은수의

보살님의 명호들을 일심으로 염송하며
음식이나 의복이나 침구의약 보시하는
선남자와 선여인이 짓는복은⁶² 많습니까?

⑦

많습니다. 부처님~ 매우매우 많습니다.

⑧

무진의~ 보살님~ 무진의~ 보살님~
관세음~ 보살님을 염송예배 공양하는
선남자와 선여인이 짓게되는 복덕들은
앞사람이 짓게되는 복덕들과 꼭같으며
천만억겁 지나가도 없어지지 않습니다.

⑨

무진의~ 보살님~ 무진의~ 보살님~
관세음~ 보살님을 일심으로 염송하면
한량없고 끝이없는 많은복을 누립니다.

5장 설법의 방편

①

거룩하신 부처님~ 거룩하신 부처님~

관세음~ 보살님은 사바세계[63] 중생위해

어떠한~ 방편으로 설법하고 계십니까?

②

무진의~ 보살님~ 무진의~ 보살님~

부처님이 제도할~ 중생들을 위해서는

부처님의 모습으로 나투어서 설법하고,

③

벽지불이[64] 제도할~ 중생들을 위해서는

벽지불의 모습으로 나투어서 설법하고,

④

성문이~[65] 제도할~ 중생들을 위해서는

성문의~ 모습으로 나투어서 설법하고,

⑤

범천왕이[66] 제도할~ 중생들을 위해서는

범천왕의 모습으로 나투어서 설법하고,

⑥

제석천이[67] 제도할~ 중생들을 위해서는

제석천의 모습으로 나투어서 설법하고,

⑦

자재천이[68] 제도할~ 중생들을 위해서는

자재천의 모습으로 나투어서 설법하고,

⑧

대자재천[69] 제도할~ 중생들을 위해서는

대자재천 모습으로 나투어서 설법하고,

⑨

대장군이 제도할~ 중생들을 위해서는

대장군의 모습으로 나투어서 설법하고,

비사문이[70] 제도할~ 중생들을 위해서는
비사문의 모습으로 나투어서 설법하고,

황제가~ 제도할~ 중생들을 위해서는
황제의~ 모습으로 나투어서 설법하고,

부자가~ 제도할~ 중생들을 위해서는
부자의~ 모습으로 나투어서 설법하고,

거사가~[71] 제도할~ 중생들을 위해서는
거사의~ 모습으로 나투어서 설법하고,

관료가~ 제도할~ 중생들을 위해서는
관료의~ 모습으로 나투어서 설법하고,

⑮

귀족이~⁷²제도할~ 중생들을 위해서는
귀족의~ 모습으로 나투어서 설법하고,

⑯

남자스님 여자스님 남자신도 여자신도
사부대중 제도할~ 중생들을 위해서는
남자스님 여자스님 남자신도 여자신도
사부대중 모습으로 나투어서 설법하고,

⑰

부자아내 거사아내 관료아내 귀족아내
아내들이 제도할~ 중생들을 위해서는
부자아내 거사아내 관료아내 귀족아내
아내들의 모습으로 나투어서 설법하고,

⑱

소년소녀 제도할~ 중생들을 위해서는
소년소녀 모습으로 나투어서 설법하고,

⑲

팔부신중⁷³제도할~ 중생들을 위해서는
팔부신중 모습으로 나투어서 설법하고,

⑳

집금강신⁷⁴제도할~ 중생들을 위해서는
집금강신 모습으로 설법하고 계십니다.

6장 중간 결론

①

무진의~ 보살님~ 무진의~ 보살님~
관세음~ 보살님은 이런일을 하십니다.
가지가지 모습으로 여러국토 다니면서
일체모든 중생들을 고통에서 구합니다.

②

일체모든 중생들이 지극한~ 정성으로
관세음~ 보살님께 공양토록⁷⁵하십시오.

③

일체모든 고통들을 완전히~ 없애주어,

사바세계 중생들은 관세음~ 보살님을

평화안정 주시는~ 분이라고 말합니다.

④

거룩하신 부처님~ 거룩하신 부처님~

관세음~ 보살님께 공양올리 겠습니다.

⑤

무진의~ 보살님이 목과팔에 걸고있던

참으로~ 값나가는 목걸이와 팔찌들을

공손하게 올리면서 말씀하시 었습니다.

대비심의 성현이신 관세음~ 보살님~

저희들의 목걸이와 팔찌받아 주십시오.

⑥

관세음~ 보살님이 받으려고 않으시자

다시한번 간절하게 간청하시 었습니다.

대비심의 성현이신 관세음~ 보살님~
여기있는 저희들을 불쌍히~ 여기시어
저희들의 목걸이와 팔찌받아 주십시오.
⑦

거룩하신 부처님이 말씀하시 었습니다.
대비심의 성현이신 관세음~ 보살님~
무진의~ 보살님과 남자스님 여자스님
남자신도 여자신도 팔부신중 위하여서
목걸이와 팔찌들을 받아들여 주십시오.
⑧

부처님의 말씀듣고 관세음~ 보살님이
대중위해 목걸이와 팔찌들을 받아들여
절반은~ 석가모니 부처님께 올리시고
절반은~ 다보탑에 공양하시 었습니다.

⑨

무진의~ 보살님~ 무진의~ 보살님~

관세음~ 보살님은 사바세계 다니면서

일체모든 고통중생 빠짐없이 구합니다.

7장 게송

①

무진의~ 보살님이 게송부르 셨습니다.

거룩하신 부처님~ 거룩하신 부처님~

다시한번 저희에게 설법하여 주옵소서.

어찌하여 불자들이 온마음과 온몸으로

관세음~ 보살님을 일심염송 하는지를.

②

무진의~ 보살님~ 무진의~ 보살님~

대비심의 성현이신 관세음~ 보살님은

사바세계 곳곳마다 한곳도~ 빠짐없이

중생위해 설법하러 다니시고 계십니다.

③

상상조차 할수없이 기나긴~ 세월동안
백천만억 부처님을 받들어~ 모시면서
바다같이 깊디깊고 넓디넓은 발원세워
하나하나 빠짐없이 모두이루 셨습니다.

④

요약하여 보살님께 말씀드리 겠습니다.
관세음~ 보살님의 행적들을 듣고보고
관세음~ 보살님을 일심으로 염송하면
모든고통 벗어나서 평온함을 누립니다.

⑤

해치려는 많디많은 사람들에 떠밀리어
깊디깊은 불구덩에 떨어지게 되었을때
관세음~ 보살님을 일심으로 염송하면

불구덩이 변하여서 연못을~ 이룹니다.
⑥

먼바다에 나갔다가 태풍속에 표류되어
가지가지 바다귀신 만나게~ 되었을때
관세음~ 보살님을 일심으로 염송하면
성난파도 이사람을 삼키지~ 못합니다.
⑦

험준하고 높디높은 수미산의 봉우리서
떠밀리어 천길만길 떨어지게 되었을때
관세음~ 보살님을 일심으로 염송하면
해와같이 달과같이 허공중에 머뭅니다.
⑧

금강같이 단단하고 산과같이 큰운석이
벼락처럼 머리위에 쏟아지려 할때에도
관세음~ 보살님을 일심으로 염송하면

털끝만한 상처하나 생기지~ 않습니다.

⑨

험악하기 그지없는 도둑떼의 무리들이
창과칼을 높이들고 위협하며 달려들때
관세음~ 보살님을 일심으로 염송하면
도둑들이 자비로운 마음을~ 갖습니다.

⑩

어렵고도 어려운~ 난관속에 처하여서
형장에서 칼에맞아 목숨잃게 되었을때
관세음~ 보살님을 일심으로 염송하면
칼이산산 조각나서 목숨잃지 않습니다.

⑪

죄짓거나 억울하게 몸이꽁꽁 묶이고서
손과발에 고랑차고 구속되어 있을때에
관세음~ 보살님을 일심으로 염송하면

감옥에서 벗어나서 자유로움 누립니다.

⑫

주술로써 저주하고 온갖독약 먹게하고
가지가지 방법으로 해치려고 할때에도
관세음~ 보살님을 일심으로 염송하면
어떤것도 이사람을 해치지~ 못합니다.

⑬

나쁜마음 가지고서 달려드는 나찰이나
독을품고 해치려는 귀신들을 만났을때
관세음~ 보살님을 일심으로 염송하면
어느것도 이사람을 해치지~ 못합니다.

⑭

해치려는 짐승들이 겹겹으로 에워싸고
날카로운 이빨이나 발톱으로 위협할때
관세음~ 보살님을 일심으로 염송하면

악한짐승 달아나며 근처에도 못옵니다.

⑮

살모사나 독사전갈 가지가지 해충들이
독한기운 뿜어대며 덤비려고 할때에도
관세음~ 보살님을 일심으로 염송하면
모든해충 사라져서 평온함을 누립니다.

⑯

먹구름이 크게일어 천둥번개 벼락치고
우박들이 쏟아지고 장대같은 비가올때
관세음~ 보살님을 일심으로 염송하면
모든것이 사라져서 평온함을 누립니다.

⑰

중생들이 가지가지 괴로움과 재앙만나
한량없이 많디많은 고통들을 겪을때에
오묘하신 지혜로써 중생들의 고통들을

관세음~ 보살님은 빠짐없이 없앱니다.

⑱

신통력을 빠짐없이 온전하게 갖추시고
지혜방편 두루닦은 관세음~ 보살님은
시방세계 모든국토 빠뜨리지 아니하고
자비로운 모습으로 두루두루 나툽니다.

⑲

삼악도를 끊임없이 돌고돌며 윤회하는
지옥아귀 축생계의 중생들이 겪고있는
생노병사 가지가지 일체모든 고통들을
관세음~ 보살님은 빠짐없이 없앱니다.

8장 무진의 보살의 찬탄

①

진실하고 청정하고 깨끗하게 보시는눈
현명하고 슬기롭고 지혜롭게 보시는눈

슬픔기쁨 함께하며 자비롭게 보시는눈
관세음~ 보살님을 일심염송 하렵니다.
②

더러움이 전혀없는 깨끗하신 빛이시며
어두움이 전혀없는 지혜로운 태양이신
관세음~ 보살님은 불과바람 잠재우고
모든세상 만물들을 빠짐없이 밝힙니다.
③

대비심의 마음으로 고통들을 없애주고
대자심의 마음으로 기쁨들을 일으키려
관세음~ 보살님은 감로같은 법비내려
모든번뇌 타는불길 소멸하게 하십니다.
④

모함으로 억울하게 재판걸려 어렵거나
모진세월 전쟁나서 목숨까지 위험할때

관세음~ 보살님을 일심으로 염송하면
모함전쟁 벗어나서 평온함을 누립니다.
⑤
파도같이 우렁차며 범음같이 아름다운
관세음~ 보살님의 오묘하신 설법소리
시방삼세 온세상에 두루두루 충만하니
관세음~ 보살님의 설법항상 듣습니다.
⑥
고통번뇌 죽음액난 빠짐없이 없애주는
대비심의 거룩하신 관세음~ 보살님~
관세음~ 보살님을 의심하지 아니하고
온마음과 온몸으로 일심염송 하렵니다.
⑦
모든공덕 빠짐없이 두루두루 갖추시고
중생들을 빠짐없이 자비롭게 보살피며

무량복을 나눠주는 관세음~ 보살님께
고개숙여 일심으로 예배공경 하렵니다.

9장 총결론

①

지~지~ 보살님이[76]자리에서 일어나서
합장하고 부처님께 말씀드리 셨습니다.
거룩하신 부처님~ 관음경을 읽고들어
관세음~ 보살님의 자유자재 신통력을
믿는모든 사람들이 누리게될 공덕들은
상상조차 못할만큼 매우매우 많습니다.

②

부처님이 관음경을 모두모두 설하시니,
팔만사천 중생들이 한중생도 빠짐없이
최고바른 깨달음의 마음을~ 냈습니다.

〈가사체 관음경 끝〉

4

원각경

원각경은 ① 문수보살장 ② 보현보살장 ③ 보안보살장 ④ 금강장보살장 ⑤ 미륵보살장 ⑥ 청정혜보살장 ⑦ 위덕자재보살장 ⑧ 변음보살장 ⑨ 정제업장보살장 ⑩ 보각보살장 ⑪ 원각보살장 ⑫ 현선수보살장 등으로 구성되어 있습니다.

1) 원각경 중에서 보안보살장이 특히 많이 읽히고 있습니다. 그래서 우선 보안보살장만을 지금의 우리말로 번역하고 가사체로 다듬었습니다. 사정이 되는 대로 다른 장들도 번역하고 가사체로 다듬도록 노력하겠습니다.

2) 각 장의 끝에 그 장을 요약하는 게송이 있습니다. 원각경 전체의 내용도 너무나 좋지만, 전부를 번역하여 싣기에는 여러 제약이 있어서 우선 게송만을 번역하였습니다. 실제 내용을 거의 다 포함하고 있습니다.

입으로 지은 업을 씻어내는 진언

깨끗이~ 깨끗하게 참으로~ 깨끗하게
완전히~ 깨끗하게 깨끗이~ 살렵니다.
수리수리 마하수리 수수리 사바하(세번)

부처님과 성중님을 모셔오는 진언

일체모든 부처님~ 일체모든 성중님~
이자리에 편안하게 임하시어 주옵소서.
나무 사만다 못다남
옴 도로도로 지미 사바하(세번)

경전 독송 전의 진언

높디높고 깊디깊은 부처님말씀
백천만겁 지나가도 듣기힘든데
제가지금 보고들어 지니었으니
부처님의 진실한뜻 이루렵니다.
옴 아라남 아라다(세번)

가사체 원각경 (보안보살장)

①

보~안~ 보살님이 자리에서 일어나서
부처님의 양쪽발에 이마대어 예경하고
부처님을 세번돌고 오른무릎 땅에꿇고
합장하고 부처님께 말씀드리 셨습니다.

②

대비심의 부처님~ 대비심의 부처님~
여기있는 보살들과 말법세상 중생위해
보살수행 단계들을 설법하여 주십시오.

③

어떻게~ 생각하며 어떻게~ 생활하며
'깨닫지~ 못하여서 마음닫은 중생위해'
어떠한~ 방편들을 사용해야 하옵니까?

④

거룩하신 부처님~ 바른생각 바른생활
바른방편 세가지를 갖지못한 중생들은
부처님이 설법하신 삼매를~ 듣더라도
혼란하여 원각에~ 들어가지 못합니다.

⑤

거룩하신 부처님~ 대자대비 마음으로
여기있는 보살들과 말법세상 중생위해
바른생각 생활방편 설명하여 주십시오.

⑥

오체투지 절하시며 참으로~ 간절하게
세번을~ 반복하여 간청하시 었습니다.

⑦

이때에~ 부처님이 말씀하시 었습니다.
보~안~ 보살님~ 참으로~ 옳습니다.
보살님은 보살들과 말법세상 중생위해

바른생각 바른생활 바른방편 설해주길
여래에게 간절하게 요청하시 었습니다.
⑧
보~안~ 보살님~ 말씀드리 겠습니다.
보살님을 위하여서 말씀드리 겠습니다.
⑨
보~안~ 보살님과 일체모든 대중들은
부처님의 가르침을 경청하시 었습니다.
⑩
보~안~ 보살님~ 보~안~ 보살님~
부처님의 청정하신 원각심을 구하려는
초발심의 보살이나 말법세상 중생들은
몽환벗고 바른생각 가지어야 하십니다.
⑪
부처님법 의지하여 사마타를 수행하고
계율들을 지키면서 조용한~ 장소에서

대중들과 다음같이 수행해야 하십니다.

⑫

흙과물불 바람으로 이루어진 이내몸이
머리카락 털과치아 손톱발톱 피부와살
근육과뼈 척수뇌는 땅으로~ 돌아가고
눈물콧물 피와고름 침과거품 땀과담액
대소변과 가래등은 모두물로 돌아가고
따뜻한~ 기운들은 모두불로 돌아가고
움직이던 활동들은 바람으로 돌아가서
땅과물불 바람으로 각각모두 흩어지면
허망한~ 이내몸은 어디에도 없습니다.

⑬

나의몸은 실체없고 모여이룬 허상이니
허공꽃과 조금도~ 다를바가 없습니다.

⑭

사대들이 합쳐져서 망령되이 육근되고
육근들이 밖에있는 사대들과 맞닥뜨려
만들어낸 인연기운 축적되어 만들어진
허망한~ 인연상을 마음이라 말합니다.

⑮

보~안~ 보살님~ 보~안~ 보살님~
마음들이 없어지면 육진들도 없습니다.
사대들로 분해되면 인연육진 없어지고
인연육진 없어지면 인연마음 없습니다.

⑯

보~안~ 보살님~ 보~안~ 보살님~
몽환몸을 벗어나면 몽환마음 벗어나고
몽환마음 벗어나면 몽환육진 벗어나고
몽환육진 벗어나고 벗어남도 벗어나서

모든것을 벗어나면 환도멸도 없습니다.

⑰

닦고닦아 거울먼지 흔적없이 사라지면
진여법성 대광명이 드러나는 것입니다.

⑱

보~안~ 보살님~ 보~안~ 보살님~
몸과마음 몽환이고 더러운~ 때이지만
그생각도 벗어나야 청정세계 보입니다.

⑲

보~안~ 보살님~ 보~안~ 보살님~
청정마니 보주안에 시방오색 다비치면
어리석은 사람들은 청정마니 보주안에
오색들이 들어있다 생각하는 것입니다.

⑳

보~안~ 보살님~ 보~안~ 보살님~
원각청정 성품안에 몸과마음 다비치면

어리석은 사람들은 청정원각 성품안에
몸과마음 실제있다 생각하는 것입니다.
이런사람 허공꽃에 걸려있는 것입니다.
_㉑

몸과마음 몽환때를 온전하게 벗어나야
참~된~ 보살이라 말할수가 있습니다.
_㉒

보~안~ 보살님~ 보~안~ 보살님~
여기있는 보살들과 말법세상 중생들이
몽환들을 바로보고 몽환에서 벗어나면
모든세계 홀연히~ 청정하게 변합니다.
무변허공 깨달음이 나타나는 것입니다.
_㉓

깨달음이 밝아지면 마음이~ 청정하고
마음이~ 청정하면 형상세계 청정하고

형상세계 청정하면 시각기관 청정하고
시각기관 청정하면 눈의인식 청정하고

㉔

눈의인식 청정하면 소리세계 청정하고
소리세계 청정하면 청각기관 청정하고
청각기관 청정하면 귀의인식 청정하고
귀의인식 청정하면 냄새세계 청정하고
코와혀과 몸과뜻도 모두청정 해집니다.

㉕

보~안~ 보살님~ 보~안~ 보살님~
감각기관 청정하면 형상세계 청정하고
형상세계 청정하면 소리세계 청정하고
냄새맛촉 현상세계 모두청정 해집니다.

㉖

보~안~ 보살님~ 보~안~ 보살님~

육진들이 청정하면 땅이모두 청정하고
땅이모두 청정하면 물이모두 청정하고
불과바람 빠짐없이 모두청정 해집니다.
㉗

보~안~ 보살님~ 보~안~ 보살님~
사대들이 청정하면 십이처와[77] 십팔계와[78]
이십오유[79] 청정하고 이들이~ 청정하면
십력들과[80] 사무소외[81] 사무애지[82] 십팔불공[83]
삼칠조도[84] 청정하고 이들이~ 청정하면
팔만사천 다라니문 모두청정 해집니다.
㉘

보~안~ 보살님~ 보~안~ 보살님~
성품모두 청정하면 한몸이~ 청정하고
한몸이~ 청정하면 여러몸이 청정하고
여러몸이 청정하면 시방중생 청정하고

이리하여 원각세계 모두청정 해집니다.

㉙

보~안~ 보살님~ 보~안~ 보살님~
한세계가 청정하면 여러세계 청정하고
여러세게 청정하면 허공계가 청정하고
시방삼세 허공까지 모두청정 해집니다.

㉚

보~안~ 보살님~ 보~안~ 보살님~
시방삼세 세계들이 빠짐없이 청정하면
원각성품 청정하지 않을수가 없습니다.

㉛

사대가~ 청정하고 원각성품 청정하면
팔만사천 다라니문 빠짐없이 청정해져
원각성품 청정하지 않을수가 없습니다.

㉜

보~안~ 보살님~ 보~안 보살님~

각의성품 온세상에 두루두루 청정하면
법계가득 육근들이 두루두루 청정하고
육근들이 청정하면 육진들이 청정하고
육진들이 청정하면 사대들이 청정하고
법계가득 다라니문 모두청정 해집니다.

㉝

보~안~ 보살님~ 보~안~ 보살님~
묘각성품 청정하면 육근들과 육진들이
무너지지 아니하고 섞이지~ 아니하며
육근육진 성품따라 일체모든 다라니문
무너지지 아니하고 섞이지~ 않습니다.

㉞

백천개의 등불들이 방안가득 비추어도
무너지지 아니하고 섞이지~ 않습니다.

㉟

보～안～ 보살님～ 깨달음을 이룬보살
법에속박 되지않고 법을이탈 아니하고
생사윤회 싫어않고 무여열반 좋아않고
지계자나 파계자를 공경미워 아니하고
전문가나 초학자를 존중경멸 않습니다.

㊱

광체가～ 애증없이 세상두루 밝히듯이
자기눈이 밝아지면 애증없이 대상들을
있는대로 올바르게 보게되는 것입니다.

㊲

보～안～ 보살님～ 보～안～ 보살님～
여기있는 보살들과 말법세상 중생들이
마음닦아 성취하되 닦음에도 안걸리고
성취에도 안걸리고 밝은원각 이루어야

참된적멸 이루었다 말할수가 있습니다.

㊳

밝은원각 속에서는 백천만억 아승기~
불가설~ 강가강의 모래수의 세계들이
어지러이 일어나고 어지러이 사라지며
같지도~ 아니하고 다르지도 아니하며
속박되지 아니하고 벗어나지 아니하는
허공꽃과 같다라고 말할수가 있습니다.
중생들은 본래부터 성불하여 있으므로
생사열반 지난밤의 잠깐꿈과 같습니다.

㊴

보~안~ 보살님~ 보~안~ 보살님~
지난밤의 잠깐꿈과 다름없는 생사열반
일어남과 스러짐에 걸려들지 아니하고
왔다갔다 생각에도 걸려들지 마십시오.

⑩

증득하면 얻음잃음 가짐버림 없습니다.
증득자는 작지임멸[85]지음그침 맡김멸함
네가지의 질병들에 걸려들지 않습니다.

⑪

증득자도 증한것도 증득함도 없어지면
일체법성 평등하여 무너지지 않습니다.

⑫

보~안~ 보살님~ 일체모든 보살들은
이와같이 생각하고 이와같이 생활하고
이러한~ 방편들로 차례차례 수행하여
미혹않고 모든법에 눈뜨게된 것입니다.

⑬

거룩하신 부처님이 게송부르 셨습니다.
보~안~ 보살님~ 아시어야 하십니다.
중생들의 몸과마음 몽환들과 같습니다.

몸의형상 결국에는 사대로~ 돌아가고
마음성품 육진으로 돌아가는 것입니다.

㊹

사대가~ 흩어지면 결합된자 누구런가!
이와같이 수행하면 모두청정 해집니다.
온법계가 청정하면 작지임멸 네가지의
질병에서 벗어나고 지은자도 없습니다.
일체모든 세계들이 허공꽃과 같습니다.
과거세와 현재세와 미래세가 평등하게
오고감이 전혀없이 오직청정 뿐입니다.

㊺

부처님의 가르침을 온전하게 이루려는
초발심의 보살들과 말법세상 중생들은
이와같이 익히도록 해야하는 것입니다.

〈가사체 원각경 보안보살장 끝〉

가사체 원각경 (게송)

문수사리 보살님～ 말씀드리 겠습니다.

　　시방삼세 일체모든 부처님들은

　　성불위한 초발심의 그순간부터

　　지혜의～ 깨달음에 의지하여서

　　무명들을 빠짐없이 밝혔습니다.

　　꿈을꾸는 사람들이 잠에서깨면

　　꿈속에서 있던세상 벗어나듯이

　　생사윤회 허공꽃과 같음을알면

　　윤회에서 완전하게 벗어납니다.

　　모든것을 허공으로 깨닫게되어

　　일체모든 윤회세상 벗어나고서

　　시방세계 빠짐없이 모두알아서

부처님길 원만하게 이루웁니다.

몽환들을 빠짐없이 모두멸하여

부처님길 온전하게 이루었으되

부처님길 이루었단 생각안하고

원만성품 이루었단 생각안해야

보살들은 보리심을 일으키었고

중생들도 이를따라 수행하여야

사견에서 벗어날수 있게됩니다.

2장 게송

보~현~ 보살님~말씀드리 겠습니다.

시방삼세 살고있는 모든중생의

무시이래 있어왔던 몽환무명은

부처님의 원만하신 원각심에서

생겨났다 말할수가 있는겁니다.

허공꽃이 허공에서 생겨났다가
허공에서 흔적없이 사라졌어도
허공은~ 없어지지 아니합니다.
허공은~ 변함없이 존재합니다.
몽환들이 원각에서 생겨나지만
몽환들이 흔적없이 사라졌어도
원각심은 여여하게 존재합니다.
보살들과 중생들이 수행하여서
몽환들을 멀리멀리 밀어내어서
모든몽환 여의어야 하는겁니다.
나무에서 불이나서 나무태우나
나무들이 없어지면 불도없듯이
점차방편 통하여서 깨닫지마는
깨달음을 온전하게 이루게되면
점차도~ 방편도~ 없는겁니다.

보~안~ 보살님~말씀드리 겠습니다.

시방삼세 살고있는 모든중생의

몸과마음 빠짐없이 몽환입니다.

나의몸은 지수화풍 사대로가고[86]

내마음은 육진으로 되돌아가서

사대육진 각각으로 흩어져가면

나는어디 있을수가 있겠습니까?

이와같이 계속계속 수행해가면

보고듣는 시방세계 모든법계가

하나같이 청정하게 변화합니다.

작지임멸 네가지병 벗어나고서

증득했단 생각조차 벗어납니다.

일체모든 부처님의 세계조차도

잠시있다 사라지는 허공꽃이며

일체과거 현재미래 세상속에서
왔다갔다 생각들에 안걸립니다.
부처님의 바른도를 이루기위해
보살의길 가려하는 보살들이나
말법세상 살아가는 모든중생은
이와같이 닦아가야 할것입니다.

4장 게송

금강장~ 보살님~말씀드리 겠습니다.
일체모든 부처님의 적멸성품은
시작도~ 없지마는 끝도없어요.
윤회하는 마음계속 가지게되면
사유분별 계속계속 반복하여서
깨달음의 바다안에 못들어가고
윤회하는 세상안에 머무릅니다.

금광석에 열을가해 금을뽑지만
없던금이 열때문에 생기지않고
광석속에 본래있던 금의성분이
열때문에 분리되어 나온겁니다.
일단한번 황금으로 나오게되면
광석으로 돌아가지 아니합니다.
생사윤회 열반적정 다르지않고
범부경지 부처경지 다르지않고
하나같이 공중의꽃 공화입니다.
모든생각 사유들도 허공꽃이니
허망하다 힐난해도 소용없으며
이마음을 온전하게 요달하여야
원만한~ 깨달음을 얻게됩니다.

미~륵~ 보살님~말씀드리 겠습니다.

시방세계 살고있는 모든중생은

탐욕분노 어리석음 삼독때문에

대해탈의 자유로움 못누립니다.

고통스런 윤회세상 방황합니다.

미움이나 사랑들을 벗어버리고

탐욕분노 어리석음 벗어버리고

차별하는 성품까지 벗어버려야

온전하게 부처님길 가게됩니다.

이장사장[87]두장애를 소멸시키고

깨달으신 스승님의 지도받으며

일체모든 보리원에 수순하여야

반열반에 안주할수 있게됩니다.

시방세계 일체모든 보살님들은

일체모든 중생들을 제도하려고
대비로써 윤회세상 들어옵니다.
지금여기 법을듣는 수행자들과
말법세상 살아가는 모든중생은
부지런히 노력하여 애착끊어야
대원각을 이룰수가 있게됩니다.

6장 게송

청정혜~ 보살님~말씀드리 겠습니다.
온전하고 원만한~ 보리성품은
취할것도 증할것도 없는겁니다.
보살이나 중생들에 걸리지않고
원각이나 미원각도 벗어버리려
차례차례 분별하여 닦아나가되
중생들은 장애들을 벗어버리고

보살들은 원각벗음 잊어버리고
영원적멸 경지안에 온전히들어
어떠한~ 생각에도 걸리지않고
큰깨달음 온전하게 다이루어야
수순한다 말할수가 있게됩니다.
혼탁한~ 말법세상 중생이라도
마음에~ 헛생각을 아니가지면
현재세상 출현하신 보살이라고
거룩하신 부처님이 말하십니다.
강가강~ 모래수의 부처님들께
공양하여 많은공덕 이룬연후에
가지가지 방편모두 사용하여야
수순지를 이루었다 말을합니다.

위덕자재 보살님~ 말씀드리 겠습니다.

　높디높고 크디큰~ 대원각마음
　원래부터 서로같아 하나이지만
　그때그때 수순하는 방편의수는
　헤아릴수 없을만큼 한량없는데
　부처님은 모든방편 보이지않고
　대별하여 세종류로 보였습니다.
　사마타를 닦고닦아 고요히되면
　거울처럼 여러모습 비춰줍니다.
　삼마발제 닦고닦아 환을깨치면
　대비심의 새싹들이 자라납니다.
　선나를~ 닦고닦아 적멸이루면
　쇠북소리 안과밖에 공명합니다.
　이를두고 세가지의 미묘법문이

대원각에 수순한다 말을합니다.
시방세계 일체모든 부처님들과
시방세계 많디많은 보살님들이
이를통해 부처님길 이뤘습니다.
세가지를 원만하게 모두이뤄야
구경열반 이루었다 말을합니다.

8장 게송

변~음~ 보살님~ 말씀드리 겠습니다.
시방세계 일체모든 보살님들의
인도에도 안걸리는 청정지혜는
빠짐없이 선정에서 생겨납니다.
고요함의 힘으로써 닦는사마타
미묘행의 지혜로써 닦는삼마제
번뇌끊고 실상보며 닦는선나~

세가지법 돈수점수 수행이십오
시방삼세 일체모든 부처님들과
시방삼세 일체모든 수행자들은
하나같이 이법으로 수행하여서
최고바른 깨달음을 이뤘습니다.
여러법을 차례차례 수순않고서
돈각으로 깨달은이 제외하며는
시방세계 일체모든 보살님이나
말법세상 살아가는 모든중생은
이법문을 받아지녀 간직하고서
하나하나 부지런히 닦아나가야
부처님의 대자대비 가피력으로
머지않아 열반경지 증득합니다.

정제업장 보살님~ 말씀드리 겠습니다.

이세상에 살고있는 모든중생은

자기애적 생각들에 걸려있어서

허망하게 무한겁을 윤회합니다.

자기중심 인간중심 중생중심~

생명중심 생각들에 걸려있어서

최고바른 깨달음을 못이룹니다.

사랑하고 미워하는 마음때문에

아첨하고 왜곡하는 생각때문에

의혹으로 깨달음을 못이룹니다.

최고바른 깨달음을 이루려하면

탐욕분노 어리석음 모두버리고

법에대한 애착심도 모두버려야

차츰차츰 이룰수가 있게됩니다.

나의몸도 본래에는 없는것인데
미움사랑 어디에서 생겨나겠오?
이런사람 선지식의 도움을받아
사견들에 빠져들지 않게됩니다.
구하려고 특별나게 마음을내는
사람들은 이룰수가 없게됩니다.

10장 게송

보~각~ 보살님~ 말씀드리 겠습니다.
말법세상 살고있는 모든중생은
선지식을 구하여서 배워야하고
성문이나 연각들을 멀리하고서
깨달음과 항상함께 있어야하며
수행중의 작지임멸 네가지질병
남김없이 벗어나서 법가운데서

친근해도 함부로~ 행동안하고
멀리해도 원망하지 아니하고서
가지가지 많고많은 경계보면서
부처님이 세상으로 돌아오신듯
기쁜마음 밝은마음 내야합니다.
옳잖은길 잘못된길 가지않으며
계율들을 청정하게 모두지키고
일체중생 열반으로 제도하여야
구경원각 이룰수가 있게됩니다.
자기중심 인간중심 생각버리고
지혜에서 떠나잖고 안주하고서
삿된견해 온전하게 벗어나야만
반열반의 깨달음을 증득합니다.

원~각~ 보살님~ 말씀드리 겠습니다.

이세상에 살고있는 모든중생은

최고바른 깨달음을 이루기위해

백일동안 백이십일 팔십일동안

결제하여 계속계속 수행하며~

삼칠일간 무시업장 참회한후에

바른생각 옳은생각 유지하면서

직접보고 직접들은 경계아니면

참이라고 생각하면 아니됩니다.

사마타로 고요함에 이르게되고

삼마제로 바른생각 가지게되며

선나로는 수식관을 밝히게되니

이세가지 청정한~ 관법입니다.

일심으로 부지런히 닦고닦으면

부처님이 출현했다 말을합니다.
재주둔해 성취하지 못한사람도
비롯함이 없는일체 모든죄업을
끊임없이 부지런히 참회하여서
일체모든 업장들이 녹아내리면
부처님의 모든경계 현전합니다.

12장 게송

현선수~ 보살님~ 말씀드리 겠습니다.
이경전은 시방삼세 부처님들이
수호하고 아끼시는 경전입니다.
청정안목 십이부의 경전입니다.
이경이름 크고넓은 대방광이며
원만한~ 깨달음인 원각경이며
여래의~ 경지들을 드러냅니다.

이경전에 의지하여 수행하는자
빠짐없이 부처경지 이르릅니다.
큰바다가 모든냇물 받아들이듯
이경전은 모든사람 배채웁니다.
삼천대천 세계가득 채울만큼의
금은보화 보시하며 짓는복보다
이경전을 듣는복이 더많습니다.
강가강의 모래만큼 많은중생을
교화하여 아라한이 되게하여도
이경전의 한말씀을 못당합니다.
이경전을 지닌사람 만나게되면
물러나지 아니하게 항상지키어
이경전이 지속되게 해야합니다.

〈가사체 원각경 게송 끝〉

5

부모은중경

부모은중경에서는 부모님의 은혜를 열 가지로 나열하였고, 부처님께서도 이 경 이름은 부모은중경이라고 말씀하십니다. 그러나 실제 내용을 보면 어머니은중경이라고 해야 할 정도로 어머니의 은혜에 대한 내용으로 가득합니다.

부모님의 은혜에 관해서 이 경보다 더 간절하게 설한 책이 없을 것으로 봅니다. 뿐만 아니라 불효의 과보에 관해서도 아주 단호하게 단정적으로 설하고 있습니다. 불효한 사람은 무간지옥에 떨어진다고 분명하게 설하고 계십니다.

또 정조대왕이 아버지 사도세자의 은혜를 기리기 위해서 용주사에 부모은중경의 한문본과 언해본의 판본을 제작하게 하여 효 사상을 기린 것은 아주 의미 있는 일이라 할 수 있겠습니다.

입으로 지은 업을 씻어내는 진언

깨끗이~ 깨끗하게 참으로~ 깨끗하게
완전히~ 깨끗하게 깨끗이~ 살렵니다.
수리수리 마하수리 수수리 사바하(세번)

부처님과 성중님을 모셔오는 진언

일체모든 부처님~ 일체모든 성중님~
이자리에 편안하게 임하시어 주옵소서.
나무 사만다 못다남
옴 도로도로 지미 사바하(세번)

경전 독송 전의 진언

높디높고 깊디깊은 부처님말씀
백천만겁 지나가도 듣기힘든데
제가지금 보고들어 지니었으니
부처님의 진실한뜻 이루렵니다.
옴 아라남 아라다(세번)

가사체 부모은중경

I. 법회가 열린 배경
1장 부처님의 육하원칙

부처님이 헤아릴수 없이많은 보살들과
삼만팔천 스님들과 어느날~ 사위국의
기원정사 계시면서 다음같이 하시는걸
제가직접 들었으며 제가직접 봤습니다.

2장 부처님이 예를 갖춰 오체투지함
①

부처님이 대중들과 남쪽으로 가시다가
한무더기 마른뼈를 보시고서 간절하게
예를갖춰 오체투지[88]절을하시 었습니다.

佛説大報父母恩重經圖 如来頂禮

그림 가. 부처님이 예를 갖춰 오체투지함

②

부처님이 마른뼈에 절하시는 것을보고
아난다~[89]존자님이[90]말씀드리 셨습니다.

③

거룩하신 부처님~ 거룩하신 부처님~
부처님은 삼계도사[91]사생자부[92]이시어서
사람들이 귀의하고 경배하는 것입니다.
그런분이 어찌하여 뼈에절을 하십니까?

④

아난다~ 존자님은 출가한지 오래되고
부처님의 가르침을 참으로잘 따릅니다.
그렇지만 아직까지 모르는일 많습니다.
이뼈들이 전생의~ 조상님들 뼈이거나
부모님의 뼈이기에 절을했던 것입니다.

⑤

아난다~ 존자님~ 여기있는 이뼈들을

남자뼈와 여자뼈로 나누어~ 보십시오.
남자뼈는 무게가~ 무거우며 색이희고
여자뼈는 무게가~ 가벼웁고 검습니다.

⑥

거룩하신 부처님~ 거룩하신 부처님~
살았을땐 남자옷과 남자신과 남자모자
입고신고 쓰게되면 남자라고 생각하고
연지곤지 곱게찍고 난향사향 치장하면
여자라고 생각하나 죽은뒤의 백골들은
남자뼈와 여자뼈가 같다생각 했습니다.
그런데~ 어떻게~ 남자뼈와 여자뼈가
달라지게 되었는지 가르쳐~ 주십시오.

⑦

아난다~ 존자님~ 아난다~ 존자님~
남자들은 절에가서 설법듣고 경전독송

삼보님께 예배하고 염불도~ 하였기에
죽은후의 뼈가희고 무겁게된 것입니다.

⑧

여자들은 결혼하여 남편과의 사이에서
아들딸을 낳을때에 서말서되 피흘리고
키우면서 여덟섬~ 너말되는 젖먹이어
뼈가검고 무게까지 가볍게된 것입니다.

⑨

부처님의 말씀듣고 아난다~ 존자님이
피눈물을 흘리면서 말씀드리 셨습니다.

⑩

거룩하신 부처님~ 어머님의 은덕들에
보답하는 방법들을 말씀하여 주십시오.

⑪

아난다~ 존자님~ 존자님을 위하여서
자세하게 하나하나 말씀드리 겠습니다.

II. 정종분

1장 잉태했을 때의 고통

①

아이를~ 잉태하면 어머니는 열달동안
말로할수 없을만큼 많은고생 하십니다.
첫달태아 풀잎위의 이슬방울 같습니다.
새벽녘에 생기었다 낮동안에 흩어져서
저녁에는 없어지는 이슬방울 같습니다.

②

둘째달의 태아는~ 엉긴우유 같습니다.

③

셋째달의 태아는~ 엉긴피와 같습니다.

④

넷째달의 태아는~ 차츰모습 갖춥니다.

⑤

다섯째달 태아는~ 오포들이 생깁니다.[93]

머리와~ 두팔과~ 두다리가 생깁니다.

⑥

여섯째달 태아는~ 여섯정기[94] 생깁니다.

눈의정기 귀의정기 코의정기 혀의정기

몸의정기 뜻의정기 여섯정기 생깁니다.

⑦

일곱째달 태아는~ 삼백예순 뼈마디와

팔만사천 털구멍이 차례차례 생깁니다.

⑧

여덟째달 태아는~ 뜻과지혜 생겨나고

아홉개의 큰구멍이[95]하나하나 자랍니다.

⑨

아홉째달 태아는~ 무언가를 먹지마는

복숭아배 마늘오곡 음식직접 먹지않고

어머니의 생장아래[96]숙장위에[97]수미산~

업산혹은 혈산이라 하는산이 하나있고

이산내려 갈때마다 양분담은 양수액이
태아의~ 입안으로 들어가는 것입니다.

⑩

열째달의 태아는~ 세상으로 나옵니다.
효성스레 순조롭게 태어나는 아이들은
두주먹을 합장하여 높이들고 태어나서
어머니의 몸상하게 하는일이 없습니다.
순조롭지 아니하게 태어나는 아이들은
두손으로 태를찢고 염통과간 움켜잡고
두발로는 어머니의 엉치뼈에 버티는듯
천개칼로 배휘젓고 일만개의 송곳으로
가슴을~ 쑤시는듯 고통주며 나옵니다.

⑪

이런고통 겪으면서 이몸을~ 낳는등~
어머니는 열가지큰 은혜베푸 셨습니다.

2장 낳아주고 길러주신 열 가지 은혜

①
잉태하여 품어주신 크나큰은혜

세세생생[98]인연들이 매우두터워
금생에서 어머니에 몸을의탁해
달이지나 오장들이 생기어나고
점차점차 육정들이 자라게됐네.

어머니몸 큰산처럼 무거워지고
잔바람도 겁을내며 조심을하고
비단옷은 장롱속에 잠자게하고
화장하는 거울에는 먼지끼었네.

그림 1. 잉태하여 품어주신 크나큰 은혜

②

낳으실때 수고하신 크나큰은혜

잉태하고 열달째가 가까워오면
해산하는 어려움이 닥치어오고
아침에는 중환자가 된것만같고
낮동안엔 정신조차 희미해졌네.

표현할수 없을만큼 두려움크고
가슴에는 근심걱정 가득하였고
지금바로 죽을것만 같다하시며
가족에게 무서움을 하소연했네.

臨産受苦恩

그림 2. 낳으실 때 수고하신 크나큰 은혜

③
낳으시고 기뻐하신 크나큰은혜

아들딸을 낳으면서 어머니께선
오장들이 빠짐없이 모두열리어[99]
몸과마음 까무라칠 지경이되고
한량없이 많은피도 흘리었다네.

낳은아기 튼튼하다 말을듣고서
기쁜마음 주체하지 못하였으며
염통찔러 뚫는듯한 모진아픔도
기쁜마음 억누르지 못하였다네.

그림 3. 낳으시고 기뻐하신 크나큰 은혜

④

좋은음식 먹여주신 크나큰은혜

아버지와 어머니의 은혜깊어서
한순간도 쉬지않고 보살피었고
아들딸은 좋은음식 먹이어주고
나쁜음식 먹게돼도 싫어안했네.

아들딸은 배부르게 먹이어주고
어머니는 배고픔을 참으시면서
애지중지 하는정이 흘러넘쳐서
보살피려 하는마음 뿐이었다네.

咽苦吐甘恩

그림 4. 좋은 음식 먹여주신 크나큰 은혜

⑤
마른자리 뉘어주신 크나큰은혜

어머니는 진자리에 누우시면서
아들딸은 마른자리 누이어주고
젖먹이어 갈증주림 풀어주었고
옷입히어 추운바람 막아주었네.

어머니는 불편함을 감수하면서
아들딸을 평온하게 하기위하여
잠안자며 자비로이 보살펴주고
자식재롱 한량없이 기뻐하였네.

그림 5. 마른자리 뉘어주신 크나큰 은혜

⑥

품에안고 길러주신 크나큰은혜

아버지의 높은은혜 하늘과같고
어머니의 넓은은혜 땅과같아서
하늘높이 땅의넓이 한량없듯이
두분은혜 크디크고 한량없어라.

배를앓아 친히낳은 자식이어서
눈이없어 못보아도 미워안하고
손과발이 불구라도 싫어안하며
종일토록 정성다해 보살피셨네.

乳哺養育恩

그림 6. 품에 안고 길러주신 크나큰 은혜

⑦

깨끗하게 씻겨주신 크나큰은혜

젊었을땐 어머니도 아름다웠네.
그린듯이 매력있고 예쁘셨으며
두눈썹은 푸른버들 빛을띠우고
양쪽뺨은 붉은연꽃 무색했었네.

깊은은혜 베푸느라 용모상하고
아들딸을 보살피다 몸이상하고
씻어주다 거울조차 잊어버리고
얼굴에는 주름살이 늘어갔었네.

洗濯不淨恩

그림 7. 깨끗하게 씻겨주신 크나큰 은혜

⑧

먼길떠난 자식걱정 크나큰은혜

죽어이별 하는것도 애달프지만
살아이별 하는것도 슬픈일이며
아들딸이 집을떠나 타향에가면
어머니의 마음역시 따라간다네.

밤낮으로 자식따라 마음이가고
흘러내린 눈물줄기 수천리되며
원숭이가 새끼땜에 울부짖듯이
자식생각 애간장이 다끊어졌네.

그림 8. 먼 길 떠난 자식 걱정 크나큰 은혜

⑨
자식고통 대신받은 크나큰은혜

자식들의 괴로움을 못견뎌하며
고통들을 대신받길 발원하시는
산과같이 높디높고 강같이깊은
두분은혜 하도커서 갚을길없네.

아들딸이 길떠난단 말만들어도
밤에춥게 자지않나 걱정하시고
아들딸이 겪게되는 잠깐고통도
어머님은 오랫동안 아파하시네.

그림 9. 자식 고통 대신 받은 크나큰 은혜

⑩
한량없이 아껴주신 크나큰은혜

부모님의 보살핌은 깊고깊어서
잠시라도 끊어지지 아니하시고
서있거나 앉았거나 걱정하시고
가까이나 멀리서나 생각하시네.

어머님의 춘추백세 되었다해도
여든살의 자식걱정 계속하시고
목숨다해 저세상에 가기전에는
잠시라도 끊어지지 아니한다네.

究竟憐愍恩

그림 10. 한량없이 아껴주신 크나큰 은혜

3장 여러 가지 불효한 행동

①

아난다~ 존자님~ 아난다~ 존자님~
사람몸을 받았으나 마음행동 어리석어
부모님의 큰은혜를 생각하지 아니하고
부모님을 공경않고 큰은혜를 저버리고
사람다운 마음이나 사랑하는 마음없이
불손하고 불효하는 사람들도 봤습니다.

②

아들딸을 뱃속에~ 품고있는 열달동안
어머니는 무거운짐 지고있는 것과같이
앉았거나 서있거나 불편하시 었습니다.
오랫동안 병석에서 앓고있는 환자처럼
음식들이 목구멍에 아니넘어 갔습니다.
아들딸을 낳을때엔 많은피를 흘리시고

죽음공포 느끼시는 고생까지 했습니다.

③

이런고통 겪으면서 아들딸을 낳은후도
좋은음식 있으면~ 아이에게 먹이시고
나쁜음식 싫다않고 잡수시~ 었습니다.
안아주고 씻어주며 힘안들어 하시었고
더위추위 고생으로 생각하지 않았으며
마른자리 기쁜마음 아이들을 누이었고
젖은자리 싫다않고 어머니가 잤습니다.

④

삼년이나 젖을먹여 보살피어 주시었고
애기에서 어린이로 어른으로 자랄동안
예의결혼 공부직장 도와주시 었습니다.

⑤

이것으로 모든일이 끝나는것 아닙니다.

아들딸이 병이나면 부모님도 병이나고,
아들딸이 병나아야 부모님도 낫습니다.
부모님은 아들딸이 잘크기만 바랍니다.

⑥

이리자란 자식중엔 효도하지 아니하고
부모에게 불만품고 대어들며 눈흘기며
불효하는 사람들도 여러사람 봤습니다.
삼촌들을 무시하고 형제들과 싸움하며
친척에게 욕을하는 사람까지 봤습니다.

⑦

예의범절 안갖추고 스승모범 안따르고
부모분부 순종않고 형제들을 꺾습니다.
드나들며 어른들께 인사하지 아니하고
거만하게 말을하는 경우까지 있습니다.

⑧

아이들이 행동들을 제멋대로 하게되면
부모삼촌 훈계야단 해야하는 것입니다.
귀엽다고 감싸기만 하려하면 안됩니다.

⑨

감싸기만 한아이는 마음이~ 비뚤어져
잘못해도 자기잘못 인정하려 아니하고
오히려~ 화를내는 경우까지 있습니다.

⑩

좋은사람 멀리하고 나쁜사람 가까이해
습관되고 성품되어 나쁜일을 도모하고
나쁜사람 꾐에빠져 부모님을 버려두고
타향으로 도망가는 경우까지 있습니다.

⑪

고향떠나 행상하고 전쟁터에 나갑니다.

⑫

세월지나 결혼하면 생활에~ 얽매이어
고향에도 아니오는 경우까지 있습니다.

⑬

고향떠나 타향에서 근신하지 아니하다
모함으로 체포되어 감옥에서 형벌받고
목칼쓰고 족쇄차는 경우까지 있습니다.

⑭

머나먼~ 타향에서 병이들고 액난얽혀[100]
힘이들고 괴롭고~ 굶주리고 야위어도
보살피어 주는사람 없는경우 있습니다.
천대속에 거리에서 목숨까지 잃게돼도
구해주는 사람조차 없는경우 있습니다.
타향에서 죽은후에 퉁퉁부어 썩어지고
마르고~ 풍화되어 백골로~ 뒹굽니다.

⑮

타향땅에 버려져도 소식조차 못전하며
가족들을 만나는건 생각조차 못합니다.

⑯

부모님은 자식걱정 계속계속 하시면서
피눈물로 눈이멀고 슬픔으로 병을얻고
죽은후도 애착을~ 끊어내지 못하여서
한을품고 원귀되는[101] 경우까지 있습니다.

그런데도 자식들은 효도하지 아니하고
자식도리 안지키며 악인들과 어울리어
미련하고 못된짓과 쓸데없는 짓을하며
싸움질과 도둑질로 온마을을 휘저으며
음주도박 간음등의 몹쓸짓을 저질러서
부모님과 형제들께 많은누를 끼칩니다.

⑰

아들딸이 아침나가 저녁에~ 돌아와도
부모님은 근심걱정 끊어지지 않습니다.

⑱

부모님이 출타를~ 하였는지 않았는지
추운지~ 더운지~ 아침저녁 초하루나
보름날에 인사조차 않는사람 있습니다.

⑲

부모님이 나이들어 쇠약하게 되어지면
부끄러워 하거나~ 성내고~ 소리치며
부모님을 구박하는 경우까지 있습니다.

⑳

홀아비나 홀어미인 부모홀로 계시어도
침대의자 흙먼지를 닦아내지 아니하고
털어내지 아니하는 경우까지 있습니다.

㉑

부모님이 밤낮으로 한숨짓고 한탄해도
추운지~ 더운지~ 배고픈지 목마른지
문안인사 안드리는 경우까지 있습니다.

㉒

계절따라 특별한~ 음식들이 들어오면
부모님께 먼저공양 해야하는 것입니다.
처자식만 주는일이 추잡하고 졸렬한데
남들에겐 거짓으로 부끄러운 척하면서
그런행동 계속하는 경우까지 있습니다.

㉓

아내말은 무엇이든 모두들어 주면서도
부모님의 꾸지람은 두려워~ 않습니다.

㉔

결혼하기 전에는~ 매우효성 스럽다가
결혼후엔 불효하는 딸들도~ 있습니다.

㉕

남편이~ 때리거나 욕하는건 참으면서
부모님의 노여움은 원망하고 한탄하며
친척아닌 사람과는 정다웁게 지내면서
혈육들은 멀리하는 사람들도 있습니다.

㉖

남편을~ 따라서~ 타향으로 가게되어
부모님과 이별해도 보고싶어 아니하고
소식마저 끊어버린 사람들도 있습니다.

㉗

부모님은 오장육부 거꾸로~ 매달린듯
목이마른 사람들이 물찾듯이 절박하게
자식들을 간절하게 보고싶어 하십니다.
높디높고 깊디깊은 부모님의 큰은덕은
헤아릴수 없이많고 한량없이 많고많아

불효죄는 말로표현 할수없이 많습니다.

㉘

부모은덕 대하여서 부처님의 설법듣고
사람들이 온몸의~ 털구멍에 피나도록
힘을다해 절하다가 땅에쓰러 졌습니다.
정신들자 큰소리로 말씀올리 셨습니다.

㉙

거룩하신 부처님~ 마음이~ 아픕니다.
지금까지 저희들은 깨닫지~ 못하여서
캄캄한~ 밤길을~ 걸었던것 같습니다.
저희들이 죄를많이 지었다는 사실을~
지금에야 깊이깊이 알수있게 됐습니다.

㉚

저희들이 저질렀던 잘못들을 알게되니
참으로~ 가슴이~ 찢어질듯 아픕니다.

㉛

거룩하신 부처님~ 거룩하신 부처님~
불쌍히~ 여기시어 구하여~ 주십시오.
어찌해야 깊은은혜 갚을수가 있습니까?

4장 은혜 갚는 길
①
부처님이 여덟가지 참으로~ 거룩한~
가르침을 대중에게 설해주시 었습니다.
알아야할 몇가지를 말씀드리 겠습니다.
아버지와 어머니를 양어깨에 모시고서
살이닳아 뼈나오고 골수까지 나오도록
수미산을 백번천번 돌고돌고 또돌아도
부모님의 은혜는다 갚을수가 없습니다.
②
계속되는 흉년에~ 백겁천겁 동안계속

몸이가루 되도록~ 부모님을 봉양해도
부모님의 은혜는다 갚을수가 없습니다.

③

부모님을 위하여서 백겁천겁 동안계속
칼로눈을 도려내어 부처님께 바치어도
부모님의 은혜는다 갚을수가 없습니다.

④

부모님을 위하여서 백겁천겁 동안계속
염통과간 도려내어 피를쏟는 고생해도
부모님의 은혜는다 갚을수가 없습니다.

⑤

부모님을 위하여서 백겁천겁 동안계속
백천칼로 좌우에서 찔러빙빙 돌리어도
부모님의 은혜는다 갚을수가 없습니다.

⑥

부모님을 위하여서 백겁천겁 동안계속

그림 나. 부모 업고 수미산을 돌고 돌아도

부처님께 자기몸을 소신공양 올리어도
부모님의 은혜는다 갚을수가 없습니다.

⑦

부모님을 위하여서 백겁천겁 동안계속
백천창칼 몸을찔러 골수튀어 나와도~
부모님의 은혜는다 갚을수가 없습니다.

⑧

부모님을 위하여서 백겁천겁 동안계속
뜨거운~ 철환삼켜 몸이타고 헤어져도
부모님의 은혜는다 갚을수가 없습니다.

⑨

부모은혜 대하여서 부처님의 설법듣고
대중들이 슬피울며 말씀드리 셨습니다.

⑩

거룩하신 부처님~ 지금에야 저희들이
많은죄를 지었음을 알수있게 됐습니다.

깊은은혜 갚으려면 어찌해야 하옵니까?

⑪

아난다~ 존자님~ 아난다~ 존자님~

부모님의 깊은은혜 제대로~ 갚는길은

부모님을 위하여서 이경전을 사경하고

부모님을 위하여서 이경전을 독송하고

부모님을 위하여서 모든죄를 참회하고

부모님을 위하여서 삼보님께 공양하고

부모님을 위하여서 부정한일 멀리하고

몸과마음 청정하고 깨끗하게 유지하며

널리널리 보시하여 복을짓는 것입니다.

이와같이 실행하는 사람들은 효자이고

불효하는 사람들은 지옥가는 것입니다.

5장 불효의 과보

①

아난다~ 존자님~ 불효하는 사람들은
죽는즉시 무간지옥[102]가게되어 있습니다.

②

무간지옥 가로세로 팔만유순 이나되고
둘레모두 겹겹으로 그물들로 둘려있고
바닥은~ 시뻘겋게 달은쇠로 되어있고
세찬불이 타오르고 천둥번개 마구치며
사방의~ 성벽들은 쇠로되어 있습니다.

③

끓는구리 끓는쇠물 죄인에게 들이붓고,
구리개와 쇠로된뱀 불과연기 내뿜어서
죄인들을 지지고~ 볶고굽고 삶아서~
죄인의몸 기름이~ 지글지글 끓어나와
견디거나 참아내기 참으로~ 힘듭니다.

④

가지가지 쇠몽둥이 쇠꼬챙이 철퇴창칼
공중에서 떨어져서 살을베고 찌릅니다.

⑤

이와같은 고통스런 처벌들이 여러겁을
계속계속 한순간도 끊어지지 않습니다.

⑥

무간지옥 벗어나면 화탕지옥 들어가서
타오르는 화로이고 쇠수레에 배터지고
뼈와살이 문드러져 사방으로 흩어지고
하루에도 천번만번 태어나고 죽습니다.

⑦

불효죄등 오역죄를 저질렀던 사람들은
빠짐없이 다음생에 이런고통 받습니다.

그림 다. 불효자가 겪게 되는 무간지옥고

6장 효도의 과보

①

부모은덕 대하여서 부처님의 설법듣고
대중들이 슬피울며 말씀드리 셨습니다.

②

거룩하신 부처님～ 거룩하신 부처님～
은혜갚는 사람들은 어찌되는 것입니까?

③

아난다～ 존자님～ 부모님의 깊은은혜
갚으려면 이경전을 보시해야 하옵니다.
참으로～ 부모님의 깊은은혜 갚는길은
남들에게 이경전을 보시하는 것입니다.

④

한권을～ 보시하면 한부처님 뵐수있고
열권을～ 보시하면 열부처님 뵐수있고
백권을～ 보시하면 백부처님 뵐수있고

그림 라. 효자들이 누리게 될 행운과 복락

천권을~ 보시하면 천부처님 뵐수있고
만권을~ 보시하면 만부처님 만납니다.

⑤

이경전을 보시하는 사람들은 빠짐없이
부처님이 감싸주고 보살피어 주십니다.
이경전을 보시하는 사람들의 부모들도
지옥고통 받지않고 하늘복을 누립니다.

III. 유통분

①

부처님의 설법듣고 하느님과[103]용과야차
건달바와 아수라와 가루라와 긴나라와
마후라가 인비인과[104]전륜성왕[105]소왕등의
대중들이 다음같은 큰발원을 했습니다.

②

거룩하신 부처님~ 미래세상 끝이나는

한겁뿐만 아니라~ 백겁천겁 동안계속
이몸이~ 부수어져 가루가~ 되더라도
부처님의 가르침은 지키기를 원합니다.

③

거룩하신 부처님~ 백겁천겁 동안계속
혀의길이 백유순이 되도록~ 혀뽑히고
쟁기로~ 혀를갈아 흐르는피 강물돼도
부처님의 가르침은 지키기를 원합니다.

④

백천칼로 좌우에서 깊이찔러 돌리어도
부처님의 가르침은 지키기를 원합니다.

⑤

백겁천겁 동안계속 가시돋힌 철망으로
나의몸이 감기우고 얽매이고 찔리어도
부처님의 가르침은 지키기를 원합니다.

백겁천겁 동안계속 날카로운 작두에~
나의몸이 잘리우고 방아공에 찧어져서
백천만억 토막나고 살과뼈가 가루돼도
부처님의 가르침은 지키기를 원합니다.

⑦

거룩하신 부처님~ 이경이름 무엇이며
어떻게~ 받들어~ 지니어야 하옵니까?

⑧

아난다~ 존자님~ 아난다~ 존자님~
이경이름 불설대보 부모은중 경입니다[106].
간략하게 부모은중 경이라고 말합니다.
이렇게~ 받들어~ 지니도록 하십시오.

⑨

부처님의 설법듣고 하느님과 사람들과
아수라등 대중들이 매우매우 기뻐하며

믿고지녀 받들어~ 행하기로 다짐하며
예를갖춰 인사하고 모두떠나 갔습니다.

〈가사체 부모은중경 끝〉

6

약사경

약사경은 약사여래본원공덕경의 준말입니다. 약사여래 부처님께서는 중생들의 모든 병고를 다 살피시고, 열두 가지 큰 서원을 세우셨습니다. 열두 가지 서원을 통해서 모든 중생들을 동방만월정유리세계로 인도하십니다.

사바세계 중생들은 가지가지 질병으로 고통스러워하고 있습니다. 질병의 원인이야 당연히 자업자득이지요. 그러나 약사여래 부처님께서는 모든 중생들의 질병을 다 고치시겠다고 발원하신 것입니다.

해인사 고려대장경의 현장 한문역 약사유리광여래본원공덕경(고려대장경판 177/ 영인본 10권 1347쪽)을 저본으로 하고 달마급다 한문역 불설약사여래본원경(고려대장경판 176/영인본 10권 1341쪽), 의정 한문역 약사유리광칠불여래공덕경(고려대장경판 178/ 영인본 10권 1353쪽)을 참고하여 교감한 후 번역하고 가사체로 다듬었습니다.

입으로 지은 업을 씻어내는 진언

깨끗이~ 깨끗하게 참으로~ 깨끗하게
완전히~ 깨끗하게 깨끗이~ 살렵니다.
수리수리 마하수리 수수리 사바하(세번)

부처님과 성중님을 모셔오는 진언

일체모든 부처님~ 일체모든 성중님~
이자리에 편안하게 임하시어 주옵소서.
나무 사만다 못다남
옴 도로도로 지미 사바하(세번)

경전 독송 전의 진언

높디높고 깊디깊은 부처님말씀
백천만겁 지나가도 듣기힘든데
제가지금 보고들어 지니었으니
부처님의 진실한뜻 이루렵니다.
옴 아라남 아라다(세번)

가사체 약사경

1장 법회가 열린 배경

①

부처님이 팔천스님 삼만육천 보살들과
왕과대신 바라문과 거사들과 하느님과
용과야차 인비인등 부처님을 공경하는
한량없는 대중들에 둘러싸여 교화하러
여러나라 다니시다 어느날~ 광엄성의
악음수~ 아래에서 다음같이 하시는걸
제가직접 들었으며 제가직접 봤습니다.

②

최고지혜 법왕자~ 문수사리 보살님이
부처님의 위신력을 받들고서 일어나서
오른어깨 드러내고 오른무릎 땅에꿇고
합장하고 부처님께 말씀드리 셨습니다.

③

거룩하신 부처님~ 거룩하신 부처님~
여기있는 저희들과 상법시대[107]중생들이
업장에서 벗어나서 즐거움을 누리도록
약사여래 큰발원과 약사여래 염송하는
공덕들에 대하여서 말씀하여 주십시오.

④

문수사리 보살님~ 말씀드리 겠습니다.
여기있는 중생이나 상법시대 중생들이
업장들을 소멸하고 즐거움을 누리도록
약사여래 큰발원과 약사여래 염송하는
공덕들에 대하여서 말씀드리 겠습니다.

⑤

거룩하신 부처님~ 말씀하여 주십시오.
저희들을 위하여서 말씀하여 주십시오.

2장 열두 가지 큰 발원

①

문수사리 보살님~ 문수사리 보살님~
여기에서 동쪽으로 강가강의 모래수의
열배만큼 많디많은 불국토를 지나가면
약~사~ 유리광~ 여~래~ 응~공~
정등각~ 명행족~ 선~서~ 세간해~
무상사~ 조어장부 천인사~ 부처님~
세존의~[108]정유리~ 세계가~ 있습니다.

②

문수사리 보살님~ 문수사리 보살님~
약~사~ 유리광~ 여~래~ 부처님~
세존께서 보살도를 수행하고 있을때에
중생들이 원하는것 빠짐없이 이루도록
열두가지 큰발원을 세우시~ 었습니다.

제1 대원

내가바른 깨달음을 이루게될 세상에선
나의빛이 무량무수 무변세계 다비추고
나의몸은 삼십이상 팔십종호 다갖추고
모든중생 빠짐없이 나와같길 원합니다.

제2 대원

내가바른 깨달음을 이루게될 세상에선
공덕들이 매우높아 나의몸이 깨끗하고
맑디맑은 유리같이 안과밖이 투명하고
태양이나 달보다도 훨씬밝은 빛을내어
암흑세상 중생들이 모두밝음 세상에서
뜻하는일 빠짐없이 이루기를 원합니다.

제3 대원

내가바른 깨달음을 이루게될 세상에선
한량없고 끝이없는 무량무변 지혜로써

중생들이 필요한것 빠짐없이 모두얻어
어떤것도 부족함이 없기를~ 원합니다.

제4 대원

내가바른 깨달음을 이루게될 세상에선
잘못된길 가던중생 성문이나 연각들이
굳건하게 대승의길 들어서길 원합니다.

제5 대원

내가바른 깨달음을 이루게될 세상에선
한량없고 끝이없는 무량무변 중생들이
나의법을 수행하여 삼취정계[109]다갖추고
혹시파계 했더라도 내이름을 염송하면
삼악도에 떨어지지 아니하길 원합니다.

제6 대원

내가바른 깨달음을 이루게될 세상에선
여러가지 신체기관 온전하게 못갖추어

추잡하고 못생기고 어리석고 눈이멀고
귀가멀고 말못하고 오갈병과 곱추나병
간질병등 갖은병에 시달리던 중생들이
온마음과 온몸으로 내이름을 염송하면
단정하고 지혜롭고 신체기관 온전하고
모든질병 벗어나서 건강하길 원합니다.

제7 대원

내가바른 깨달음을 이루게될 세상에선
심한병을 많이앓아 고통받고 있더라도
구하여줄 사람없고 의지할데 하나없고
의사없고 약도없고 친척친지 전혀없어
가난하고 많은고통 겪고있던 중생들이
온마음과 온몸으로 내이름을 염송하면
온갖질병 소멸하고 몸과마음 안락하고
가족들이 화목하고 살림살이 풍족하며

최고바른 깨달음을 이루기를 원합니다.

제8 대원

내가바른 깨달음을 이루게될 세상에선
여인으로 태어나서 겪는고통 너무싫어
남자로~ 태어나길 소원하는 여인들이
온마음과 온몸으로 내이름을 염송하면
빠짐없이 대장부의 상을갖춘 남자되고
최고바른 깨달음을 이루기를 원합니다.

제9 대원

내가바른 깨달음을 이루게될 세상에선
가지가지 나쁜견해 빠져있던 중생들이
온마음과 온몸으로 내이름을 염송하면
악마그물 벗어나고 외도속박 벗어나서
바른견해 모두내고 보살행을 닦고닦아
최고바른 깨달음을 이루기를 원합니다.

제10 대원

내가바른 깨달음을 이루게될 세상에선
법을어겨 오랏줄에 단단하게 묶이거나
채찍질을 당하거나 감옥안에 갇히거나
사형당해 죽는등의 한량없는 재난능욕
고통들로 몸과마음 괴로웠던 중생들이
온마음과 온몸으로 내이름을 염송하면
고통에서 벗어나서 행복하길 원합니다.

제11 대원

내가바른 깨달음을 이루게될 세상에선
굶주림에 시달리다 먹을것을 위하여서
가지가지 온갖악업 짓고있던 중생들이
온마음과 온몸으로 내이름을 염송하면
맛이좋은 음식으로 배부르게 되어지며
부처님의 법속에서 안락하길 원합니다.

제12 대원

내가바른 깨달음을 이루게될 세상에선
너무너무 가난하여 입을옷이 없다거나
모기등에 추위더위 시달리던 중생들이
온마음과 온몸으로 내이름을 염송하면
좋은의복 보배보석 꽃다발과 여러향~
춤과노래 등을모두 즐기고~ 싶은대로
빠짐없이 즐길수~ 있게되길 원합니다.

③

문수사리 보살님~ 말씀드린 내용들이
약~사~ 유리광~ 여~래~ 부처님~
세존께서 보살도를 수행하고 있을때에
세우셨던 열두가지 큰발원인 것입니다.

3장 정유리 세계의 장엄

①

문수사리 보살님~ 문수사리 보살님~

약~사~ 유리광~ 여~래~ 부처님~

세존께서 보살도를 행할때의 큰발원과

약사여래 부처님의 정유리~ 세계장엄

한겁동안 보살님께 계속계속 말을하고

또한겁을 말하여도 다말하지 못합니다.

②

약~사~ 유리광~ 여~래~ 부처님의

불국토는 청정하여 남녀차별 전혀없고

삼악도나 괴로움이 조금도~ 없습니다.

③

땅바닥은 유리이고 길의경계 금줄이며

성곽궁전 누각창문 주렴등은 빠짐없이

모두값진 보석으로 장식되어 있습니다.

④

서방정토 극락세계 장엄들과 같습니다.

⑤

약사여래 불국토엔 두분보살 계십니다.

일광변조 보살님과 월광변조 보살님이

약~사~ 유리광~ 여~래~ 부처님의

보배로운 정법안장[110]빠짐없이 지니고서

한량없는 무량무수 보살앞에 계십니다.

⑥

문수사리 보살님~ 저의말을 믿고있는

선남자와 선여인은 약사여래 부처님의

세계안에 태어나길 발원해야 하십니다.

4장 약사여래의 위신력

4-1. 탐욕

①

문수사리 보살님~ 문수사리 보살님~
선악식별 못하거나 보시과보 알지못해
인색하고 탐욕많은 중생들이 있습니다.

②

이런중생 어리석고 지혜없고 믿음없어
재물보배 많이모아 지키기에 급급하여
구걸하러 오는사람 싫어하며 피합니다.
할수없이 눈치보며 보시하는 경우에도
살을베는 것과같은 심한고통 느낍니다.

③

인색하고 탐욕많고 어리석은 중생들은
부모처자 하인물론 자신조차 못쓰는데
구걸하는 사람에게 베풀수가 있으리오.

④

이런중생 목숨다해 세상떠난 이후에는
아귀로나 축생으로 태어나게 되지마는
약~사~ 유리광~ 여~래~ 부처님을
인간세상 있을때에 일심으로 염송하면
악도에서 약사여래 부처님을 기억하고
그순간에 악도떠나 인간세상 태어나며
악도생활 회상하고 악도고통 무서워해
욕심쾌락 멀리하고 보시하길 좋아하며
보시하는 사람들을 찬양하고 찬탄하며
어떤것도 탐내거나 아끼지~ 않습니다.

⑤

재산이나 재물등은 말할필요 조차없고
눈과손발 피와살도 보시할수 있습니다.

4-2. 삿된 견해

①

문수사리 보살님~ 문수사리 보살님~
부처님의 계율받곤 받은계율 안지키고
받은계율 지키지만 규칙들은 안지키고
계율규칙 지키지만 바른견해 안가지고
바른견해 가지지만 경전많이 안들어서
부처님이 말씀하신 경전이치 잘모르고
경전많이 듣지마는 교만으로 덮히어서
자신만이 옳다하고 다른사람 그르다며
바른법을 비방하는 중생들도 있습니다.

②

이런중생 어리석어 스스로도 지옥아귀
축생길로 가게되는 견해따라 행동하고
많디많은 중생들을 한량없는 세월동안

고통스런 악도에서 헤매도록 만듭니다.
③
그렇지만 이중생도 약사여래 명호듣고
약사여래 부처님을 일심으로 염송하며
나쁜행동 버리고서 착한행동 닦아가면
고통스런 삼악도에 떨어지지 않습니다.
④
나쁜행동 못버리고 착한행동 닦지못해
삼악도에 떨어지게 되었다고 하더라도
약사여래 부처님의 큰발원의 위신으로
약사여래 부처님을 회상하고 염송하여
삼악도의 수명다해 사람으로 태어날땐
바른견해 바른정진 바른뜻을 세웁니다.
⑤
세속떠나 출가하여 부처님법 가운데서

모든계율 잘지키고 바른견해 많이듣고
오묘한뜻 깊이깊이 이해하고 행합니다.

⑥

교만하지 아니하고 바른법을 비방않고
악마벗이 되지않고 보살도를 수행하여
최고바른 깨달음을 온전하게 이룹니다.

4-3. 고뇌

①

문수사리 보살님~ 탐욕질투 물이들어
자기자신 내세우려 남을비방 하는중생
지옥에서 오랜세월 온갖고통 받습니다.

②

지옥수명 다하여서 지옥고통 끝이나면
소말낙타 노새같은 짐승으로 태어나서
채찍맞고 굶주림과 목마름에 허덕이며

사람위해 무거운짐 항상싣고 다닙니다.

③

사람으로 태어나도 천한노비 신분으로
항상남의 부림받아 자유롭지 못합니다.

④

그렇지만 일심으로 온마음과 온몸으로
약사여래 부처님을 염송했던 중생들은
약~사~ 유리광~ 부처님의 위신으로
온갖고통 벗어나서 구경열반 이룹니다.

⑤

총명감각 타고나며 지혜롭고 똑똑하며
수승한법 구하고~ 착한벗을 항상만나
마구니의 올가미를 영원토록 벗어나고
어두움을 깨뜨리고 번뇌강물 말립니다.

⑥

일체모든 생로병사 완전하게 벗어나서

슬픔고통 전혀없는 적정열반 이룹니다.

4-4. 악연

①

문수사리 보살님~ 어긋난짓 좋아하고
싸움하고 소송하여 나와남을 혼란시켜
여러가지 많고많은 악업들을 지으며~
나와남을 해치게할 못된짓만 찾아하고
중생들의 피와살로 산의신과 숲의신과
나무의신 무덤신에 고사를~ 지내면서
야차들과[111]나찰들께[112]약밥하여 올리면서
원수라며 이름적고 형상들을 만들어서
주술로써 저주하며 제사까지 지내어도
목숨과몸 파괴하려 귀신에게 간청해도
약사여래 부처님을 일심으로 염송하면

어떤것도 이사람을 해칠수가 없게되며
자비로운 마음으로 안락함을 베풉니다.

②

미워하고 싫어하고 한스러운 마음에서
온전하게 벗어나서 즐거움을 베풉니다.

③

자신에게 일어나는 모든일에 대하여서
'염송하는 사람'에게 고마움을 느낍니다.

④

침탈하지 아니하고 이로움을 베풉니다.

4-5. 하늘나라 태어나도

①

문수사리 보살님~ 문수사리 보살님~
남자스님 여자스님 남자신도 여자신도
깨끗하고 맑은마음 선남자와 선여인이

팔분재계[113]일년이나 석달동안 잘지키면
소원대로 무량수~ 부처님의 서방정토
극락세계 태어나서 바른법을 듣습니다.

②

극락세계 못가게된 중생들도 임종시에
약사여래 부처님을 일심으로 염송하면
문수사리 보살님~ 관세음~ 보살님~
대세지~ 보살님~ 무진의~ 보살님~
보단화~ 보살님~ 약~왕~ 보살님~
약~상~ 보살님~ 미~륵~ 보살님등
여덟분의 대보살이 신통으로 나투시어
정유리~ 세계로~ 가는길을 보입니다.

③

가지가지 온갖빛깔 보배꽃이 피어있는
정유리~ 세계안에 태어나게 해줍니다.

하늘나라 태어나는 경우도~ 있지마는
하늘나라 태어나도 전생선근 무궁하여
다시어떤 악도에도 떨어지지 않습니다.
하늘나라 수명다해 사람으로 태어날땐
전륜성왕 되어서~ 사대주를 통치하며
위엄덕망 자재갖춰 한량없는 중생에게
열가지의 선업들을 굳건하게 행합니다.

⑤

찰제리나[114]바라문등[115]존귀하게 태어나서
재물이나 보배들이 창고안에 가득하고
생김새가 단정하고 권속들이 번창하며
총명지혜 용맹강건 위엄모두 갖춥니다.

⑥

선여인이 약사여래 부처님을 염송하면

다음생엔 여인차별 전혀받지 않습니다.

4-6. 병고

①

문수사리 보살님~ 문수사리 보살님~
약사여래 부처님이 깨달음을 증득할때
중생들이 소갈병과 황달열병 걸렸거나
저주받아 비명횡사 당하는걸 보시고서
병고들이 소멸하길 발원하시 었습니다.

4-7. 고난소멸 다라니

①

부처님이 '제멸일체 중생고뇌 삼매'들어[116]
육계에서 크고밝은 대광명의 빛을내며
다음같은 대다라니 염송하시 었습니다

나모 바가와떼 바이사지아 구루-와이듀리
아 쁘라바-라자야 따타가따야아 르하 떼
삼먁삼붓다야 따댜타 옴 바이사지에 바이
사지에 바아사지아-삼우드가떼 스와하

②

부처님이 빛을내며 이진언을 염송하니
온천지가 진동하며 큰광명을 발하였고
모든중생 병고떠나 안락얻게 됐습니다.

③

문수사리 보살님～ 문수사리 보살님～
병고들에 시달리는 중생들을 만나거든
목욕하고 양치한후 음식이나 약들이나
벌레없는 물을향해 일심으로 이진언을
백팔번을 염송하고 복용토록 하십시오.
모든병고 소멸하고 건강함을 누립니다.

④

이진언을 지극정성 일심으로 염송하면
모든것이 이뤄지며 무병장수 누린후엔
약사여래 정유리~ 세계에~ 태어나서
불퇴전의[117]경계얻고 깨달음을 이룹니다.

⑤

문수사리 보살님~ 문수사리 보살님~
약~사~ 유리광~ 여~래~ 부처님을
일심으로 공경공양 하려하는 중생들은
잊지말고 이진언을 간직토록 하십시오.

5장 약사여래의 공덕

①

문수사리 보살님~ 문수사리 보살님~
약~사~ 유리광~ 여~래~ 응~공~
정등각을 염송하는 선남자와 선여인이

이른아침 양치하고 깨끗하게 목욕하고
향기로운 꽃다발과 태우는향 바르는향
가지가지 춤과노래 공경스레 공양하고
이경전을 직접쓰고 다른사람 시켜써서
한결같은 마음으로 경전뜻을 새기면서
법사께도 생활용품 충분하게 보시하면
부처님의 보호받아 모든소원 이루고서
부처님의 최고바른 깨달음을 이룹니다.

6장 문수보살의 발원
①

문수사리 보살님이 말씀드리 셨습니다.
거룩하신 부처님~ 거룩하신 부처님~
상법시대 믿음청정 선남자와 선여인께
가지가지 온갖정성 온갖방편 다하여서

약사여래 부처님을 염송시키 겠습니다.

②

잠결에도 약사여래 부처님을 잊지않고
계속하여 염송토록 명심시키 겠습니다.

③

거룩하신 부처님~ 이경전을 독송하며
다른중생 위하여서 이경전을 설해주고
직접쓰고 다른사람 시켜쓰는 사람들을
공경하고 존중하며 항상받들 겠습니다.

④

가지가지 꽃향기와 바르는향 가루향과
태우는향 꽃다발과 목걸이와 번기양산
춤과노래 빠짐없이 공양올리 겠습니다.

⑤

이경전을 오색비단 주머니에 간직하여
깨끗하고 정결하며 높은자리 모셔두면

사천왕과 권속들과 한량없는 하느님이
함께와서 공양하고 수호할~ 것입니다.
⑥
거룩하신 부처님~ 거룩하신 부처님~
이와같은 보배경전 유포하여 퍼뜨리고
약~사~ 유리광~ 여~래~ 부처님의
본원공덕 명호염송 하는곳엔 횡사없고
악귀들이 정기를~ 뺏지못할 것입니다.
⑦
이미뺏긴 경우에도 뺏긴정기 회복시켜
몸과마음 안락하게 하여드릴 것입니다.

7장 기도 공덕
①
문수사리 보살님~ 참으로~ 옳습니다.
보살님의 말씀모두 참으로~ 옳습니다.

②

믿는마음 청정하여 약사여래 부처님께
공양염송 하려하는 선남자와 선여인은
약사여래 부처님의 형상을~ 조성하고
깨끗하고 청정한곳 안정되게 모십시오.

③

당기번기 꽃향기로 그자리를 꾸미고서
칠일동안 밤낮으로 팔분재계 잘지키고
청정음식 가려먹고 향기롭게 목욕하고
깨끗하고 정갈한옷 갈아입게 하십시오.

④

혼탁함과 더러움과 성냄들을 버리고서
모든중생 안락하게 격려토록 하십시오.

⑤

기쁨주고 고통소멸 감사하고 보시하는
자비희사 평등심을 진심으로 찬탄하고

부처님을 시계방향 돌고돌고 또돌면서
약사여래 부처님의 큰발원을 염송하고
이경전의 뜻을깊이 새기면서 독송하고
다른사람 위하여서 이경전을 전해주면
바라는것 하나하나 빠짐없이 이룹니다.
⑥

장수하길 소원하면 소원대로 장수하고
부자되길 소원하면 소원대로 부자되고
벼슬하길 소원하면 소원대로 벼슬하고
아들딸을 소원하면 아들딸을 얻습니다.
⑦

악몽꾸고 궂은형상 괴물괴조 나타날때
약~사~ 유리광~ 여~래~ 부처님께
여러좋은 공양물을 공경스레 공양하면
악몽속의 궂은형상 상서롭지 못한것들

빠짐없이 없어져서 괴롭히지 못합니다.

⑧

수재화재 칼과독약 사나운~ 코끼리와
사자여우 호랑이~ 곰과독사 전갈지네
그리마~ 등에모기 같은것이 두려울때
약사여래 부처님께 공경스레 공양하면
모든공포 벗어나고 평온함을 누립니다.

⑨

외국침범 당하거나 도적반란 있을때도
약사여래 부처님께 공경스레 공양하면
모든것을 벗어나고 평온함을 누립니다.

⑩

문수사리 보살님~ 문수사리 보살님~
깨끗하고 맑은믿음 선남자와 선여인은
하느님과 여러신을 신앙하지 아니하고

삼보님께 귀의하여 오계받고[118]십계받고[119]
보리살타 사백계와 남자스님 이백오십
여자스님 오백계등 부처님의 계율받아
계율들을 잘지키다 어찌어찌 범하여서
삼악도에 떨어질까 걱정하던 중생들도
약사여래 부처님께 공경스레 공양하면
절대로~ 삼악도에[120]떨어지지 않습니다.

⑪

선여인이 해산하며 심한고통 겪을때도
약사여래 부처님을 염송하고 찬탄하면
모든고통 사라지고 평온함을 누립니다.

⑫

애기들은 품위있고 몸부위가 온전하며
이목구비 단정하여 보는중생 기쁩니다.

⑬

모든감각 발달되어 총명평온 차분하며
악귀들에 정기들을 빼앗기지 않습니다.

8장 아난의 믿음
①

거룩하신 부처님이 말씀하시 었습니다.
아~난~ 존자님~ 아~난~ 존자님~
약사여래 염송하는 공덕매우 크다라는
여래말을 존자님은 믿을수가 있습니까?
②

아~난~ 존자님이 말씀드리 셨습니다.
거룩하신 부처님~ 거룩하신 부처님~
부처님의 말씀들은 전혀의심 않습니다.
부처님의 행동이나 말씀이나 마음에는
청정하지 않은것이 조금도~ 없습니다.

③

거룩하신 부처님~ 거룩하신 부처님~
해와달은 떨어지고 수미산은 기울어도
부처님의 말씀들은 틀릴수가 없습니다.

④

거룩하신 부처님~ 믿음얕은 중생들은
약사여래 부처님~ 염송공덕 듣고서도
약사여래 부처님을 염송하는 공덕이익
그렇게도 훌륭한가 의심할수 있습니다.
그렇지만 믿지않고 부처님말 비방하면
오랜세월 이로움과 즐거움을 잃습니다.
삼악도에 떨어져서 많은고통 겪습니다.

⑤

아~난~ 존자님~ 아~난~ 존자님~
약사여래 부처님을 염송하는 공덕믿고

약사여래 부처님을 염송하는 중생들은
절대로~ 삼악도에 떨어지지 않습니다.

⑥

아~난~ 존자님~ 아~난~ 존자님~
약사여래 부처님의 발원방편 염송공덕
너무너무 깊은데도 약사여래 위신으로
존자님이 믿고받아 지닐수가 있습니다.

⑦

약사여래 부처님의 위신력이 없다면~
성문이나[121] 연각들은[122] 말할필요 조차없고
등각지에[123] 못이르른 보살들도 못지니며
일생보처[124] 보살만이 지닐수가 있습니다.

⑧

아~난~ 존자님~ 아~난~ 존자님~
사람으로 태어나긴 참으로~ 힘듭니다.

삼보믿고[125]받들기는 더더욱~ 힘듭니다.

약~사~ 유리광~ 여~래~ 부처님께

공경스레 공양하긴 더욱더욱 힘듭니다.

⑨

아~난~ 존자님~ 아~난~ 존자님~

약~사~ 유리광~ 여~래~ 부처님의

한량없는 보살행과 한량없이 좋은방편

한량없이 큰발원은 한겁동안 말을하고

또한겁을 말하여도 다말하지 못합니다.

⑩

약~사~ 유리광~ 여~래~ 부처님의

발원방편 참으로~ 훌륭하고 좋습니다.

9장 죄보와 참회

①

구~탈~ 보살님이 자리에서 일어나서

오른어깨 드러내고 오른무릎 땅에꿇고
합장하고 부처님께 말씀드리 셨습니다.

②

거룩하신 부처님~ 상법시대 중생들은
가지가지 질환들에 시달리고 있습니다.

③

너무오래 앓고있어 파리하고 야위어서
목구멍과 입술말라 음식먹지 못합니다.

④

모든곳이 깜깜하고 죽은사람 보입니다.
부모님과 친지들과 권속들과 친구등의
지인들이 슬피울며 둘러앉아 있습니다.

⑤

자리에~ 누워있는 상법시대 중생들의
신식을~ [126]저승사자 염왕에게[127]끌고가면
구생신이[128]죄와복을 대왕에게 아룁니다.

⑥

죄와복의 경중들을 빠짐없이 참고하여
염라대왕 중생들의 갈길결정 해줍니다.

⑦

죽은사람 위하여서 권속이나 친지들이
약~사~ 유리광~ 부처님께 귀의하고
스님들을 초청하여 이경전을 독송하고
칠층오색 등밝히고 명줄도울 번기걸면
죽은사람 살아오고 신식바로 돌아오며
꿈꾼사람 꿈내용을 회상하듯 다봅니다.

⑧

칠일이나 이십일일 삼십오일 사십구일
꿈을꾸다 깨어나서 본래정신 돌아온듯
착한과보 나쁜과보 생생하게 다봅니다.

⑨

업에따른 과보들을 생생하게 보았기에

목숨다할 그때까지 나쁜행동 않습니다.
⑩

이리하여 믿음청정 선남자와 선여인은
약~사~ 유리광~ 여~래~ 부처님께
온힘다해 공경스레 공양하는 것입니다.

10장 약사여래 기도법
①

아~난~ 존자님이 말씀드리 셨습니다.
구~탈~ 보살님~ 구~탈~ 보살님~
약~사~ 유리광~ 여~래~ 부처님께
공경공양 하려하면 어찌해야 하옵니까?
명줄도울 번기등불 어찌제조 하옵니까?
②

구~탈~ 보살님이 말씀드리 셨습니다.
아~난~ 존자님~ 아~난~ 존자님~

병고에서 벗어나려 하는사람 위하여서
칠일동안 밤낮으로 팔분재계 잘지키고
음식등의 공양물을 성심성의 준비하여
청정하신 스님들께 공양토록 하십시오.
③
약~사~ 유리광~ 여~래~ 부처님께
밤낮으로 이십사시 예배하고 공양하며
일심으로 이경전을 사십구회 독송하고
약사여래 부처님의 일곱형상 만들어서
각각마다 일곱등~ 마흔아홉 등을켜되
등의크기 수레바퀴 둘레만큼 크게하고
사십구일 계속계속 켜져있게 하십시오.
④
오색비단 마흔아홉 번기들을 만드세요.

⑤

마흔아홉 생명들을 방생하여 주십시오.

⑥

위험액난 벗어나고 악귀들이 피합니다.

11장 나라의 큰 재난

①

아~난~ 존자님~ 아~난~ 존자님~

찰제리~ 관정왕도[129]재난들을 만납니다.

백성들이 전염병을 앓게되는 재~난~

딴나라가 침범하여 들어오는 재~난~

나라안에 반역폭동 일어나는 재~난~

별의괴변 일식월식 일어나는 재~난~

뜬금없이 장마가뭄 계속되는 재~난~

여러가지 재난들을 만날수가 있습니다.

②

이럴때엔 찰제리~ 관정왕께 자비로써
감옥에서 고생하는 중생들을 사면하고,
약~사~ 유리광~ 여~래~ 부처님께
법식대로 공경스레 공양토록 하십시오.

③

약사여래 부처님의 큰발원의 가피로써
온나라가 평온하고 비바람이 순조롭고
농사풍년 무병장수 안락함을 누립니다.

④

중생들을 괴롭히는 나라안의 포악야차
귀신들이 없어지고 나쁜형상 없어지며
찰제리~ 관정왕은 무병장수 누립니다.

⑤

아~난~ 존자님~ 제후비빈 왕자대신
재상궁녀 관리백성 병고재난 만났을때

오색번기 달아놓고 등불밝게 켜놓으며
생명들을 방생하고 온갖색꽃 흩뿌리며
가지가지 좋은향을 지극정성 공양하면
병고재난 벗어나서 안락함을 누립니다.

12장 비명횡사

①

아~난~ 존자님이 말씀드리 셨습니다.
구~탈~ 보살님~ 수명다한 중생에게
이로움을 주려하면 어찌해야 하옵니까?

②

구~탈~ 보살님이 말씀하시 었습니다.
아~난~ 존자님~ 아~난~ 존자님~
아홉가지 비명횡사 당한중생 만났을때
명줄도울 번기등불 만들어서 복지으면
고통이나 환란에서 벗어날수 있다라는

부처님의 말씀기억 하고있지 않습니까?

③

아~난~ 존자님이 말씀드리 셨습니다.

아홉가지 비명횡사 저희들을 위하여서

다시한번 자세하게 말씀하여 주십시오.

④

구~탈~ 보살님이 대답하시 었습니다.

제1 비명횡사

가벼운병 얻었으나 의사없고 약이없고

간병인을 못구하고 약을잘못 처방받아

안죽어도 되는데도 죽게되는 죽음이나

세간삿된 마구니나 요사스런 스승들이

길흉화복 대하여서 망녕되이 지껄이고

겁에질려 허둥지둥 자기마음 못가누고

점을치고 화를불러 생명들을 살해하며

도깨비나 귀신들에 복덕주길 청하면서
수명까지 늘리려다 맞게되는 죽음이나
어리석고 미혹하여 삿된소견 믿다죽어
지옥으로 가는죽음 비명횡사 라고하며,

제2 비명횡사

사형당해 죽는죽음 비명횡사 라고하며,

제3 비명횡사

사냥노름 주색으로 방탕하게 생활하다
정기뺏겨 죽는죽음 비명횡사 라고하며,

제4 비명횡사

불에타서 죽는죽음 비명횡사 라고하며,

제5 비명횡사

물에빠져 죽는죽음 비명횡사 라고하며,

제6 비명횡사

잡아먹혀 죽는죽음 비명횡사 라고하며,

제7 비명횡사

떨어져서 죽는죽음 비명횡사 라고하며,

제8 비명횡사

독약이나 저주들로 귀신들의 해꼬지로

억울하게 죽는죽음 비명횡사 라고하며,

제9 비명횡사

음식없어 배고픔과 목마름에 시달리다

속절없이 죽는죽음 비명횡사 라고하며,

⑤

이것들을 아홉가지 비명횡사 라고하며,

이밖에도 한량없는 비명횡사 있습니다.

⑥

아~난~ 존자님~ 아~난~ 존자님~

염라대왕 중생명부 관장하고 있습니다.

⑦

효도하지 아니하고 오역죄를[130]저지르고

불법승을 비방하고 오계십계 어기거나
규율들을 깨뜨리는 중생들은 빠짐없이
염라대왕 죄의경중 판단하여 벌합니다.

⑧

고통환란 벗어나게 중생들을 도우려면
등불번기 방생들로 복짓도록 하십시오.

13장 야차대장들의 맹서

①

대중중엔 십이야차 대장들도 있었는데
궁비라~ 대~장~ 벌절라~ 대~장~
미기라~ 대~장~ 안저라~ 대~장~
알이라~ 대~장~ 산저라~ 대~장~
인달라~ 대~장~ 파이라~ 대~장~
마호라~ 대~장~ 진달라~ 대~장~
초두라~ 대~장~ 비갈라~ 대장들이

이법회의 대중중에 자리같이 했습니다.
십이야차 대장들과 따라왔던 칠천씩의
야차들이 부처님께 말씀드리 셨습니다.

②

거룩하신 부처님~ 거룩하신 부처님~
저희들은 부처님의 위신력의 가피로써
약~사~ 유리광~ 여~래~ 부처님께
일심으로 공경스레 공양하게 되었으니
삼악도의 공포에서 벗어나게 됐습니다.

③

서로서로 이끌어서 이목숨이 다하도록
부처님과 부처님법 스님들께 귀의하여
모든중생 즐겁도록 도와드리 겠습니다.

④

큰도시나 시골이나 깊은숲속 어디든지

이경전을 전하여서 약사여래 염송하여
모든고난 벗어나고 모든소원 이루도록
한중생도 빠짐없이 도와드리 겠습니다.

⑤

병고에서 벗어나길 소원하는 중생들이
저희들의 이름적어 오색실에 매어두고
이경전을 독송하면 소원들이 빠짐없이
모두모두 풀리도록 도와드리 겠습니다.

⑥

부처님이 야차들을 칭찬하시 었습니다.
야~차~ 대장이여 그렇게~ 하십시오.
약사여래 부처님의 은덕보답 하려거든
모든중생 안락하게 항상도와 주십시오.

14장 유통본

①

아난이~ 부처님께 말씀드리 셨습니다.

거룩하신 부처님~ 이경이름 무엇이며

어떻게~ 받들어~ 지니어야 하옵니까?

②

부처님이 아난에게 말씀하시 었습니다.

아~난~ 존자님~ 지금말씀 드린경을

'약~사~ 유리광~ 여래본원 공덕경~'

'십이신장 요익유정 결~원~ 신주경~'

'발제일체 업장경~' 이라이름 하십시오.

간략하게 '약사경~' 이라이름 하십시오.

③

부처님이 이법문을 모두모두 마치시니

보살성문 국왕대신 바라문과 거사들과

하느님과 용과야차 건달바~ 아수라~

가루라~ 긴나라~ 마후라가 인비인이
부처님의 설법듣고 매우매우 기뻐하며
믿고지녀 받들어~ 행하기로 했습니다.

〈가사체 약사경 끝〉

II

가사체 불교의례

1. 삼귀의

거룩한 부처님께 귀의합니다.

거룩한 가르침에 귀의합니다.

거룩한 대중들께 귀의합니다.

2. 예불/예참

(차 올리는 게송 : 새벽)

제가지금 청정수를 감로차로 올립니다.
온마음과 온몸으로 삼보님께 올립니다.
감로차를 받으소서. 자비로써 받으소서.
삼보시여, 감로차를 자비로써 받으소서.

(향 올리는 진언: 저녁)

지계의~ 행동향기, 선정의~ 마음향기,
지혜의~ 밝음향기, 해탈의~ 자유향기,
해탈지견 자비향기 삼보님께 올립니다.
온누리의 한량없이 많고많은 삼보님께
온법계에 가득하게 광명향기 올립니다.
윤회업을 없애고서 저언덕에 이르기를
삼보님께 기원하며 광명향기 올립니다.
　　　옴 바아라 도비야 훔(세번)

(칠정례일반)

지심귀명례

삼계의~ 스승이고 사생의~ 자부이며

저의가장 큰스승님 석가모니 부처님께

지극한~ 마음으로 머리숙여 절합니다.

지심귀명례

시방삼세 항상계신 일체모든 부처님께

지극한~ 마음으로 머리숙여 절합니다.

지심귀명례

시방삼세 항상계신 일체모든 가르침에

지극한~ 마음으로 머리숙여 절합니다.

지심귀명례

큰지혜의 문수보살, 큰행원의 보현보살,

대비심의 관음보살, 큰발원의 지장보살

지극한~ 마음으로 머리숙여 절합니다.

지심귀명례

영산에서 부처님의 가르침을 부촉받은

십대제자 십육성현 오백성현 독수성현
일천이백 아라한등 무량자비 성중들께
지극한∼ 마음으로 머리숙여 절합니다.

지심귀명례

인도에서 동쪽으로 중국건너 한국까지
가르침의 밝은등불 이어오신 조사스님,
천하의∼ 종사스님, 많고많은 선지식께
지극한∼ 마음으로 머리숙여 절합니다.

지심귀명례

시방삼세 항상계신 거룩한∼ 대중들께
지극한∼ 마음으로 머리숙여 절합니다.

대자대비 삼보님께 머리숙여 절합니다.
저의절을 받으소서. 가피를∼ 내리소서.
저와모든 중생들이 성불하게 하옵소서.

〈가사체 일반예불문 끝〉

(칠정례예참)

지심정례공양

삼계의~ 스승이고 사생의~ 자부이며
저의가장 큰스승님 석가모니 부처님께
지극한~ 마음으로 일심공양 올립니다.

지심정례공양

시방삼세 항상계신 일체모든 부처님께
지극한~ 마음으로 일심공양 올립니다.

지심정례공양

시방삼세 항상계신 일체모든 가르침에
지극한~ 마음으로 일심공양 올립니다.

지심정례공양

큰지혜의 문수보살, 큰행원의 보현보살,
대비심의 관음보살, 큰발원의 지장보살
지극한~ 마음으로 일심공양 올립니다.

지심정례공양

영산에서 부처님의 가르침을 부촉받은

십대제자 십육성현 오백성현 독수성현
일천이백 아라한등 무량자비 성중들께
지극한~ 마음으로 일심공양 올립니다.

지심정례공양

인도에서 동쪽으로 중국건너 한국까지
가르침의 밝은등불 이어오신 조사스님,
천하의~ 종사스님, 많고많은 선지식께
지극한~ 마음으로 일심공양 올립니다.

지심정례공양

시방삼세 항상계신 거룩한~ 대중들께
지극한~ 마음으로 일심공양 올립니다.

대자대비 삼보님께 일심공양 올립니다.
저의절을 받으소서. 가피를~ 내리소서.
저와모든 중생들이 성불하게 하옵소서.

〈가사체 예불문 끝〉

3. 반야심경

반야심경은 가장 많이 염송하는 경전입니다. 〈가사체 반야심경〉은 〈조계종 우리말 반야심경〉과 약간 차이가 납니다. 현장 스님의 한문본을 최대한 존중하면서, 범어 광본·약본과 한문 광본·약본 7종을 참고하였습니다.

1) 광본 앞머리에는 '사리불 장로님의 질문을 받고 관세음 보살님께서 말씀하셨습니다'라는 말이 있습니다. 그래서 첫 문장을 교감(수정 보완)하였습니다.
2) 범본과 일부 한문본에는 첫 '사리불~ 장로님~' 다음에 色性是空 空性是色(법월 중역: 대상있음 공함있고 공함있음 대상있오)이 있습니다.
3) 공사상의 대표경전은 금강경이고, 금강경의 요약이 반야심 경이라는 관점에서 금강경 내용에 따라 반야심경을 번역하였 습니다.

자세한 논의를 보고 싶은 도반님들께서는 다음 까페 '가사체 금강경 → 가사체 경전 → 43 가사체 반야심경 해설'을 참고하시 기 바랍니다.

가사체 반야심경 (짝수쪽)

①

마하반야 바라밀을 깊이깊이 수행하여

오온모두 공함보고 모든고통 벗어나신

관세음~ 보살님이 말씀하시 었습니다.

②

사리불~ 장로님~ 사리불~ 장로님~

③

대상있음 공함있고 공함있음 대상있오.

대상없음 공함없고 공함없음 대상없오.

대상이곧 공함이고 공함이곧 대상이오[1].

④

느낌생각 행동인식 역시같다 할수있오.

⑤

사리불~ 장로님~ 사리불~ 장로님~

조계종 반야심경 (홀수쪽)

①

관자재보살이 깊은 반야바라밀다를 행할
때, 오온이 공한 것을 비추어 보고 온갖
고통에서 건너느니라.

②

사리자여!

③

색이 공과 다르지 않고
공이 색과 다르지 않으며,
색이 곧 공이요 공이 곧 색이니,

④

수 상 행 식도 그러하니라.

⑤

사리자여!

⑥

이세상의 모든것은 하나같이 공하다오.

생겨남과 없어짐에 걸려들지 아니하고

더러움과 깨끗함에 걸려들지 아니하고

늘어남과 줄어듦에 걸려들지 마십시오.

⑦

이리하여 공적함을 온전하게 이룩하면

⑧

어떤대상 어떤느낌 어떤생각 어떤행동

어떤인식 어디에도 걸려들지 아니하오.

⑨

눈과귀와 코혀몸뜻 어디에도 안걸리고

⑩

형상소리 냄새맛촉 현상에도 안걸리고

⑪

눈의세계 귀의세계 코의세계 혀의세계

⑥

모든 법은 공하여

나지도 멸하지도 않으며,

더럽지도 깨끗하지도 않으며

늘지도 줄지도 않느니라.

⑦

그러므로 공 가운데는

⑧

색이 없고 수 상 행 식도 없으며,

⑨

안 이 비 설 신 의眼耳鼻舌身意도 없고,

⑩

색 성 향 미 촉 법色聲香味觸法도 없으며,

⑪

눈의 경계도 의식의 경계까지도 없고,

몸의세계 뜻의세계 어디에도 안걸리오.
⑫

어두움도 벗어나고 벗어남도 벗어나고
늙고죽음 벗어나고 벗어남도 벗어나고
⑬

고집멸도 어디에도 걸려들지 아니하오.
⑭

지혜에도 안걸리고 이룸에도 안걸리고
이룸에도 안걸린단 생각조차 아니하여
모든보살 마하반야 바라밀에 의지하여
모든속박 벗어나고 모든공포 벗어나고
모든망상 벗어나서 구경열반 이루었오.
⑮

삼세제불 마하반야 바라밀에 의지하여
최고바른 깨달음을 온전하게 이루었오.

⑫

무명도 무명이 다함까지도 없으며,

늙고 죽음도 늙고 죽음이 다함까지도 없고,

⑬

고 집 멸 도苦集滅道도 없으며

⑭

지혜도 얻음도 없느니라.

얻을 것이 없는 까닭에

보살은 반야바라밀다를 의지하므로,

마음에 걸림이 없고 걸림이 없으므로

두려움이 없어서, 뒤바뀐 헛된 생각을 멀리

떠나 완전한 열반에 들어가며,

⑮

삼세의 모든 부처님도 반야바라밀다를 의

지하므로 최상의 깨달음을 얻느니라.

마하반야 바라밀은 참으로~ 신비진언
참으로~ 밝은진언 참으로~ 높은진언
무엇과도 비교할수 없이귀한 진언이오.

⑰

허망하지 아니하고 참으로~ 진실하여
모든고통 빠짐없이 없애주는 진언이오.

⑱

그리하여 마하반야 바라밀을 말합니다.

⑲

'가자가자 넘어가자 모두다가자 보리이루자'
'가떼가떼 빠라가떼 빠라상가떼 보리스와하'

(세번)

〈가사체 반야심경 끝〉

⑯

반야바라밀다는 가장 신비하고

밝은 주문이며 위없는 주문이며,

무엇과도 견줄 수 없는 주문이니,

⑰

온갖 괴로움을 없애고 진실하여

허망하지 않음을 알지니라.

⑱

이제 반야바라밀다주를 말하리라.

⑲

아제아제 바라아제 바라승아제 모지사바하

(세번)

〈조계종 반야심경 끝〉

4. 사홍서원

중생을 다 건지오리다.
번뇌를 다 끊으오리다.
법문을 다 배우오리다.
불도를 다 이루오리다.

5. 천수경

현행 천수경에 대해서는 여러 경전 혹은 출처들의 혼합이라는 것 외에는 밝혀진 것이 별로 없는 것 같습니다. 자세한 사항을 알고 싶으신 분은 정각스님의 『천수경 연구』를 참고하시기 바랍니다. 정각스님은 무비스님의 말을 인용하고 있습니다. "천수경은 불교신자들 사이에서 가장 일반화되어 있으며, 그래서 가장 인기있는 경전으로 통하고 있는 채, 1982년 경만 해도 불교서점을 운영하는 사람들 대부분이 천수경을 판매해서 유지했다는 이야기도 있으며(14쪽) …… 제일 많이 읽히는 경전이라는 결론에 도달할 수 있습니다. 따라서 제일 중요한 경전이라고도 할 수 있습니다. 천수경은 대승불교를 수용하고 있는 한국불교에서 불자들의 신앙을 이끌어가는 중요한 경전이라 할 수 있습니다. 그것은 마치 우리의 식탁에서 매일 대하는 밥이나 국과도 같은 존재입니다."(15쪽)

우리나라에서 매우 중요하게 여기고 매우 많이 읽히는 대표불교경전이라는 사실만은 분명한 것 같습니다.

입으로 지은 업을 씻어내는 진언

깨끗이~ 깨끗하게 참으로~ 깨끗하게
완전히~ 깨끗하게 깨끗이~ 살렵니다.
수리수리 마하수리 수수리 사바하(세번)

부처님과 성중님을 모셔오는 진언

일체모든 부처님~ 일체모든 성중님~
이자리에 편안하게 임하시어 주옵소서.
나무 사만다 못다남
옴 도로도로 지미 사바하(세번)

경전 독송 전의 진언

높디높고 깊디깊은 부처님말씀
백천만겁 지나가도 듣기힘든데
제가지금 보고들어 지니었으니
부처님의 진실한뜻 이루렵니다.
옴 아라남 아라다(세번)

가사체 천수경

천개손과 천눈으로 중생들을 제도하는
관세음~ 보살님의 광대원만 걸림없는
대비심의 다라니를 일심염송 하옵니다.

대비심의 관음보살 넓고깊은 원력들과
아름다운 상호들에 머리숙여 절합니다.

관음보살 천개팔로 고통중생 거두시고
천개눈의 광명으로 온누리를 밝힙니다.

진실하신 말씀으로 깊은뜻을 전하시고
걸림없는 마음으로 대비심을 보입니다.

여러소원 빠짐없이 온전하게 이뤄주고

모든죄업 남김없이 없애도록 해줍니다.

천룡팔부 성중들도 자비롭게 보살피고
백천가지 온갖삼매 이루도록 해줍니다.

이다라니 받아지닌 이내몸은 광명깃발
이다라니 받아지닌 이내마음 신통창고

세상티끌 씻어내고 고통바다 어서건너
깨달음의 방편문을 이루도록 해줍니다.

제가지금 관음보살 일심으로 염송하여
마음따라 뜻하는일 이뤄지길 바랍니다.
나무대비관세음
부처님법 어서빨리 깨닫기를 바랍니다.
나무대비관세음
지혜눈이 어서빨리 뜨이기를 바랍니다.

나무대비관세음

모든중생 어서빨리 제도하길 바랍니다.

나무대비관세음

좋은방편 어서빨리 가지기를 바랍니다.

나무대비관세음

반야배에 어서빨리 오르기를 바랍니다.

나무대비관세음

고통바다 어서빨리 건너기를 바랍니다.

나무대비관세음

계정의길 어서빨리 걸어가길 바랍니다.

나무대비관세음

열반산에 어서빨리 오르기를 바랍니다.

나무대비관세음

무위집에 어서빨리 이르기를 바랍니다.

나무대비관세음

법성신과 어서빨리 하나되길 바랍니다.

칼산으로 제가가면 칼산절로 무너지고
불구덩에 제가가면 불구덩이 절로식고
지옥으로 제가가면 지옥절로 없어지고
아귀세계 제가가면 아귀절로 배부르고
아수라계 제가가면 악심절로 풀어지고
축생세계 제가가면 지혜절로 얻으소서.

관세음~ 보살님께 일심귀의 하옵니다.
대세지~ 보살님께 일심귀의 하옵니다.
천~수~ 보살님께 일심귀의 하옵니다.
여의륜~ 보살님께 일심귀의 하옵니다.
대~륜~ 보살님께 일심귀의 하옵니다.
관자재~ 보살님께 일심귀의 하옵니다.
정~취~ 보살님께 일심귀의 하옵니다.
만~월~ 보살님께 일심귀의 하옵니다.

수~월~ 보살님께 일심귀의 하옵니다.

군다리~ 보살님께 일심귀의 하옵니다.

십일면~ 보살님께 일심귀의 하옵니다.

일체모든 보살님께 일심귀의 하옵니다.

저의가장 큰스승님 아미타~ 부처님~

아미타~ 부처님께 일심귀의 하옵니다.

(세번)

가사체 신묘장구대다라니

1)

거룩하신 삼보님께 일심귀의 하옵니다.

거룩하신 보살님~ 대비심의 보살님~

관세음~ 보살님께 일심귀의 하옵니다.

2)

모든공포 벗어나게 피난처가 되어주는

관세음~ 보살님께 일심귀의 하옵니다.

3)

푸른목의 거룩하신 닐라깐타 보살님~

관세음~ 보살님을 찬양찬탄 하옵니다.

이로움과 복덕승리 이루도록 하옵소서.

깨끗하고 맑은마음 가지도록 하옵소서.

4)

세상사를 초월하신 지혜광명 보살님~

저희들도 지혜광명 이루도록 하옵소서.

1)

나모 라다나 다라야야 나막 알약바로기제
새바라야 모지사다바야 마하사다바야 마
하가로니가야

2)

옴 살바 바예수 다라나 가라야 다사명 나막

3)

까리다바 이맘 알야바로기제새바라 다바
니라간타 나막 하리나야 마발다이사미 살
발타 사다남 수반 아예염 살바보다남 바바
마라 미수다감

4)

다냐타 옴 아로계 아로가마지 로가지가란

저희들을 잊지말고 기억하여 주옵소서.
저희들의 모든소원 이뤄지게 하옵소서.

5)

승리의~ 보살님~ 관세음~ 보살님~
저희들을 지켜주고 보호하여 주옵소서.
저희들을 격려하고 지지하여 주옵소서.

6)

티끌떠난 맑은마음 관세음~ 보살님~
저희들도 맑은마음 가지도록 하옵소서.
탐욕분노 어리석음 삼독에서 벗어나서
깨끗하고 맑은마음 가지도록 하옵소서.

7)

연꽃처럼 맑은마음 관세음~ 보살님~
저희들의 더러움을 깨끗하게 하옵소서.

8)

작은개울 이루었다 작은강물 이루었다

제 혜혜하례 마하모지사다바 사마라 사마

라 하리나야 구로구로 갈마 사다야 사다야

5)

도로도로 미연제 마하미연제 다라다라 다

린나례새바라

6)

자라자라 마라 미마라아마라 몰제 예혜혜

로계새바라 라가 미사미나사야 나베사 미

사미나사야 모하자라 미사미나사야

7)

호로호로 마라호로 하례 바나마나바

8)

사라사라 시리시리 소로소로 못쟈못쟈 모

큰강물을 이루었다 큰바다를 이루듯이
최고바른 깨달음을 이루도록 하옵소서.
①
모든애욕 끊게하는 자비로운 보살님~
관세음~ 보살님께 일심귀의 하옵니다.
②
모든것을 원만하게 빠짐없이 이뤄내신
관세음~ 보살님께 일심귀의 하옵니다.
③
참으로~ 크디큰원 빠짐없이 이뤄내신
관세음~ 보살님께 일심귀의 하옵니다.
④
요가수행 맑은정신 완전하게 이뤄내신
관세음~ 보살님께 일심귀의 하옵니다.
⑤
대비심의 원력으로 모든고난 벗게하는

다야모다야

①

매다리야 니라간타 가마사 날사남 바라하
라나야 마낙 사바하

②

싯다야 사바하

③

마하싯다야 사바하

④

싯다유예 새바라야 사바하

⑤

니라간타야 사바하

관세음~ 보살님께 일심귀의 하옵니다.

⑥

멧돼지의 힘가지고 사자같이 지혜로운
관세음~ 보살님께 일심귀의 하옵니다.

⑦

세속일에 물안드는 연꽃마음 갖게하는
관세음~ 보살님께 일심귀의 하옵니다.

⑧

부처님의 법으로써 악마들을 물리치는
관세음~ 보살님께 일심귀의 하옵니다.

⑨

소라고동 소리울려 용맹정진 독려하는
관세음~ 보살님께 일심귀의 하옵니다.

⑩

주장자를 크게치며 용맹정진 독려하는
관세음~ 보살님께 일심귀의 하옵니다.

⑥

바라하 목카싱하 목카야 사바하

⑦

바나마 하따야 사바하

⑧

자가라 욕다야 사바하

⑨

상카 섭나 네모다나야 사바하

⑩

마하라 구타다라야 사바하

⑪

왼편어깨 쪽에있는 승리의~ 흑색성자

관세음~ 보살님께 일심귀의 하옵니다.

⑫

호랑이의 힘과지혜 빠짐없이 모두갖춘

관세음~ 보살님께 일심귀의 하옵니다.

9)

거룩하신 삼보님께 일심귀의 하옵니다.

관세음~ 보살님께 일심귀의 하옵니다.

(세번)

⑪

바마사간타 이사시체다 가릿나이나야 사
바하

⑫

먀가라 잘마 니바 사나야 사바하

9)

나모 라다나 다라야야

나막 알야바로기제새바라야 사바하

(세번)

첫째동방 물뿌려서 도량청결 하게하고
둘째남방 물뿌려서 청량함을 이뤘으며
셋째서방 물뿌려서 정토세계 구족하고
넷째북방 물뿌려서 정등각을 이루었네.

(도량 찬탄)

모든도량 구석구석 깨끗하게 청소하고
일체모든 삼보님과 천룡들을 모시고서
거룩하신 높은법문 일심염송 하옵니다.
자비로써 저희들을 보살피어 주옵소서.

(참회 게송)

한량없이 긴긴세월 내려오며 지은죄를
탐욕분노 어리석음 삼독으로 지은죄를
몸으로~ 입으로~ 마음으로 지은죄를
제가지금 빠짐없이 일심참회 하옵니다.

(열두분의 부처님께 일심참회 하옵니다)

보승장~ 부처님께 일심참회 하옵니다.

보광왕화 염조불께 일심참회 하옵니다.

일체향화 자재불께 일심참회 하옵니다.

백강가사 결정불께 일심참회 하옵니다.

진위덕~ 부처님께 일심참회 하옵니다.

금강견강 소복불께 일심참회 하옵니다.

보광월전 묘음불께 일심참회 하옵니다.

환희장~ 마니불께 일심참회 하옵니다.

무진향~ 승왕불께 일심참회 하옵니다.

사자월~ 부처님께 일심참회 하옵니다.

환희장엄 주왕불께 일심참회 하옵니다.

제보당~ 마니불께 일심참회 하옵니다.

(열가지의 중죄들을 일심참회 하옵니다)

살생하여 지은중죄 일심참회 하옵니다.

도둑질해 지은중죄 일심참회 하옵니다.

사음하여 지은중죄 일심참회 하옵니다.

거짓말해 지은중죄 일심참회 하옵니다.

발린말해 지은중죄 일심참회 하옵니다.

이간질해 지은중죄 일심참회 하옵니다.

욕설하여 지은중죄 일심참회 하옵니다.

탐욕부려 지은중죄 일심참회 하옵니다.

화를내어 지은중죄 일심참회 하옵니다.

어리석어 지은중죄 일심참회 하옵니다.

백겁쌓은 많은죄도 한순간에 사라진다.

마른풀이 불타듯이 흔적없이 사라진다.

죄의실체 본래없고 마음따라 일어나니
마음씀이 청정하면 죄도따라 사라지며
죄업모두 사라져서 무념처에 도달하면
참으로~ 참회했다 말할수가 있습니다.

참회 진언

최고바른 깨달음을 온전하게 이룹니다.
옴 살바 못자 모지 사다야 사바하(세번)

준제관음 찬탄 게송

여의주를 가진이가 최고지위 차지하듯
준제공덕 염송하는 사람이나 하느님은
세상어떤 어려움도 침범하지 못하오며
영원토록 부처님의 무량복을 누립니다.

칠천만의 부처님을 길러주신 어머니인

준제관음 보살님께 일심귀의 하옵니다.
나무 칠구지 불모 대 준제 보살(세번)

법계를 깨끗이 하는 진언

온법계를 깨끗하고 맑디맑게 하옵소서.
옴 람(세번)

호신 진언

모든고통 멸해주는 부처님의 자비심은
바다같이 깊습니다.바다같이 깊습니다.
옴 치림(세번)

관세음보살 본심미묘 육자 대명왕 진언

연꽃모양 마니보배 여의주를 갖고계신
관세음~ 보살님께 일심귀의 하옵니다.
옴 마니 반메 훔(세번)

준제 진언

칠천만의 부처님께 일심귀의 하옵니다.

준제관음 보살님께 일심귀의 하옵니다.

나무 사다남 삼먁삼못다 구치남 다냐타

옴 자례주례 준제 사바하 부림(세번)

제가지금 대준제를 일심으로 염송하여

크고넓은 보리원을 이루기를 바랍니다.

선정지혜 빠짐없이 어서빨리 닦고닦아

모든공덕 두루두루 이루기를 바랍니다.

높고깊은 복덕으로 시방세계 장엄하고

모든중생 부처님길 이루기를 바랍니다.

부처님께 올리는 열가지 큰발원

악도에서 영원토록 벗어나길 바랍니다.

탐진치를 빠짐없이 베어내길 바랍니다.
불법승을 한결같이 모시기를 바랍니다.

계정혜를 부지런히 닦고닦길 바랍니다.
부처님의 가르침을 따르기를 바랍니다.
보리심을 변함없이 지니기를 바랍니다.

서방정토 극락세계 왕생하길 바랍니다.
아미타불 어서빨리 만나뵙길 바랍니다.
나의분신 온세상에 나투기를 바랍니다.
한량없이 많은중생 제도하길 바랍니다.

네 가지의 큰 발원

중생이~ 끝없어도 빠짐없이 건지오리.
번뇌가~ 끈질겨도 빠짐없이 끊으오리.
법문이~ 많더라도 빠짐없이 배우오리.

불도가~ 높더라도 빠짐없이 이루오리.

자성중생 끝없어도 빠짐없이 건지오리.
자성번뇌 끈질겨도 빠짐없이 끊으오리.
자성법문 많더라도 빠짐없이 배우오리.
자성불도 높더라도 빠짐없이 이루오리.

발원후에 삼보님께 일심귀의 하옵니다.
시방삼세 부처님께 일심귀의 하옵니다.
시방삼세 가르침에 일심귀의 하옵니다.
거룩하신 대중들께 일심귀의 하옵니다.

〈가사체 천수경 끝〉

6. 새벽 종송

이종소리 온법계에 두루퍼져서
철위산의 어두움을 모두밝히고
지옥아귀 축생고통 모두없애고
모든중생 등정각을 이루게하길
온마음과 온몸으로 기원합니다.

보배게송 귀한법문 설하시어서
금과옥조 경전들을 편찬케하여
모든중생 빠짐없이 받아들이고
모든세계 원만하게 융화시키는
삼십구품 십만게송 일승원교인
대방광불 화엄경의 주인되시고

화장세계 존귀하고 자비로우신

비로자나 부처님께 기원합니다.

온마음과 온몸으로 기원합니다.

대방광불 화엄경(세번)

지옥을 없애는 진언(새벽)

나모 아따 시지남 삼먁삼못다 구치남 옴

아자나 바바시 지리지리 훔(세번)

7. 저녁 종송

(가사체 저녁 종송)

이종소리 들은이는 번뇌끊고서
일체지혜 키우고서 등정각이뤄
지옥고통 벗어나고 삼계고넘어
부처님을 이루고서 중생건지길
온마음과 온몸으로 기원합니다.

지옥을 없애는 진언(저녁)

옴 가라지야 사바하(세번)

8. 정근

1) 가사체 석가모니 부처님 정근

영산회상 밝은날에 법화설하고
사라나무 깊은밤에 유교설하신
석가모니 부처님을 염송합니다.

석가모니 불~(여러 번)

천상천하 존귀하신 우리부처님
시방세계 누구보다 귀하십니다.
구석구석 빠짐없이 다찾아봐도
부처님이 가장높고 귀하십니다.

석가모니 부처님께 일심귀의 하옵니다.

2) 가사체 약사여래 부처님 정근

동쪽하늘 떠오르는 보름달처럼
열두가지 큰발원을 모두이루신
약사여래 유리광불 염송합니다.

약사 여래불~(여러 번)

약사여래 중생고통 빠뜨리잖고
열두가지 대원으로 제도합니다.
범부들의 번뇌뿌리 깊디깊어도
약사여래 부처님은 고쳐줍니다.

약사여래 부처님께 일심귀의 하옵니다.

3) 가사체 아미타 부처님 정근

서방정토 극락세계 건설하시어
고통세계 윤회하는 모든중생을
빠짐없이 인도하는 아미타부처
온마음과 온몸으로 염송합니다.

나무 아미타 불~(여러 번)

아미타~ 부처님의 본심미묘진언
다냐타 옴 아리다라 사바하(세번)

고통들은 어디에도 전혀없으며
모든기쁨 빠짐없이 갖추어있는
극락세계 왕생하길 기원합니다.
자비로써 저희들을 받아주소서.

아미타~ 부처님께 일심귀의 하옵니다.

4) 가사체 관세음 보살님 정근

모든곳에 빠짐없이 항상계시며
바다보다 깊고넓은 원력으로써
대자대비 모든고난 없애주시는
관세음~ 보살님을 염송합니다.

관세음 보살~(여러 번)

업장을 소멸하는 진언

옴 아르늑계 사바하(세번)

신통력을 빠짐없이 모두갖추고
지혜방편 두루닦은 관세음보살
시방세계 모든국토 빠뜨리잖고
자비로운 모습으로 나투옵니다.

관세음~ 보살님께 일심귀의 하옵니다.

5) 가사체 지장 보살님 정근

지옥중생 빠짐없이 제도하려는
큰발원을 세우시고 실천하시는
지~장~ 보살님을 염송합니다.

지~장~ 보~살~(여러 번)

정해진 죄업까지 소멸하는 진언

옴 바라 마니 다니 사바하(세번)

지장보살 예경하고 염송을하면
강가강의 모래만큼 많은겁동안
끊임없이 말을해도 못할정도로
엄청나게 많은복을 짓게됩니다.

지~장~ 보살님께 일심귀의 하옵니다.

6) 가사체 화엄 성중님 정근

금강회상 거룩하신 화엄법회에
참석하신 성중님을 염송합니다.

화~엄~ 성~중~(여러 번)

화엄성중 밝은지혜 두루갖추고
온세상의 모든일을 두루아시며
모든중생 한량없이 사랑합니다.

화~엄~ 성중님께 일심귀의 하옵니다.

9. 무비·대심 법성계

의상대사는 원효대사와 더불어 신라를 대표하는 스님입니다. 함께 당나라로 공부하러 가던 중 원효스님은 중간에 되돌아오고 의상스님 혼자 당나라로 들어가 공부하였습니다.

부석사나 낙산사 의상대는 너무나 유명한 의상대사 관련 사찰입니다. 그러나 의상대사라는 말에는 무엇보다도 법성게와 법계도가 유명합니다. 법성게는 광대한 화엄경의 내용을 한문 210자로 요약한 것입니다. 법성게에서 그치지 않고, 법성게를 그림으로 표시한 것이 화엄일승법계도입니다. 화엄경의 내용을 210자로 요약한 것도 대단하지만 이를 법계도로 완성함으로서 더욱 빛이 나는 것입니다.

그런데 1500년 전의 한문을 누가 읽을 수 있으랴! 무비스님의 원력과 화엄경과 화이트헤드 연구회 학자님들의 노력으로 지금의 우리말로 번역하고 가사체로 다듬었습니다. 김남경 교수님의 도움으로 가사체 법계도를 완성한 것은 참으로 큰 기쁨입니다.

무비·대심 법성게

법의성품 원융하고 두생각에 안걸리니
모든법이 부동하여 고요하기 그지없다.
이름에도 모습에도 어디에도 안걸려야
모든것을 알아보는 참지혜를 얻게된다.
참성품은 깊디깊고 미묘하디 미묘하여
자기성품 고집않고 인연따라 나투운다.
하나안에 일체있고 일체안에 하나있어
하나가곧 일체이며 일체가곧 하나이다.
한티끌은 온우주를 고스란히 머금었고
낱낱티끌 각각마다 온우주를 품었구나.

끝도없이 긴긴세월 무량겁이 찰나이고
찰나가곧 긴긴세월 한량없는 겁이로다.

세간들과 출세간이 서로함께 어울려도
혼란없이 정연하고 뚜렷하게 구분된다.
처음발심 한마음이 바른깨침 이룬때요
생사경계 열반경계 항상서로 화합한다.
근본진리 현상계가 따로없고 하나이니
부처님과 보현보살 모든성현 경계로다.
넓고깊은 해인삼매 오롯하게 이루어야
불가사의 무궁한법 빠짐없이 드러난다.

보배비가 중생위해 하늘가득 내려오나
중생들은 그릇따라 이로움을 얻는다네.
이러하니 수행자는 근본으로 돌아가서
망상심을 쉬지않곤 얻을길이 달리없네.
무인연의 좋은방편 마음대로 자재하면
보리열반 성취하는 밑거름을 얻음일세.

이말씀의 무진법문 한량없는 보배로써
온법계를 장엄하고 보배궁전 이루어서
결국에는 진여법성 중도자리 깨달아서
부동자리 돌아가면 이가바로 부처일세.

〈무비·대심 법성게 끝〉

〈무비·대심 법계도〉

법의 성품 원융하여 두 모습이 본래 없고
모든 법은 부동하여 본래부터 고요하다
이름 없고 모양 없어 온갖 것이 끊겼으니
증지로야 알 일이요 다른 경계 아니로다
참된 성품 깊고 깊어 지극히 미묘하니
자기 성품 지킴 없이 인연 따라 이룬다네
하나 속에 모두 있고 모두 속에 하나 있어
하나가 곧 모두요 모두가 곧 하나일세
한 티끌 가운데에 시방세계 머금었고
낱낱의 티끌마다 온 우주가 다 들었네
한량없는 긴긴 세월 한 찰나요
한 찰나가 긴긴 세월이라
구세 십세 서로서로 얽혀 있어도
흐트럼이 없이 어울려 이뤘어라
처음 발심할 때 문득 바른 깨침 이루고
생사 열반 언제나 함께한다
이사 아득하여 분별 없으니
부처님과 보현보살 대인의 경계로다
부처님의 해인삼매 그 속에서
온갖 것을 마음대로 나투어 부사의해
허공 가득 보배비가 중생을 이익되게
중생들의 근기 따라 이익을 얻는다네
이런고로 수행자가 본래 자리 돌아가서
망상심을 쉬지 않곤 얻을 수가 없는지라
조건 없는 좋은 방편 뜻을 따라 잡아쥐고
집에 가는 길로 드니 분수 따라 얻는구나
신기한 다라니의 다함없는 보배로써
온 법계를 장엄하여 보배궁전 만들고서
마침내 참된 진실 중도의 자리
옛날부터 변함없어 부처라 이름하네

10. 화엄경 약찬게

화엄경 약찬게라고 하면 통상 '대방광불화엄경 용수보살 약찬게'라고 하는 한문 약찬게를 말하였습니다. 한문의 특징이 여럿 있고, 우리말의 특성이 여럿 있을 수 있으나, 화엄경 약찬게에서만큼 이 특성들이 극명하게 나타나는 경우를 보지 못하였습니다.

한문에서는 특히 중국 한문에서는 요약문의 경우 명사의 나열로 이루어집니다. 그런데 동사 중심의 우리나라 사람들은 이해하기가 힘이 듭니다. 그래서 한국인이 이해할 수 있도록 동사중심의 문장으로 재편성하였습니다. 화엄경 전체 내용을 상하게 하지 아니 하는 범위에서 용수보살 약찬게를 최대한 존중하면서, 동사를 찾아 넣어서 우리나라 사람들이 읽을 수 있는 약찬게를 작성하였습니다.

대방광~ 불화엄경 무비·대심 약찬게~

화장세계 큰바다의 비로자나 진법신~
현재설법 노사나불 석가모니 부처님~
일체모든 부처님과 과거현재 미래세의
시방모든 성중님께 일심귀의 하옵니다.

해인삼매 힘을빌어 근본화엄 설하실때
보현등의 십신보살 십주인~ 발심보살
집금강신 신중신~ 족행신~ 도량신~
주성신~ 주지신~ 주산신~ 주림신~
주약신~ 십행인~ 주가신~ 주하신~
주해신~ 주수신~ 주화신~ 주풍신~
주공신~ 주방신~ 주야신~ 주주신~
십회향인 아수라왕 가루라왕 긴나라왕
마후라가 야차왕~ 제대용왕 구반다왕

건달바왕 월천자왕 일천자왕 십지인~
도리천왕 야마천왕 도솔천왕 화락천왕
타화천왕 대범천왕 광음천왕 변정천왕
광과천왕 대자재천 많은대중 오시었다.

보현보살 문수보살 법혜보살 공덕림~
금강당~ 금강장은 중생위해 설법하고
금강혜~ 광염당~ 수미당~ 대덕성문
사리자~ 해각스님 상수로서 참석하고
남자신도 여자신도 선재등의 동남동녀
헤아릴수 없이많은 대중들이 함께했다.

지혜깊은 문수사리 보살님의 인도받아
선재동자 찾아뵈온 선지식은 덕운스님
차례대로 인도받아 찾아뵈온 선지식은
해운스님 선주스님 미가대사 해탈장자

해당스님 휴사여인 비목구사 승열바라
자행동녀 선견스님 자재동자 구족여인
명지거사 법보계장 보안장자 무염족왕
대광왕~ 부동여인 변행외도 우발라화
바시라선 무상승장 사자빈신 바수밀다
비슬지라 관음보살 정취보살 대천신~
안주주지 바산바연 보덕정광 희목관찰
보구중생 적정음해 수호일체 개부수화
대원정진 묘덕원만 구바여인 마야부인
천주광녀 변우동자 선지중예 현승여인
견고해탈 묘월장자 무승군장 적정바라
덕생유덕 미륵보살 다시한번 문수보살
인도받아 찾아뵈온 선지식은 보현보살

티끌처럼 많은중생 구름처럼 모여와서

비로자나 부처님의 진법신을 뒤따르니
화장세계 대법륜을 조화장엄 함이로다.

시방허공 세계서도 구회칠처 삼십구품
십만게송 원만교인 화엄경을 설하셨네.

제1법회   법보리장   여섯품은   세주묘엄
              여래현상   보현삼매   세계성취
              화장세계   비로자나
제2법회   보광명전   여섯품은   여래명호
              사성제품   광명각품   보살문명
              정행품~   현수품~
제3법회   도리천궁   여섯품은   승수미산
              수미게찬   십주품~   범행품~
              발심공덕   명법품~

제4법회 야마천궁 네품은~ 승야마천
야마게찬 십행품~ 무진장품
제5법회 도솔천궁 세품은~ 승도솔천
도솔게찬 십회향품
제6법회 타화천궁 한품은~ 십지품~
제7법회 보광명전 열한품은 십정품~
십통품~ 십인품~ 아승기품
여래수량 보살주처 부사의품
여래십신 여래수호 보현행품
여래출현
제8법회 보광명전 한품은~ 이세간품
제9법회 급고독원 한품은~ 입법계품.

화엄경을 깊이믿고 초발심시 정각이뤄
모든불토 안주하면 비로자나 부처일세.
〈대방광불화엄경 무비·대심 약찬게 끝〉

11. 장엄염불

장엄염불은 '참으로 아름답고 거룩하고 엄숙하고 위엄있는 염불'이라는 의미입니다. 장엄염불은 경율론의 내용 중에서 특별히 애송하는 내용을 엮어 놓은 것이므로 각 사찰마다 각 개인마다 다를 수 있습니다.

최근까지 우리나라에서 장엄염불이라는 이름으로 제시되고 있는 내용들을 망라하려고 노력은 하였으나 전부를 다 망라하였다고 할 수는 없습니다. 같은 책(예 : 조계종 2003년 출간 통일법요집)에서조차도 앞에서와 뒤에서의 내용과 순서가 서로 달라서 역자들이 선택하여 번역할 수밖에 없었습니다.

따라서 여기에 제시하는 장엄염불 내용들 중에서 일부를 추가하거나 삭제하여 활용할 수 있습니다.

가사체 장엄염불

①

이생명이 다하여도 딴생각않고

일심으로 아미타불 따르오리다.

지성으로 옥호광명 간직하고서

잊지않고 금빛색상 생각하리다.

나무아미타불

②

염주들고 법계두루 돌아보고서

온세상이 허공처럼 막힘이없고

곳곳마다 부처님을 만나뵈옵고

극락정토 이루기를 바라옵니다.

나무아미타불

③ 아미타불 극락세계 열 가지 장엄

법장스님 원을세워 인행을닦고

마흔여덟 원력으로 정성다하고
무량수명 무량광명 아미타부처
나무아미타불

아미타불 관음세지 보배상호들
미타국토 안락하고 평화로우며
보배같은 청정강물 충분히있고
나무아미타불

여의주와 보배들의 누각과궁전
낮과밤의 시간들을 길게늘리고
스물네개 기쁨들이 온전히있고
서른가지 중생이익 갖추어있네.
나무아미타불

④ 아미타불 인행시의 마흔여덟원

01. 삼악도는 이름조차 전혀없으며
02. 삼악도에 떨어지는 중생없으며

03. 사람마다 금빛광명 모두이루며

나무아미타불

04. 모든사람 생김새가 차별이없고

05. 사람마다 숙명통을 모두이루며

06. 사람마다 천안통을 모두이루며

나무아미타불

07. 사람마다 천이통을 모두이루며

08. 사람마다 타심통을 모두이루며

09. 사람마다 신족통을 모두이루며

나무아미타불

10. 사람마다 누진통을 모두이루리.

11. 사람마다 바른깨침 모두이루고

12. 저의지혜 모든세상 두루비추며

나무아미타불

13. 한량없이 긴긴수명 누리게되고

14. 수행하는 성문행자 한없이많고

15. 사람마다 무량수명 누릴수있고
     나무아미타불
16. 사람마다 좋은일만 누리게되며
17. 모든부처 아미타불 찬탄하시고
18. 열번염불 극락왕생 모두하시고
     나무아미타불
19. 원하는이 미타친견 모두하시고
20. 지심회향 극락왕생 모두하소서.
21. 사람마다 삼십이상 모두갖추고
     나무아미타불
22. 타방보살 일생보처 모두되시고
23. 모든불토 모든부처 공양을하고
24. 모든공양 언제라도 올릴수있고
     나무아미타불
25. 보살마다 모든지혜 설법을하고
26. 보살마다 금강몸을 모두갖추고

27. 모든만물 무량장엄 한량이없고

나무아미타불

28. 사백만리 보리수를 볼수있으며

29. 경전읽고 무량지혜 모두이루고

30. 지혜로운 언변기술 한량없으리.

나무아미타불

31. 모든국토 모든만물 모두비추고

32. 좋은보배 좋은향기 한량없으며

33. 광명으로 모든중생 안락을얻고

나무아미타불

34. 이름듣고 다라니를 모두이루며

35. 원찮으면 여인왕생 다시없으며

36. 이름듣고 청정수행 성불을하며

나무아미타불

37. 하느님과 사람들이 공경을하고

38. 원하는옷 무엇이든 입을수있고

39. 사람행복 해탈비구 다르지않고

40. 불국토를 빠짐없이 볼수있으리.

나무아미타불

41. 한사람도 빠짐없이 모습이원만

42. 해탈삼매 빠짐없이 모두이루며

43. 미타염불 좋은집에 환생을하고

44. 이름듣고 선근공덕 모두이루며

나무아미타불

45. 부처친견 모든삼매 모두이루고

46. 원하는법 빠짐없이 항상들으며

47. 불퇴전의 보리자리 모두이루고

48. 사법인을 빠짐없이 증득하리라.

나무아미타불

⑤ 불보살님 크고크신 열가지 은혜

진리향해 나아가게 하신 큰은혜

힘드는일 마다않고 하신 큰은혜

일념으로 온갖중생 위한 큰은혜

나무아미타불

중생따라 육도윤회 하신 큰은혜

중생들을 빠짐없이 살핀 큰은혜

크고깊은 대비심을 베푼 큰은혜

나무아미타불

중생들과 동고동락 하신 큰은혜

진리의법 방편들을 쓰신 큰은혜

열반상을 보이시며 권선 큰은혜

끊임없이 대비심을 보인 큰은혜

나무아미타불

⑥ 보현보살 크고크신 열가지 행원

첫　째 행원 부처님을 예배공경함

둘　째 행원 공덕장엄 찬양찬탄함

셋　째 행원 부처님께 일심공양함

나무아미타불

넷　째 행원 업장들을 모두참회함

다섯째 행원 남의공덕 모두따라함

여섯째 행원 설법하길 간절히청함

나무아미타불

일곱째 행원 이세상에 계시길청함

여덟째 행원 온세상에 항상전법함

아홉째 행원 모든중생 평안하게함

열　째 행원 나의공덕 모두회향함

나무아미타불

⑦ 부처님의 거룩하신 팔상성도들-㉮

도솔천서 세상으로 오시는모습

사월팔일 룸비니서 나시는모습

사대문을 유랑하며 보시는모습

성을넘어 출가하러 가시는모습

나무아미타불

설산에서 육년고행 하시는모습

보리수밑 마군항복 받으신모습

녹야원서 처음설법 하시는모습

사라수밑 열반으로 드시는모습

나무아미타불

⑧ 부처님의 거룩하신 팔상성도들-㉯

1. 도솔천서 세상으로 오시는 모습

그옛날의 자비하신 호명보살님

도솔천의 천상낙원 마다하시고

고통바다 중생들을 건지시려고

사바세계 강생할뜻 굳히시었네.

나무아미타불

큰대륙의 평화로운 카필라궁에

눈과같이 흰코끼리 타고오시니
성부님은 정반왕님 성모는마야
어두웠던 삼천세계 빛이밝았네.

나무아미타불

2. 사월팔일 룸비니서 나시는 모습

꽃이피는 사월팔일 룸비니동산
무우수의 향기속에 탄생하시니
하늘마저 기뻐하며 꽃을뿌리고
대지조차 놀라하며 진동하였네.

나무아미타불

아홉용은 물을뿜어 성체를씻고
연꽃들이 땅에솟아 몸을받드니
하늘위와 하늘아래 가장존귀한
그이름도 거룩하신 싯달타왕자.

나무아미타불

3. 사대문을 유랑하며 보시는 모습

세상살이 부귀영화 한몸에안고

주민생활 살피고자 거동하시니

동문에는 노인이요 남문엔병자

서문에서 죽음보니 삶이덧없어

나무아미타불

북문에서 스님만나 뜻을물으니

무량겁의 고통에서 해탈하는길

왕위마저 티끌처럼 버리시고서

최고바른 진리깨칠 각오하셨네.

나무아미타불

4. 성을넘어 출가하러 가시는 모습

두견새가 슬피우는 이월팔일에

시종들과 궁녀들이 깊이잠든밤

설산멀리 바라보며 성을넘으니

황태자비 꿈속에서 슬퍼우시네.

나무아미타불

머리깍고 곤룡포를 벗어버리니

만난사람 헤어짐은 인연이어라

성부님와 성모님께 전하라시니

애마조차 고개숙여 눈물지었네.

나무아미타불

5. 설산에서 육년고행 하시는 모습

긴긴세월 육년설산 수도하실때

야생초의 풀뿌리로 연명하셨고

비바람과 눈보라가 괴롭혔지만

동요않고 의연하게 이기셨다네.

나무아미타불

슬픔이나 즐거움도 참이아니요

기한이나 육신고행 부질없어라.

수자타의 유미공양 받아드시니
천신들도 공경하여 천의바쳤네.

나무아미타불

6. 보리수밑 마군항복 받으신 모습

보리수의 그늘아래 풀잎을깔고
고요하게 정좌하고 앉으옵시니
백조들과 가릉빈가 천선녀들이
춤을추고 노래하며 꽃을뿌렸네.

나무아미타불

대마왕이 질투하여 원한을품고
미녀들로 유혹해도 태연하시니
한량없는 악마군중 항복을하고
천신들이 소리높여 찬송하였네.

나무아미타불

7. 녹야원서 처음설법 하시는 모습

조용하게 밝아오는 동녘하늘에
무심하게 반짝이는 샛별보시고
최고바른 진리깨쳐 부처되시니
중생들의 자비로운 어버이시라.

나무아미타불

녹야원의 사문들께 법을설하니
성문에겐 고집멸도 사제법이요
연각에겐 십이인연 인연설이며
보살에겐 육바라밀 이타행일세.

나무아미타불

8. 사라수밑 열반으로 드시는 모습

사바세계 풍진속을 오고가시며
한량없는 방편으로 제도하시니
부처님의 자비심은 한량없어라

크고크신 은혜어찌 말로다하랴.

나무아미타불

순타올린 최후공양 받으시옵고

사라나무 그늘아래 열반하시니

하늘마저 슬피울고 땅도울었네.

부처님의 육신춘추 팔십생이라.

나무아미타불

⑨ 부모님의 크고크신 열가지 은혜

잉태하여 품어주신 크나큰은혜

낳으실때 수고하신 크나큰은혜

낳으시고 기뻐하신 크나큰은혜

나무아미타불

좋은음식 먹여주신 크나큰은혜

마른자리 뉘어주신 크나큰은혜

품에안고 길러주신 크나큰은혜

나무아미타불

깨끗하게 씻겨주신 크나큰은혜
먼길떠난 자식걱정 크나큰은혜
자식고통 대신받은 크나큰은혜
한량없이 아껴주신 크나큰은혜.

나무아미타불

⑩ 다섯가지 잊지않고 명심할 은혜

삶의터전 지켜주신 국가의은혜
고생하며 길러주신 부모님은혜
바른법을 전해주신 스승님은혜
의식주를 돌봐주신 시주님은혜
서로돕고 일깨워준 도반님은혜
이은혜를 갚는길은 염불수행뿐.

나무아미타불

⑪

아미타~ 부처님은 어디계신가
마음속에 새겨두고 잊지않으리.
생각생각 무념처에 도달을하면
여섯문이 찬란하게 항상빛나리.

나무아미타불

⑫

푸른나무 첩첩산은 미타집이요
넓고넓은 망망대해 적멸궁이라.
오고가는 물물들이 걸림이없네.
솔밭학의 붉은머리 몇번보았나.

나무아미타불

⑬

극락세계 만월같은 아미타부처
황금색의 옥호광이 밝게빛나네.
간절하게 아미타불 염송을하면

찰나찰나 무량공덕 모두이루리.
나무아미타불

⑭

삼계윤회 우물속의 두레박같고
억겁년의 긴세월도 순간이어라.
이번생에 이내몸을 제도못하면
이내몸을 어느때에 제도할거나.
나무아미타불

⑮

큰우주의 미진수는 셀수있어도
큰바다의 물은모두 마실수있고
허공측정 바람매는 재주있어도
부처님의 공덕은다 말할수없네.
나무아미타불

⑯

한량없이 긴긴세월 내려오면서

탐욕분노 어리석음 삼독때문에
몸과말과 마음으로 지었던죄업
제가지금 빠짐없이 참회합니다.

나무아미타불

⑰

산속사찰 고요한밤 말없이앉아
조용하게 본래자연 보고있는데
서쪽바람 공연하게 임야흔들고
외기러기 겨울하늘 울며가누나.

나무아미타불

⑱

보신화신 허망인연 진실아니고
법신부처 광대무변 청정하여라.
천개강의 맑은물엔 천개달이요
만리하늘 구름없어 만리천이라.

나무아미타불

천상천하 존귀하신 우리부처님
시방세계 누구보다 귀하십니다.
구석구석 빠짐없이 다찾아봐도
부처님이 가장높고 귀하십니다.

나무아미타불

⑳

세존께서 눈이덮힌 산에들어가
한번앉아 여섯해가 지남몰랐네.
새벽하늘 샛별보고 도를깨치니
이소식이 삼천세계 두루퍼졌네.

나무아미타불

㉑

원각산에 뿌리내린 한그루나무
하늘과땅 나뉘기전 꽃이피었네.
푸르지도 희도검도 아니하면서

춘풍에도 하늘에도 아니있도다.

나무아미타불

㉒

천길깊이 낚시줄을 곧게내리니
한물결에 만물결이 따라생기고
밤은깊고 물은차서 고기안물어
부질없이 달빛가득 싣고오누나.

나무아미타불

㉓

지옥에서 고생하는 모든중생들
이종소리 듣고바로 해탈하소서.
아귀계서 고생하는 모든중생들
이종소리 듣고바로 해탈하소서.

나무아미타불

㉔

축생계서 고생하는 모든중생들

이종소리 듣고바로 해탈하소서.

수라계서 고생하는 모든중생들

이종소리 듣고바로 해탈하소서.

나무아미타불

㉕

인간계서 고생하는 모든중생들

이종소리 듣고바로 해탈하소서.

천상에서 고생하는 모든중생들

이종소리 듣고바로 해탈하소서.

나무아미타불

㉖

법계모든 중생들이 빠지지않고

아미타불 크신원력 함께받들어

미래세가 다하도록 중생제도해

나와남이 모두함께 성불합시다.

나무아미타불

㉗

팔만장경 미진수겁 머리에이고
삼천세계 빠짐없이 돌아다니며
전법하여 중생제도 한다고해도
부처님의 크신은혜 다못갚는다.

나무아미타불

㉘

보현보살 수승행을 따라행하며
지은복을 빠짐없이 회향하여서
고통속에 헤메이는 모든중생의
빠짐없는 극락왕생 발원합니다.

나무아미타불

㉙

아미타불 서방정토 극락세계의
삼십육조 일십일만 구천오백의
대자대비 이름같고 호까지같은

아미타~ 부처님께 귀의합니다.

나무아미타불

㉚

아미타불 서방정토 극락세계의
아름답기 그지없고 크신부처님
금빛광명 온누리를 두루비추고
사십팔원 세우시어 중생제도해.

나무아미타불

㉛

불가설에 불가설전 불가설하고
강가사수 미진수의 벼삼대갈대
삼백육십 만억일십 만구천오백
대자대비 이름같고 호까지같은
아미타~ 부처님께 귀의합니다.

나무아미타불

나무문수보살, 나무보현보살,

나무관세음보살, 나무대세지보살,

나무금강장보살, 나무제장애보살,

나무미륵보살, 나무지장보살,

나무일체청정대해중보살마하살.

나무아미타불

㉝

온누리의 유정무정 모든중생이

아미타불 원력바다 함께드소서.

아미타~ 부처님이 제일이라네.

나무아미타불

㉞

구품으로 제도하는 위대한은덕

이몸지금 귀의하여 삼업을참회

나의복덕 중생위해 회향을하며

나와함께 염불하는 모든사람이
세상살이 끝난후엔 극락왕생해
아미타불 친견하고 생사를넘어
부처님과 함께중생 제도하소서.

나무아미타불

㉟

이내목숨 다하여서 저세상갈때
모든장애 깨끗하게 소멸되어서
극락세계 왕생하여 아미타부처
뵐수있길 간절하게 바라옵니다.

나무아미타불

㊱

아미타- 부처님의 본심미묘 진언

다냐타 옴 아리다라 사바하(세번)

㊲

이공덕이 온누리에 널리퍼져서

나와모든 중생들이 극락에나고
무량수불 만나뵙고 성불하소서.

나무아미타불

〈가사체 장엄염불 끝〉

12. 혜연선사 발원문

운허스님 초역 / 무비스님·조현춘 교감

이산혜연선사의 생몰연대는 알려지지 않고 있으나 당나라 말기의 스님으로 육조 혜능의 2대 제자 중의 한 사람인 청원행사(?~741)의 문하인 설봉 의존(822~908)의 제자로 알려지고 있습니다.

중국 복건성 복주 사람으로 장생산에 거주하였습니다. 우리말 번역은 완전 재창조하였다고 하여도 좋을 만큼, 실제로 원래의 한문본보다도 훨씬 수려한 문장으로 되어 있습니다. 운허스님께서 초역을 하였다고 전해지고 있으며, 2018년 현재로 초역자가 누군지 혹은 번역자가 누군지 표시되지 않은 상태에서 조금씩 다른 여러 본이 유통되고 있습니다. 여러 본을 참고하여 교감하였습니다.

가사체 혜연선사 발원문

시방삼세 부처님과 팔만사천 큰법보와
보살성문 스님들께 지성귀의 하옵나니
자비하신 원력으로 굽어살펴 주옵소서.
　　　　　저희들이
참된성품 등지옵고 무명속에 뛰어들어
나고죽는 물결따라 형상소리 물이들고
심술궂고 욕심내어 온갖번뇌 쌓았으며

보고듣고 맛봄으로 한량없는 죄를지어
잘못된길 갈팡질팡 생사고해 헤매면서
나와남을 집착하고 그른길만 찾아다녀

여러생에 지은업장 크고작은 많은허물

삼보님의 원력빌어 일심참회 하옵나니
부처님이 이끄시고 보살님들 살피시어
고통바다 헤어나서 열반언덕 가사이다.

이세상의 명과복은 길이길이 창성하고
오는세상 불법지혜 무럭무럭 자라나서
날적마다 좋은국토 밝은스승 만나오며
바른신심 굳게세워 아이로서 출가하여
귀와눈이 총명하고 말과뜻이 진실하며
세상일에 물안들고 청정범행 닦고닦아
서리같이 엄한계율 털끝인들 범하리까.

점잖은~ 거동으로 모든생명 사랑하여
이내목숨 버리어도 지성으로 보호하리.

삼재팔난 만나잖고 불법인연 구족하며

반야지혜 드러내고 보살마음 굳게지켜
제불정법 잘배워서 대승진리 깨달은뒤
육바라밀 행을닦아 아승기겁 뛰어넘고
곳곳마다 설법으로 천겹만겹 의심끊고
마군중을 항복받고 불법승을 잇사올제
시방제불 섬기는일 잠깐인들 쉬오리까.

온갖법문 다배워서 모두통달 하옵거든
복과지혜 함께늘어 무량중생 제도하며
여섯가지 신통얻고 무생법인 이룬뒤에

관음보살 대비로써 시방법계 다니면서
보현보살 행원으로 많은중생 건지올제
여러갈래 몸을나눠 미묘법문 연설하고

지옥아귀 나쁜곳엔 광명놓고 신통보여

내모양을 보는이나 내이름을 듣는이는
보리마음 모두내어 윤회고를 벗어나되
화탕지옥 끓는물은 감로수로 변해지고

검수도산 날센칼날 연꽃으로 변화하여
고통받던 저중생들 극락세계 왕생하며
나는새와 기는짐승 원수맺고 빚진이들
갖은고통 벗어나서 좋은복락 누려지다!

모진질병 돌적에는 약이되어 치료하고
흉년드는 세상에는 쌀이되어 구제하되
여러중생 이익한일 한가진들 빼오리까.

천겁만겁 내려오던 원수거나 친한이나
이세상의 권속들도 누구누구 할것없이
얽히었던 애증끊고 삼계고해 벗어나서

시방세계 중생들이 모두성불 하사이다.

허공끝이 있아온들 이내소원 다하리까.
유정들도 무정들도 일체종지 이루어~
지이다!

〈이산혜연선사 발원문 끝〉

13. 무상계

현재로서는 무상계의 원 출처가 어디인지가 분명하지 않습니다. 여러 설이 있는 것 같습니다. 무상게라는 말도 무상게無常偈도 있고, 무상계無相戒도 있습니다. 한 문본이 부무상계夫無常戒로 시작되는 것으로 봐서 무상계無常戒가 옳을 것 같습니다. 우리말 번역은 아직 보지 못했습니다.

원 출처는 모르지만, 너무나 많이 활용하고 있고, 내용이 너무나 좋아서 지금 우리말로 번역하고 가사체로 다듬었습니다.

가사체 무상계

무상계는 열반으로 들어가는 문입니다.
고통바다 벗어나는 자비로운 배입니다.
부처님은 무상계로 적정열반 이루셨고
중생들은 무상계로 고통바다 건넙니다.

○○○○ 영가시여 ○○○○ 영가시여!
영가님은 감각경계 온전하게 벗어나서
신령스런 의식으로 무상계를 받게되니
이얼마나 다행하고 다행스런 일입니까.

○○○○ 영가시여 ○○○○ 영가시여!
세월흘러 오래되면 큰우주도 무너지고
큰산들과 큰바다도 흔적없이 멸하는데

우리들의 약한몸에 생로병사 근심걱정
고뇌들이 전혀없길 바랄수가 있으리요.

○○○○ 영가시여 ○○○○ 영가시여!
영가님의 머리카락 손톱이빨 피부근육
뼈와때는 하나같이 다흙으로 돌아가고

영가님의 눈물콧물 침과가래 피와고름
대소변은 빠짐없이 모두물로 돌아가고
영가님의 더운기운 모두불로 돌아가고
움직이던 모든활동 바람으로 변합니다.

영가님의 몸이었던 흙과물과 불과바람
각각모두 흩어져서 제자리로 돌아가니
영가님의 몸뚱이는 어디에도 없습니다.

○○○○ 영가시여 ○○○○ 영가시여!

흙과물과 불과바람 네가지의 요소들이
몸뚱이로 거짓모습 보이었던 것이오니
애석해할 이유들은 어디에도 없습니다.

영가님은 한량없는 옛적부터 오늘까지
어리석은 무명으로 선악행업 지었으며
선악행업 인연으로 인식작용 하게되고

인식작용 인연으로 명색들을 지었으며
명색들을 인연으로 여섯감관 나타내고
여섯감관 인연으로 여섯감촉 하게되고

여섯감촉 인연으로 사물지각 하게되고
사물지각 인연으로 애욕들을 갖게되고
애욕들을 인연으로 탐취심을 갖게되고

탐취심을 인연으로 내세과업 갖게되고

내세과업 인연으로 태어나게 되었으며
태어남을 인연으로 늙게되고 병이들고
죽게되고 근심걱정 슬퍼하게 됐습니다.

무명모두 없어지면 선악행업 없어지고
선악행업 없어지면 인식작용 없어지고
인식작용 없어지면 명색들이 없어지고

명색들이 없어지면 여섯감관 없어지고
여섯감관 없어지면 여섯감촉 없어지고
여섯감촉 없어지면 사물지각 없어지고

사물지각 없어지면 애욕들이 없어지고
애욕들이 없어지면 탐취심이 없어지고
탐취심이 없어지면 내세과업 없어지고

내세과업 없어지면 태어남이 없어지고

태어남이 없어지면 늙고죽고 근심걱정
슬퍼함이 빠짐없이 없어지게 되옵니다.

모든것은 본래부터 고요하고 청정하여
닦고닦고 또닦으면 누구누구 할것없이
내세에는 빠짐없이 성불하게 되옵니다.

모든현상 잠시라도 고정되어 있지않고
시시각각 무상하게 변화하여 돌아감이
생겨나고 멸망하는 생멸의법 아닙니까.

생멸하는 현상들에 집착하지 아니하고
모든것을 빠짐없이 허허롭게 다놓으면
부처님의 열반경지 도달하게 되옵니다.

거룩하신 부처님께 일심으로 귀의하고
거룩하신 가르침에 일심으로 귀의하고

거룩하신 대중들께 일심으로 귀의하여

적정열반 이루소서 적정열반 이루소서.
과거세상 보승여래 부처님께 귀의하여
적정열반 이루소서 적정열반 이루소서.

○○○○ 영가시여 ○○○○ 영가시여!
영가님은 오음들을 온전하게 모두벗고
신령하신 인식들을 뚜렷하게 드러내서
부처님의 거룩하고 거룩한게 받았으니
참으로~ 통쾌하고 통쾌한일 아닙니까.

○○○○ 영가시여 ○○○○ 영가시여!
이제부터 영가님은 영가님의 마음대로
천당이나 극락세계 태어나게 되었으니
참으로~ 기뻐하고 기뻐할일 아닙니까.

달마조사 전하신법 당당하기 으뜸이요.
본래청정 마음자리 본성품의 고향이요.
마음이란 맑고묘해 있는곳이 따로없어
삼라만상 그대로가 한마음의 나툼일세.

〈가사체 무상계 끝〉

14. 사부시

부설거사의 속가 이름은 진광세이고, 신라 선덕여왕 때 태어났으며, 20세에 불국사 원정선사를 찾아가 출가하였습니다. 법우인 영희·영조와 함께 지리산과 천관산 등지에서 수 년 동안 수도한 후에 문수도량을 순례하기 위하여 오대산으로 가던 중, 전라북도 김제시 성덕면에서 20세의 묘화라는 벙어리 소녀를 만나, 혼례식을 올리고 남매를 두었습니다.

남매가 성장하자 부설거사는 병이 있다는 거짓말로 서해 백강변에 망해사를 지어 수행하였습니다. 두 남매 등운과 월명도 출가하여 지금의 변산에 있는 등운암과 월명암에서 수행하였습니다.

부설거사와 영희·영조 두 대사와의 법거량은 전국 여러 사찰에 '물이 든 병을 치니 병유리만 깨어지고 물이 공중에 떠 있는 이변에 관한 벽화'에 남아 있습니다. 사부시 외에도 화운, 계음, 팔죽시 등이 남아 있습니다.

가사체 (부설거사) 사부시

처자식과 일가친척 대밭같이 빽빽하고
금과은과 옥과비단 언덕처럼 쌓였어도
죽음길에 당도하면 혈혈단신 홀로간다.
이런사실 생각하니 세상만사 허허허허

새벽부터 밤늦도록 부지런히 공부하여
벼슬조금 높아지자 머리카락 희어지고
염라대왕 돈과벼슬 거들떠도 아니본다.
이런사실 생각하니 세상만사 허허허허

말솜씨는 또렷또렷 비단같이 부드럽고
수천편의 시문으로 고관대작 비웃어도
나와남을 차별하는 교만심만 길렀구나.

이런사실 생각하니 세상만사 허허허허

설법하면 많은청중 구름같이 모여들고
하늘에는 꽃비오고 무정조차 깨어나도
선정없는 지혜로는 생사윤회 못면한다.
이런사실 생각하니 세상만사 허허허허

〈가사체 부설거사 사부시 끝〉

15. 큰소리 염불의 공덕 열 가지

1. 덮쳐오는 졸음을~ 없애주는 공~덕~
2. 천지모든 악마를~ 쫓아내는 공~덕~
3. 남들에게 염불을~ 들려주는 공~덕~
4. 삼악도의 고통을~ 없애주는 공~덕~
5. 잡음들의 방해를~ 받지않는 공~덕~
6. 염불하는 마음을~ 모아주는 공~덕~
7. 용맹정진 수준을~ 높여주는 공~덕~
8. 부처님이 보시고~ 기뻐하는 공~덕~
9. 여러가지 삼매를~ 드러내는 공~덕~
10.아미타불 정토에~ 태어나는 공~덕~

16. 경허선사 참선곡

무비스님·대심거사 교감

대한불교조계종은 도의선사를 종조, 고려 말의 태고 보우선사를 중흥조로 모시고 있으며, 서산대사·사명대사 등으로 이어지다가 경허스님의 출현으로 다시 부흥하게 되었습니다.

경허스님의 대표적인 제자로 삼월을 듭니다. 경허는 '월면(만공스님)은 복이 많아 대중을 많이 거느리고, 수월은 정진력에서 능가할 자가 없고, 혜월은 지혜에서 당할 자가 없을 것이다'고 하였다고 합니다.

월면(만공)스님의 법맥은 전강, 현재 인천 용화사에 계시는 송담스님으로 이어지고 있습니다. 수월스님에 대해서는 기록이 거의 없었으나 대단한 도인으로 전해지고 있습니다. 만주의 개들이 읍조리는 일화는 우리의 일상을 여지없이 부숴버립니다. 혜월스님의 법맥은 운봉, 향곡으로 갔다가 지금의 조계종 종정 진제스님으로 이어지고 있습니다. 그 외에도 혜봉 용하스님과 제산 정원스님 등이 있습니다.

가사체 경허선사 참선곡

세상만사 생각하니 하나같이 꿈이로다.
천만년의 영웅호걸 북망산의 무덤이요.
부귀문장 쓸데없다 황천객을 면할소냐.

오호라~ 나의몸이 풀잎위의 이슬이요
바람앞의 등불이라 마음깨쳐 부처되어
생사윤회 벗어나고 불생불멸 저국토의

상락아정 무위도를 사람마다 다하도록
삼계대사 부처님이 간절하게 설하시어
팔만장경 태어났네 사람되어 못닦으면
다시공부 어려우니 우리모두 닦아보세.

닦는길을 말하려면 셀수없이 많지마는

대강추려 적어보면 앉고서고 보고듣고
옷을입고 밥을먹고 사람만나 대화하고

모든장소 모든시간 소소영영 지각하는
이것이~ 무엇인고 몸둥이는 송장이요
망상번뇌 공이되고 천진면목 나타나니

내가바로 부처일세 보고듣고 앉고눕고
잠도자고 일도하고 눈썹한번 깜짝할제
천리만리 다녀오고 많고많은 신통묘용

나타내는 나의마음 어떻게~ 생겼는지
탐구하고 탐구하되 고양이가 쥐잡듯이
굶은사람 밥찾듯이 목마른이 물찾듯이

육십칠십 늙은과부 외자식을 잃은후에
자식생각 간절하듯 생각생각 잊지않고

깊이궁구 하여가되 잠도잊고 밥도잊고

모든것을 잊게되는 경지까지 가게되면
대오하기 가깝도다 홀연히~ 깨달으면
본래있던 나의부처 천진면목 절묘하다.
아미타불 이아니며 석가여래 이아닌가.

젊도않고 늙도않고 크도않고 작도않고
본래있던 신령광명 하늘과땅 모든만물
빠짐없이 다덮으니 열반기쁨 끝이없다.
지옥천당 본래없고 생사윤회 본래없다.

선지식을 찾아가서 분명하게 인가마쳐
다시의심 없앤후에 세상만사 다잊고서
인연따라 온세상을 빈배같이 떠돌면서
인연있는 중생들을 빠짐없이 제도하면

이모두가 부처님의 깊은은덕 아닐런가.

일체계행 지켜가면 하느님의 복누리며
대원력을 발하여서 잠시라도 잊지않고
부처님법 공부하고 동체대비 마음으로

가난하고 병든사람 괄시하지 아니하고
자상하게 보살피며 오온색신 실상없는
거품같이 생각하고 밖에있는 어려움은

꿈과같이 생각하며 게으름을 피지않고
소소영영 나의마음 허공같이 깨끗하고
진실하게 유지하며 팔풍오욕 어디에도
흔들리지 않는마음 태산같이 써나가세.

허튼소리 우스개로 이날저날 헛보내며
늙는줄을 망각하니 무슨공부 되어질까.

죽음고통 다가오면 후회한들 무엇하리.

팔과다리 뼈마디를 마디마디 오려내고
머릿골을 쪼개낸듯 오장육부 타는중에
앞길이~ 캄캄하니 한심참혹 내노릇이

이럴줄을 누가알꼬 지옥가고 축생되는
나의신세 참혹하다 백천만겁 지나가도
사람몸을 다시받기 참으로~ 어렵도다.

참선잘한 저도인은 어떤병도 앓지않고
매미들이 허물벗듯 서서죽고 앉아죽고
오래살고 곧죽기를 마음대로 자재하며
강가강의 모래만큼 많고많은 신통묘용
마음대로 활용하니 아무쪼록 세상에서
눈과코를 쥐뜯으며 부지런히 닦아보소.

오늘내일 가는것이 죽을날에 당도하니
도살장에 가는소는 자국자국 눈물일세.

예전사람 참선할제 허송세월 아니하고
마디그늘 아꼈거늘 나는어이 방일하며
예전사람 참선할제 잠오는것 성화하여
송곳으로 찔렀거늘 나는어이 방일하며
예전사람 참선할제 하루해가 가게되면
다리뻗고 울었거늘 나는어이 방일한고
무명업식 독한술에 정신없이 지내다니
오호라~ 슬프도다. 타일러도 아니듣고
꾸짖어도 조심않고 이럭저럭 지내가니
길을잃은 이마음을 어떻게~ 인도할꼬

쓸데없는 탐욕분노 어리석음 일으키고
쓸데없는 허다분별 나날마다 복잡하니

우습도다 나의신세 어느누굴 원망할꼬
지각없는 저나비가 불빛따라 달려들어
제죽을줄 모르도다 제죽을줄 모르도다.

내마음을 못닦으면 여러계행 다닦아도
많은복덕 쌓았어도 하나같이 허사로세.

오호라~ 한심하다 나의말을 명심하여
하루하루 스물네시 밤이와도 조금자고
부지런히 공부하소 나의말을 깊이믿어
책상앞에 적어놓고 시시때때 경책하소.

하고픈말 다하려면 해가가도 다못하니
이만적고 그치리다 다시할말 있사오나
돌장승이 아기나면 그때가서 말할테요.

〈경허선사 참선곡 끝〉

17. 회심곡

무비스님·조현춘 교감

회심곡은 국내에서 국악이라는 이름으로 많이 유통되고
있습니다. 가사체는 여러 형식이 있으나 4자-4자-4자
-4자 형식이 가사체 문학의 대표라고 해도 될 것입니다.
회심곡은 4자-4자-4자-4자 형식을 아주 잘 갖추고
있습니다. 그런데 유통본을 자세히 검토하면, 각 본마다
조금씩 다르며, 때로는 말이 안 되는 토씨가 붙어 있기도
하였습니다. 여러 책에 있는 회심곡들을 대조하여 정리
하였습니다. 회심곡은 아주 걸출한 문인이 처음 정리한
것이 분명합니다. 그러나 현재로서는 원 저술자를 확인
할 길이 없습니다. 교감하여 활용하면서 원 저술자에게
깊이 감사드립니다.

가사체 회심곡

세상천지 만물중에 사람밖에 또있는가.
여보시오 시주님들 이내말씀 들어보소.
이세상에 나온사람 뉘덕으로 나왔는가.

석가여래 공덕으로 아버님전 뼈를빌고
어머님전 살을빌고 칠성님전 명을빌고
제석님전 복을빌어 이내일신 태어나서

한두살엔 철이없어 부모은덕 모르다가
이삼십이 되어서도 부모은공 못다갚고
무정세월 돌고돌아 원수백발 돋아나고
없던망령 절로나니 어이없고 애닯구나.

망령이라 흉을보고 구석구석 웃는모양

애닯고도 설운지고 절통하고 분통하다.
할수없다 할수없다 홍안백발 늙어가는
인간사의 이공도를 누가능히 막을손가.

산과들에 퍼져있는 가지가지 잡초들은
봄이오면 매년마다 푸른싹을 틔우는데
우리인생 한번가면 다시올줄 모르도다
우리인생 늙어지면 다시젊지 못하도다
인간백년 다살아도 병든시간 잠든시간
근심걱정 다제하면 단사십도 못산다네

어제오늘 성튼몸이 저녁나절 병이들어
부드럽고 약한몸에 태산같은 병이드니
부르느니 어머니요 찾는것이 냉수로다
인삼녹용 약을쓰나 약효험이 있을손가
판수불러 경읽은들 경의덕을 입을손가

무녀불러 굿을한들 굿덕인들 있을손가
재지낼쌀 준비하여 명산대천 찾아가서
아랫물엔 손발씻고 중간물엔 목욕하고
위의물엔 밥을짓고 촛대한쌍 벌려놓고
향로향합 불갖추고 종이한장 태우면서
비나이다 비나이다. 부처님전 비나이다
칠성님전 발원하고 신장님전 공양한들
어느성현 알음있어 감응이나 할까보냐
제일전의 진광대왕 제이전의 초강대왕
제삼전의 송제대왕 제사전의 오관대왕
제오전의 염라대왕 제육전의 변성대왕
제칠전의 태산대왕 제팔전의 평등대왕
제구전의 도시대왕 제십전의 전륜대왕
열시왕이 부린사자 일직사자 월직사자
열시왕의 명을받아 한손에는 철봉들고

또한손엔 창검들고 쇠사슬을 빗겨차고
활등같이 굽은길로 화살같이 달려와서
닫힌문을 박차면서 뇌성같이 큰소리로
성명삼자 불러내어 저승길을 재촉한다
어서가자 빨리가자 저승길을 재촉한다
뉘분부라 거역하며 뉘영이라 지체할까.

실낱같은 이내목에 팔뚝같은 쇠사슬로
결박하여 끌어내니 혼비백산 나죽겠네.

여보시오 사자님들 여보시오 사자님들
노잣돈을 갖고가게 잠시만~ 기다리소
가지가지 방법으로 애걸복걸 부탁한들
어느사자 들을손가 어느사자 들을손가.

애고답답 설운지고 이를어이 하잔말가.

불쌍하다 이내일신 인간하직 망극하다.

명사십리 해당화야 꽃진다고 설워마라.
명년삼월 봄이오면 너는다시 피련마는
우리인생 한번가면 다시오기 어려워라.
북망산을 돌아갈제 어찌할꼬 어찌할꼬.
깊은산의 험한길이 멀고도먼 길이로다.

이제가면 언제다시 돌아올수 있으리요.
이세상을 하직하니 불쌍하고 가련하다.
처자식의 손을잡고 하고픈말 만가지나
한마디도 못다하고 떠나가게 되었구나.

정신차려 살펴보니 약탕관을 벌려놓고
지성구호 극진한들 죽은목숨 살릴손가.
옛어른들 말들으니 저승길이 멀다더니

오늘내가 당해보니 대문밖이 저승이라.

친한벗이 많다한들 어느누가 동행할까.
옛사당에 하직하고 신사당에 예배하고
대문밖을 나가서니 적삼내어 손에들고
혼백불러 초혼하며 없던곡성 낭자하다.

일직사자 손을끌고 월직사자 등을밀어
비바람이 몰아치듯 천방지축 몰아갈제
높은데는 낮아지고 낮은데는 높아진다.

좋은옷도 아니입고 좋은음식 아니먹고
알뜰살뜰 모은재산 먹고가랴 쓰고가랴.

사자님들 사자님들 내말잠깐 들어주오.
시장하니 점심먹고 신발이나 고쳐신고
쉬어가자 애걸한들 들은체도 아니한다.

쇠뭉치로 등을치며 어서가자 빨리가자.
이렁저렁 여러날후 저승문에 다달으니
소머리의 나찰들과 말머리의 나찰들이
소리치며 달려들어 도와달라 비는구나.

도와주고 싶어해도 도와줄돈 한푼없다.
담배굶고 모은재산 인정한푼 써볼손가.
저승으로 옮겨올까 환전부쳐 가져올까.

의복벗어 인정쓰며 열두대문 들어가니
무섭기도 끝이없고 두렵기도 측량없다.

명내리길 기다리다 옥사장이 분부듣고
남녀죄인 대령할제 정신차려 살펴보니
열시왕이 높이앉고 판사들은 문서잡고
남녀죄인 잡아들여 다짐받고 문초할제

소머리의 귀신얼굴 가지가지 나찰들이
전후좌우 창칼형구 빽빽하게 차려놓고
호명하길 기다리니 엄숙하기 측량없다.

남자죄인 잡아들여 형벌하며 묻는말이
이놈들아 들어보라 선행하길 발원하고
인간세상 나아가서 무슨선행 하였는가.

용방비간 본을받아 거짓말을 아니하고
바른말만 찾아하여 나라위해 충성했나.
부모님께 효도하여 가정규범 세웠는가.

배고픈이 밥을주어 배부르게 하였는가.
헐벗은이 옷을주어 따뜻하게 하였는가.
좋은곳에 집을지어 행인쉬게 하였는가.

깊은물에 다리놓아 건너도록 하였는가.

목마른이 물을주어 목축이게 하였는가.
병든사람 약을주어 살아나게 하였는가.

높은산에 절을지어 중생제도 하였는가.
좋은밭에 원두심어[2] 행인해갈 하였는가.
부처님께 공양올려 공양공덕 하였는가.

마음닦고 선심하는 염불공덕 하였는가.
어진사람 모해하고 악한행동 많이하며
재물탐욕 극심하니 너의죄를 어찌하리.

죄악들이 심중하니 칼바람이 너의몸을
갈기갈기 찢어버릴 풍도옥에 가두리라.

착한사람 불러들여 위로하고 대접하며
못쓸놈은 구경하라 이사람은 마음착해
극락세계 가게되니 이얼마나 좋겠는가?

소원모두 말하시오 소원대로 해주겠소.
극락으로 가고싶소 연화대로 가고싶소?
선경으로 가고싶소 불로장생 하고싶소?

서왕모의 사환되어 반도소임 하고싶소?
소원들을 말하시오 옥제에게 부탁하여
남자중의 남자되어 요지연에 가고싶소?

백만대군 통솔하는 대장군이 되고싶소?
어서빨리 말하시오 옥제전에 알리어서
석가여래 아미타불 제도하게 부탁하자.

산신불러 의론하며 어서빨리 시행하자.
저런사람 마음착해 존귀하게 되어간다.
대웅전에 초대하여 다과올려 대접하며
못쓸놈들 잡아내어 착한사람 구경하라.

너희놈들 죄중하니 풍도옥에 가두리라.

남자죄인 처결한후 여자죄인 잡아들여
엄형국문 하는말이 너의죄를 들어봐라.

시부모와 친부모께 지성효도 하였느냐?
형제자매 우애하며 친척화목 하였느냐?

부모말씀 거역하고 형제자매 이간하고
세상간악 다부리며 열두시로 마음변화
못듣는데 욕을하고 마주앉아 웃음낙담
군말하고 성내는년 남의말을 일삼는년
시기하길 좋아한년 풍도옥에 가두리라.

죄목들을 물은후에 온갖형벌 하는구나.
죄의경중 가리어서 차례대로 처결할제
도산지옥 화산지옥 한빙지옥 검수지옥

발설지옥 독사지옥 아침지옥 거해지옥
각처지옥 분부하여 모든죄인 처결한후
큰잔치를 베풀어서 착한여자 불러들여
공손하게 말을한다 소원모두 말하시오.

선녀되어 가고싶소 요지연에 가고싶소?
멋진남자 되고싶소 제상부인 되고싶소?
제실황후 되고싶소 부귀공명 누리겠소?
소원대로 해주겠소 소원모두 말하시오.

선녀불러 분부하여 극락으로 안내하여
극락으로 가게하니 이얼마나 좋을손가.
나쁜행동 하지말고 착한마음 가지시오.

회심곡을 업신여겨 선심공덕 아니하면
소나말을 못면하고 구렁이를 못면하네.

조심하여 수신하소 수신제가 한연후에
치국안민 하오리니 아무쪼록 힘을쓰오.

덕을쌓지 아니하면 죽은후에 참혹하니
우리형제 자선사업 많이하길 바라겠소.

자선사업 많이하여 극락으로 나아가소.
자선사업 많이하여 극락으로 나아가소.
자선사업 많이하여 극락으로 나아가소.

나무 아미타불 관세음보살(세번)

〈회심곡 끝〉

18. 영가법문

무비스님·조현춘 교감

국내에는 4~5종류의 대표적인 영가법문이 저술자가 누구인지 불분명한 상태에서 유통되고 있었습니다. 여기에 인용하여 가사체로 다듬은 영가법문도 그 중의 하나입니다.

원 저술자가 누구인지 불분명하지만, 많은 책에서 조금씩 다른 형태로 유통되고 있었던 영가법문을 선택하여 가사체로 다듬은 것입니다. 원 저술자에게 감사드립니다.

가사체 영가법문

○○○○ 영가시여 ○○○○ 영가시여!
저희들이 모두함께 일심으로 염불하니
무명업장 소멸하고 반야지혜 드러내어
생사고해 벗어나서 해탈열반 성취하사
극락왕생 하옵시고 부처님이 되옵소서.

사대육신 허망하여 결국에는 사라지니
이육신을 집착않고 참된도리 깨달으면
모든고통 벗어나고 부처님을 친견하리.

살아생전 애착하던 사대육신 무엇인고!
한순간에 숨거두면 주인없는 목석일세.

인연따라 모인것은 인연따라 흩어지니

태어남도 인연이요 돌아감도 인연인걸
그무엇을 애착하고 그무엇을 슬퍼하랴.

이육신을 가진이는 그림자가 따르듯이
평생동안 지은죄업 과보되어 뒤따르네.

죄의실체 본래없고 마음따라 일어나니
마음씀이 청정하면 죄도따라 사라지며
마음따라 모든죄업 흔적없이 사라져서
무념처에 도달하면 참회했다 말합니다.

한마음이 청정하면 온세계가 청정하니
모든업장 참회하여 청정으로 돌아가면
영가님이 가시는길 광명으로 가득하리.

가시는길 천리만리 극락정토 어디인가!
번뇌망상 없어진곳 그자리가 극락이니

삼독심을 버리고서 부처님께 귀의하면
무명업장 벗어나서 극락세계 왕생하리.

제행은~ 무상이요 생자는~ 필멸이라.
태어났다 죽는것은 모든생명 이치이니
제왕으로 태어나서 온천하를 호령해도
결국에는 죽는것을 영가님도 아십니다.

○○○○ 영가시여 ○○○○ 영가시여!
영가님은 어디에서 이세상에 오셨다가
가신다니 가시는곳 어디인줄 아십니까?
태어났다 죽는것은 중생계의 흐름이라.

이곳에서 가시오면 저세상에 태어나니
오시는듯 가시옵고 가시는듯 오신다면
이육신의 마지막을 걱정할것 없습니다.

일가친척 많이있고 부귀영화 높았어도
죽음길엔 누구하나 힘이되지 못합니다.
맺고쌓은 모든감정 가시는길 짐되오니
염불소리 깊이듣고 남김없이 놓으소서.

미웠던일 용서하고 탐욕심을 버려야만
청정하신 마음으로 불국정토 가십니다.
삿된마음 멀리하고 미혹함을 벗어나야
반야지혜 이루시고 극락왕생 하십니다.

본마음은 고요하여 예와오늘 없습니다.
태어남은 무엇이고 돌아감은 무엇인가!
부처님은 관밖으로 양쪽발을 보이셨고
달마대사 총령에서 짚신한짝 보이셨네.

이와같은 높은도리 영가님이 깨달으면

생과사를 넘었거늘 그무엇을 슬퍼하랴.

뜬구름이 모였다가 흩어짐이 인연이듯
중생들의 생과사도 인연따라 나타나니
좋은인연 간직하고 나쁜인연 버리시면
이다음에 태어날땐 좋은인연 만나리라.

사대육신 흩어지고 업식만을 가져가니
탐욕심을 버리시고 미움또한 거두시며
사견마저 버리시어 청정해진 마음으로
부처님의 품에안겨 극락왕생 하옵소서.

돌고도는 생사윤회 자기업을 따르오니
오고감을 슬퍼말고 환희로써 발심하여
무명업장 밝히면서 무거운짐 모두벗고
삼악도를 뛰어넘어 극락왕생 하옵소서.

이세상에 처음올때 영가님은 누구셨고
사바일생 마치고서 가시는이 누구신가!

물이얼어 얼음되고 얼음녹아 물이되듯
이세상의 삶과죽음 물과얼음 같사오니
육친으로 맺은정을 가벼웁게 거두시고
청정해진 업식으로 극락왕생 하옵소서.

○○○○ 영가시여 ○○○○ 영가시여!
사바인연 다하여서 임종하는 이순간에
모든죄업 남김없이 부처님께 참회하고
한순간도 잊지않고 부처님을 생각하면

가고오는 곳곳마다 그대로가 극락이니
불심으로 바라보면 온세상이 불국토요
범부들의 마음에는 불국토가 사바로다.

애착하던 사바일생 하루밤의 꿈과같고
나다너다 모든분별 본래부터 공하오니
빈손으로 오셨다가 빈손으로 가시거늘
그무엇에 얽매여서 극락왕생 못하시나!

저희들이 일심으로 독송하는 진언따라
지옥세계 없어지고 맺은원결 풀리어서
아미타불 극락세계 상품상생 하옵소서.

지옥을 없애는 진언

옴 가라지야 사바하(일곱번)

원한을 해결하는 진언

옴 삼다라 가다야 사바하(일곱번)

광명 진언

옴 아모카 바이로차나 마하무드라 마니
파드마 즈바라 프라바를타야 훔(일곱번)

상품상생 진언

옴 마이다니 훔훔 바낙 사바하(일곱번)

저희들이 지성으로 합장하고 머리숙여
부처님께 원하오니 대자비를 내리시어
오늘영가 극락왕생 하시도록 하옵소서.

(반배)

○○○○ 영가시여 극락왕생 하옵소서.
○○○○ 영가시여 극락왕생 하옵소서.
○○○○ 영가시여 극락왕생 하옵소서.

〈가사체 영가법문 끝〉

19. 백팔대참회

1~4는 서론에 해당합니다.

5~35은 과거 세상에서의 불교의 정의, 십악, 육바라밀, 사홍서원, 사은, 사무량심,

36~66은 현재 세상에서의 불교의 정의, 십악, 육바라밀, 사홍서원, 사은, 사무량심,

67~97은 미래 세상에서의 불교의 정의, 십악, 육바라밀, 사홍서원, 사은, 사무량심을 지키지 않을 것을 반성하고, 잘 지키겠다는 발원입니다.

98~108은 결론에 해당합니다.

1~4는 서론에 해당합니다.			
	과거	현재	미래
불교의 정의	5~7	36~38	67~69
십악	8~17	39~48	70~79
육바라밀	18~23	49~54	80~85
사홍서원	24~27	55~58	86~89
사은(부모불승)	28~31	59~62	90~93
사무량심(자비희사)	32~35	63~66	94~97
98~108은 결론에 해당합니다.			

가사체 백팔대참회

01 대자대비 저희들을 보살펴주고
   대희대사 가르침을 베풀어주신
   거룩하신 석가모니 부처님전에
   온마음과 온몸으로 예경합니다.
02 절은오직 절연습을 하는곳이라
   참된진리 요약해서 가르치시어
   모든중생 빠짐없이 성불시키는
   금강상사 일심으로 예경합니다.
03 지혜복덕 구족하신 부처님들과
   탐진치를 없애주는 가르침들과
   성현중의 성현이신 스님들에게
   온마음과 온몸으로 예경합니다.

04 제가지금 발심하여 예배하는건
　　제스스로 복얻거나 천상나거나
　　성문연각 보살지위 구함아니오
　　일심으로 최상승에 의지하여서
　　최고바른 깨달음을 이룬연후에
　　시방세계 모든중생 빠뜨리잖고
　　깨달음을 이루도록 함이옵니다.

05 과거세상 악행하여 지은죄들을
　　지극한～ 마음으로 참회합니다.

06 과거세상 선행않아 지은죄들을
　　지극한～ 마음으로 참회합니다.

07 과거세상 깨끗잖아 지은죄들을
　　지극한～ 마음으로 참회합니다.

08 과거세상 살생하여 지은중죄를
　　지극한～ 마음으로 참회합니다.

09 과거세상 도둑질해 지은중죄를
　　지극한~ 마음으로 참회합니다.
10 과거세상 사음하여 지은중죄를
　　지극한~ 마음으로 참회합니다.
11 과거세상 거짓말해 지은중죄를
　　지극한~ 마음으로 참회합니다.
12 과거세상 발린말해 지은중죄를
　　지극한~ 마음으로 참회합니다.
13 과거세상 이간질해 지은중죄를
　　지극한~ 마음으로 참회합니다.
14 과거세상 욕설하여 지은중죄를
　　지극한~ 마음으로 참회합니다.
15 과거세상 탐욕부려 지은중죄를
　　지극한~ 마음으로 참회합니다.
16 과거세상 화를내어 지은중죄를

지극한~ 마음으로 참회합니다.

17 과거세상 어리석어 지은중죄를

　　지극한~ 마음으로 참회합니다.

18 과거세상 보시않아 지은죄들을

　　지극한~ 마음으로 참회합니다.

19 과거세상 지계않아 지은죄들을

　　지극한~ 마음으로 참회합니다.

20 과거세상 인욕않아 지은죄들을

　　지극한~ 마음으로 참회합니다.

21 과거세상 정진않아 지은죄들을

　　지극한~ 마음으로 참회합니다.

22 과거세상 선정않아 지은죄들을

　　지극한~ 마음으로 참회합니다.

23 과거세상 지혜없어 지은죄들을

　　지극한~ 마음으로 참회합니다.

24 중생구제 아니하여 지은죄들을
   지극한~ 마음으로 참회합니다.
25 번뇌제거 아니하여 지은죄들을
   지극한~ 마음으로 참회합니다.
26 법문공부 아니하여 지은죄들을
   지극한~ 마음으로 참회합니다.
27 불도닦지 아니하여 지은죄들을
   지극한~ 마음으로 참회합니다.
28 아버님의 크신은혜 소홀히한죄
   지극~한 마음으로 참회합니다.
29 어머님의 크신은혜 소홀히한죄
   지극한~ 마음으로 참회합니다.
30 부처님의 크신은혜 소홀히한죄
   지극한~ 마음으로 참회합니다.
31 스승님의 크신은혜 소홀히한죄

지극한~ 마음으로 참회합니다.

32 남의기쁨 공감않아 지은죄들을
지극한~ 마음으로 참회합니다.

33 남의슬픔 공감않아 지은죄들을
지극한~ 마음으로 참회합니다.

34 모든일에 감사않아 지은죄들을
지극한~ 마음으로 참회합니다.

35 탐욕성냄 못벗어서 지은죄들을
지극한~ 마음으로 참회합니다.

36 현재세상 악행하여 짓는죄들을
지극한~ 마음으로 참회합니다.

37 현재세상 선행않아 짓는죄들을
지극한~ 마음으로 참회합니다.

38 현재세상 깨끗잖아 짓는죄들을
지극한~ 마음으로 참회합니다.

39 현재세상 살생하여 짓는중죄를
　　지극한～ 마음으로 참회합니다.

40 현재세상 도둑질해 짓는중죄를
　　지극한～ 마음으로 참회합니다.

41 현재세상 사음하여 짓는중죄를
　　지극한～ 마음으로 참회합니다.

42 현재세상 거짓말해 짓는중죄를
　　지극한～ 마음으로 참회합니다.

43 현재세상 발린말해 짓는중죄를
　　지극한～ 마음으로 참회합니다.

44 현재세상 이간질해 짓는중죄를
　　지극한～ 마음으로 참회합니다.

45 현재세상 욕설하여 짓는중죄를
　　지극한～ 마음으로 참회합니다.

46 현재세상 탐욕부려 짓는중죄를

지극한~ 마음으로 참회합니다.

47 현재세상 화를내어 짓는중죄를
　　지극한~ 마음으로 참회합니다.

48 현재세상 어리석어 짓는중죄를
　　지극한~ 마음으로 참회합니다.

49 현재세상 보시않아 짓는죄들을
　　지극한~ 마음으로 참회합니다.

50 현재세상 지계않아 짓는죄들을
　　지극한~ 마음으로 참회합니다.

51 현재세상 인욕않아 짓는죄들을
　　지극한~ 마음으로 참회합니다.

52 현재세상 정진않아 짓는죄들을
　　지극한~ 마음으로 참회합니다.

53 현재세상 선정않아 짓는죄들을
　　지극한~ 마음으로 참회합니다.

54 현재세상 지혜없어 짓는죄들을
　　지극한～ 마음으로 참회합니다.
55 중생구제 아니하여 짓는죄들을
　　지극한～ 마음으로 참회합니다.
56 번뇌제거 아니하여 짓는죄들을
　　지극한～ 마음으로 참회합니다.
57 법문공부 아니하여 짓는죄들을
　　지극한～ 마음으로 참회합니다.
58 불도닦지 아니하여 짓는죄들을
　　지극한～ 마음으로 참회합니다.
59 아버님의 크신은혜 소홀하는죄
　　지극한～ 마음으로 참회합니다.
60 어머님의 크신은혜 소홀하는죄
　　지극한～ 마음으로 참회합니다.
61 부처님의 크신은혜 소홀하는죄

지극한~ 마음으로 참회합니다.

62 스승님의 크신은혜 소홀하는죄
　　지극한~ 마음으로 참회합니다.

63 남의기쁨 공감않아 짓는죄들을
　　지극한~ 마음으로 참회합니다.

64 남의슬픔 공감않아 짓는죄들을
　　지극한~ 마음으로 참회합니다.

65 모든일에 감사않아 짓는죄들을
　　지극한~ 마음으로 참회합니다.

66 탐욕성냄 못벗어서 짓는죄들을
　　지극한~ 마음으로 참회합니다.

67 미래세상 악행하여 지을죄들을
　　지극한~ 마음으로 참회합니다.

68 미래세상 선행않아 지을죄들을
　　지극한~ 마음으로 참회합니다.

69 미래세상 깨끗잖아 지을죄들을
　　지극한～ 마음으로 참회합니다.
70 미래세상 살생하여 지을중죄를
　　지극한～ 마음으로 참회합니다.
71 미래세상 도둑질해 지을중죄를
　　지극한～ 마음으로 참회합니다.
72 미래세상 사음하여 지을중죄를
　　지극한～ 마음으로 참회합니다.
73 미래세상 거짓말해 지을중죄를
　　지극한～ 마음으로 참회합니다.
74 미래세상 발린말해 지을중죄를
　　지극한～ 마음으로 참회합니다.
75 미래세상 이간질해 지을중죄를
　　지극한～ 마음으로 참회합니다.
76 미래세상 욕설하여 지을중죄를

지극한~ 마음으로 참회합니다.

77 미래세상 탐욕부려 지을중죄를
　　지극한~ 마음으로 참회합니다.

78 미래세상 화를내어 지을중죄를
　　지극한~ 마음으로 참회합니다.

79 미래세상 어리석어 지을중죄를
　　지극한~ 마음으로 참회합니다.

80 미래세상 보시않아 지을죄들을
　　지극한~ 마음으로 참회합니다.

81 미래세상 지계않아 지을죄들을
　　지극한~ 마음으로 참회합니다.

82 미래세상 인욕않아 지을죄들을
　　지극한~ 마음으로 참회합니다.

83 미래세상 정진않아 지을죄들을
　　지극한~ 마음으로 참회합니다.

84 미래세상 선정않아 지을죄들을
　　지극한~ 마음으로 참회합니다.
85 미래세상 지혜없어 지을죄들을
　　지극한~ 마음으로 참회합니다.
86 중생구제 아니하여 지을죄들을
　　지극한~ 마음으로 참회합니다.
87 번뇌제거 아니하여 지을죄들을
　　지극한~ 마음으로 참회합니다.
88 법문공부 아니하여 지을죄들을
　　지극한~ 마음으로 참회합니다.
89 불도닦지 아니하여 지을죄들을
　　지극한~ 마음으로 참회합니다.
90 아버님의 크신은혜 소홀히할죄
　　지극한~ 마음으로 참회합니다.
91 어머님의 크신은혜 소홀히할죄

지극한~ 마음으로 참회합니다.

92 부처님의 크신은혜 소홀히할죄
　　지극한~ 마음으로 참회합니다.

93 스승님의 크신은혜 소홀히할죄
　　지극한~ 마음으로 참회합니다.

94 남의기쁨 공감않아 지을죄들을
　　지극한~ 마음으로 참회합니다.

95 남의슬픔 공감않아 지을죄들을
　　지극한~ 마음으로 참회합니다.

96 모든일에 감사않아 지을죄들을
　　지극한~ 마음으로 참회합니다.

97 탐욕성냄 못벗어서 지을죄들을
　　지극한~ 마음으로 참회합니다.

98 한량없이 긴긴세월 내려오면서
　　이생에서 저생으로 윤회하면서

가지가지 지은죄가 한없습니다.
어떤때는 제혼자서 짓기도하고
어떤때는 남을시켜 짓게도하고
어떤때는 남과함께 지었습니다.
대자대비 대희대사 부처님전에
온마음과 온몸으로 참회합니다.
99 보시하고 계를지켜 지은공덕과
깨끗한행 닦고닦아 지은공덕과
중생들을 성취시켜 지은공덕과
최고바른 지혜수행 지은공덕들
이와같이 제가지은 모든공덕을
최고바른 깨달음에 회향합니다.
과거현재 미래세의 부처님들께
제가지은 모든공덕 회향합니다.
100 시방세계 곳곳마다 두루계시는

과거현재 미래세의 부처님들께
지극정성 몸과말과 마음을다해
빠짐없이 예배하고 공경합니다.
보현행원 깊이믿고 닦은힘으로
일체모든 부처님앞 몸나타내고
낱낱몸은 찰진수몸 또나타내어
부처님께 예배하고 공경합니다.

101 무진법계 찰미진수 티끌속마다
많고많은 보살들께 싸여계시는
극미진수 부처님들 공덕장엄을
깊이믿고 찬양하고 찬탄합니다.

102 아름답기 그지없는 꽃다발들과
좋은음악 좋은향과 좋은양산들
가장좋고 가장귀한 장엄구로써
한분한분 부처님께 공양합니다.

103 한량없이 긴긴세월 내려오면서
　　탐욕분노 어리석음 삼독때문에
　　몸과말과 마음으로 지었던죄업
　　제가지금 빠짐없이 참회합니다.

104 시방삼세 모든중생 공덕행동과
　　성문연각 유학무학 공덕행동과
　　보살님과 부처님의 공덕행동을
　　모두기쁜 마음으로 따라합니다.

105 시방세계 비추시는 크고큰등불
　　최고바른 깨달음을 이루신님께
　　높디높은 미묘법문 설하시기를
　　모든정성 다하여서 간청합니다.

106 예배공경 찬양찬탄 공양한복덕
　　오래계심 법문하심 청했던공덕
　　따라하고 참회하며 지은선근을

중생들과 깨달음에 모두주고서
이세상을 뜨시려는 부처님들께
영원토록 이세상에 함께계시며
중생에게 이로움과 즐거움주길
모든정성 다하여서 간청합니다.

107 넓디넓고 높디높은 이많은공덕
최고바른 깨달음에 회향합니다.
원리에도 현상에도 막히지않고
진제에도 속제에도 걸리지않는
삼보님과 삼매인의 공덕바다에
제가지금 빠짐없이 회향합니다.

108 중생들이 몸과말과 마음으로써
부처님법 의심하고 비방하여도
지은업장 빠짐없이 소멸하소서.
생각생각 큰지혜가 법계에퍼져

모든중생 빠짐없이 건져지소서.
허공계와 중생계가 끝이없어도
허공계와 중생계가 다할때까지
중생업과 중생번뇌 끝이없어도
중생업과 중생번뇌 다할때까지
저의회향 끊임없이 계속합니다.

나무 대행 보현보살 마하살(세번)

20. 신도 공양게

(식사 전, 가사체 신도 공양게)

이음식이 이자리에 올수있도록
수고하신 많고많은 이웃들에게
감사하는 마음으로(잘)먹겠습니다.

(식사 후, 가사체 신도 공양게)

많고많은 이웃들의 수고덕분에
향기롭고 맛이있는 귀한음식을
감사하는 마음으로(잘)먹었습니다.

이음식을 통하여서 얻은힘으로
나쁜행동 하나라도 않겠습니다.
착한행동 빠짐없이 하겠습니다.
깨끗하고 맑은마음 갖겠습니다.

석가모니 부처님께 일심귀의 하옵니다.
석가모니 부처님께 일심귀의 하옵니다.
　　　　저의가장 큰스승님
석가모니 부처님께 일심귀의 하옵니다.

III

한글세대 불교경전

1

부처님의
유 언

(한글세대 불유교경)

부처님의 유언(한글세대 불유교경)은 '부처님께서 유언으로 남기신 말씀'입니다. 설법 대상도 일반 대중이 아니고, 출가 스님들입니다. 문자 그대로 법의 요점을 간략하게 설하신 경전입니다. 스님들은 어느 경전보다도 부처님의 유언을 늘 수지독송하며 설하여 전해야 합니다.

불교 경전은 어느 것 하나 귀중하지 않은 것이 없습니다. 경전을 두고 경중을 논한다는 자체가 말도 안 되는 일이지만, 그래도 어느 경전보다도 부처님의 유언을 가까이 하시기를 축원드립니다. 특히 출가 스님이라면 반드시 매일 한 번씩은 독송해야 한다고 봅니다.

입으로 지은 업을 씻어내는 진언

깨끗이~ 깨끗하게 참으로~ 깨끗하게
완전히~ 깨끗하게 깨끗이~ 살렵니다.
수리수리 마하수리 수수리 사바하(세번)

부처님과 성중님을 모셔오는 진언

일체모든 부처님~ 일체모든 성중님~
이자리에 편안하게 임하시어 주옵소서.
나무 사만다 못다남
옴 도로도로 지미 사바하(세번)

경전 독송 전의 진언

높디높고 깊디깊은 부처님말씀
백천만겁 지나가도 듣기힘든데
제가지금 보고들어 지니었으니
부처님의 진실한뜻 이루렵니다.
옴 아라남 아라다(세번)

부처님의 유언

1장 법회가 열린 배경

① 최초의 설법으로 교진여 등을 제도하고 최후의 설법으로 수발타라를 제도하여 제도할 사람은 모두 제도하신 석가모니 부처님께서, 제자들을 위하여, 아무 소리도 들리지 않고 고요한 어느 날 깊은 밤 열반에 드실 즈음에, 사라나무 두 그루 사이에서, 다음같이 법의 요점을 간략하게 말씀하시는 것을 제가 직접 들었으며 제가 직접 봤습니다.[1]

2장 계율

① 스님들이여! 제가 세상을 떠난 후에는

부처님의 계율은[2] 작은 계율 하나라도 참으로 귀중하게 잘 지켜야 합니다. ② 어두움 속에서 만난 빛처럼, 가난 속에서 얻은 보물처럼 참으로 귀중하게 잘 지켜야 합니다. ③ 계율이야말로 참으로 큰 스승이라는 사실을 알아야 합니다. ④ 제가 세상에 더 머물더라도 달라질 것은 아무 것도 없습니다. ⑤ 부처님의 계율은 잘 지켜야 합니다. ⑥ 장사를 하지 않아야 하며, 집이나 논밭을 마련하지 않아야 하며, 노비를 갖지 않아야 하며, 짐승이나 채소를 기르지 않아야 하며 재물을 모으지 않아야 합니다. ⑦ 불구덩이를 피하듯이 이런 것들을 피해야 합니다. ⑧ 초목을 베어 내고 땅을 개간하지 않아야 하며, 약을 만들지 않아야 하며,

관상으로 길흉을 점치지 않아야 하며, 숫자로 운세를 보지 않아야 하며, 별자리로 흥망을 예언하지 않아야 합니다. ⑨ 이런 일들은 절대로 하지 않아야 합니다. ⑩ 몸가짐을 바로 하고, 식사 때에만 식사를 하고, 청정하게 생활해야 합니다. ⑪ 세상 일에 참견하지 않아야 하며, 사람을 다스리지 않아야 하며, 주술적인 선약을 만들지 않아야 하며, 높은 사람을 너무 가까이 하지 않아야 하며, 부모형제를 업신여기지 않아야 합니다. ⑫ 이런 일들은 절대로 하지 않아야 합니다. ⑬ 마음을 단정히 하고 바른 생각으로 자신과 남을 제도해야³ 합니다. ⑭ 자기 허물을 숨겨 대중을 속이지 않아야 합니다. ⑮ 음식·의복·침구·의약을 쌓아 두지 않아야 하며, 필요한 분량만큼만 공양 받아야 합니다. ⑯ 지금까지 계율에 관해 간략히 말씀드렸습니다. ⑰ 계율이야말로 참으로 해탈의 근본이라는 사실을 알아야 합니다. ⑱ 따라서 부처님의 계율은 참으로 잘 지켜야 합니다. ⑲ 계율을 잘 지키면, 선정을 이루고 고통을 없앨 수 있는 지혜가 생깁니다. ⑳ 따라서 부처님의 계율은 조금도 어기지 않고 잘 지켜야 합니다. ㉑ 부처님의 계율을 잘 지키면 좋은 일이 생기며, 부처님의 계율을 지키지 않으면 좋은 일이 생길 수가 없습니다. ㉒ 계율은 공덕이 머물기에 매우 적절한 곳이라는 사실을 알아야 합니다.

① 스님들이여! 계율을 하나하나 잘 지켜 나가면서 동시에 오근을[4] 잘 다스려야 합니다. ② 오욕에[5] 빠져 제멋대로 행동하지 않아야 합니다. ③ 소치는 사람이 소가 논이나 밭의 곡식을 먹지 못하도록 회초리로 소를 잘 다스려야 하는 것과 같습니다. ④ 오욕이나 오근을 따르면 끝없는 낭떠러지로 떨어질 수 있습니다. ⑤ 사나운 말에 재갈을 채우지 않으면 사람을 구덩이에 떨어지게 할 수 있습니다. ⑥ 소나 말의 피해는 일생에 그치지만 오근의 피해는 여러 생에 미칩니다. ⑦ 오근의 피해는 참으로 크므로, 절대로 삼가야 합니다. ⑧ 도둑을 지키듯이 오욕에 빠지지 않도록 오근을

잘 다스려야 지혜로운 사람이라고 할 수 있습니다. ⑨ 오근을 다스리지 못 하면 오래지 않아 파멸할 수밖에 없습니다. ⑩ 오근의 주인은 바로 마음입니다. ⑪ 따라서 마음을 잘 다스려야 합니다. ⑫ 마음은 독사·맹수·강도·큰불·낭떠러지와는 비교할 수 없을 정도로 훨씬 더 무서운 것입니다. ⑬ 꿀단지를 들고 가면서 발 앞의 구덩이를 보지 못하는 사람이나, 미쳐 날뛰는 코끼리나, 나무 위에서 이리 뛰고 저리 뛰는 원숭이처럼 방일하지 못하도록 마음을 잘 다스려야 합니다. ⑭ 마음을 풀어 놓아버린 사람은 착함을 잃어버리게 되지만, 마음을 잘 잡아둔 사람은 모든 착함을 다 이루게 됩니다. ⑮ 따라서, 스님들이여! 부지런히 정진하여 마음을 잘 다스려야 합니다.

4장 음식

① 스님들이여! 음식을 먹을 때에는 약을 먹듯이 해야 합니다. ② 맛있다고 많이 먹거나, 맛없다고 적게 먹지 않아야 합니다. ③ 배고픔이나 목마름을 없애고 몸을 유지할 수 있을 정도로 먹어야 합니다. ④ 벌이 꿀을 딸 때에는 꿀만 따지 빛깔이나 향기는 해치지 않습니다. ⑤ 스님들이여! 공양을 받을 때에는 고통을 제거할 수 있을 정도로만 받아야 합니다. ⑥ 공양을 너무 많이 받아 평상심을 잃지 않아야 합니다. ⑦ 지혜로운 사람은 소의 힘을 헤아려, 감당할 수 있을 정도의 짐만을 지웁니다. ⑧ 지혜로운

사람은 너무 많은 짐을 지워 소의 힘을 탈진시키지 않습니다.

5장 수면

① 스님들이여! 낮에는 시간을 아껴 법을 잘 닦고 익혀야 합니다. ② 저녁이나 새벽에도 마찬가지입니다. ③ 밤에도 경전을 읽은 후에 쉬어야 합니다. ④ 일생을 소득 없이 잠으로 허송하지 않아야 합니다. ⑤ 무상의 불이 세상을 태우고 있음을 명심하여, 잠만 자지 말고 자신을 제도해야 합니다. ⑥ 밖의 원수보다도 안의 번뇌가 사람을 더 해치는데, 어찌 잠만 자고 있을 수 있겠습니까! ⑦ 어찌 경책하지 않을 수 있겠습니까! ⑧ 큰 독사가 방에 똬리를 틀고 있듯이 번뇌가

마음에 똬리를 틀고 있습니다. ⑨ 계율로써 빨리 물리쳐 없애야 합니다. ⑩ 독사를 내보내야 편안히 잠을 잘 수가 있습니다. ⑪ 독사를 방안에 두고 잠을 자는 사람은 참으로 미련한 사람입니다. ⑫ 지혜는 모든 아름다움 중에서 최고의 아름다움입니다. ⑬ 쇠갈고리로 독사를 치우듯이 지혜로써 악을 다스려야 합니다. ⑭ 잠시도 쉬지 말고 지혜를 닦아야 합니다. ⑮ 미련하게 되면, 모든 공덕을 다 잃게 됩니다. ⑯ 지혜로운 사람에게는 좋은 일이 생기지만, 미련한 사람은 짐승과 다를 바가 없습니다.

6장 분노

① 스님들이여! 어떤 사람이 와서 스님의

사지를 마디마디 끊더라도, 마음을 잘 다스려서 절대로 성을 내거나 한을 품지 않아야 하며, ② 입을 잘 다스려서 절대로 나쁜 말을 하지 않아야 합니다. ③ 성내는 마음을 제멋대로 놓아두면 도를 해쳐서 공덕을 잃게 됩니다. ④ 참음의 공덕은 계율이나 고행의 공덕보다 훨씬 더 큽니다. ⑤ 참는 사람이 진정으로 큰 인물입니다. ⑥ 감로수를 마시듯이 욕됨을 기꺼이 받아들이고 웃음과 고마움으로 넘길 수 있어야 합니다. 그렇게 하지 못하는 사람은 지혜로운 도인이라고 할 수 없습니다. ⑦ 성냄은 모든 착함을 파괴하고 좋은 명성을 무너뜨려서 지금 세상이나 미래 세상의 사람들이 싫어하게 됩니다. ⑧ 성내는 마음은 맹렬히 타오르는 불보다도 더 무섭다는 것을 알아야 합니다. ⑨ 성내는 마음이 조금도 일어나지 않도록 마음을 잘 다스려야 합니다. ⑩ 공덕을 훔쳐 가는 가장 큰 도둑은 성냄입니다. ⑪ 재가자는 도를 닦는 사람이 아니므로 참지 못 하고 성내어도 어느 정도 용서받을 수 있지만, 욕심을 버리고 출가하여 도를 닦는 사람은 절대로 성을 내지 않아야 합니다. ⑫ 구름 한 점 없는 청명한 하늘에서는 천둥 번개가 일어날 수 없습니다.

7장 교만

① 스님들이여! 스님들은 머리를 깎고, 장신구를 버리고, 누더기를 입고, 발우 걸식으로 살아가야 합니다. ② 이 점을 명심하

여, 교만한 마음이 일어나면, 빨리 없애버려야 합니다. ③ 세속 사람들도 교만한 마음을 키우지 않아야 하는데, 해탈을 위해 출가하여 마음을 낮추고 걸식을 하며 도를 닦는 사람이 어찌 교만한 마음을 키울 수 있겠습니까!

8장 아첨

① 스님들이여! 아첨하는 것은 도와 어긋난다는 사실을 알아야 합니다. ② 순수하고 진솔해야 합니다. ③ 아첨하는 것은 속임수라는 사실을 알아야 합니다. ④ 도를 닦으려는 사람은 아첨하지 않아야 합니다. ⑤ 따라서 마음을 단정하고 순수하고 진솔하게 가져야 합니다.

9장 욕심

① 스님들이여! 욕심이 많은 사람은 고뇌도 많다는 것을 알아야 합니다. ② 욕심을 줄여 가면 고뇌가 점차 없어집니다. ③ 따라서 욕심을 줄이기 위해 항상 수행해야 합니다. ④ 더구나 욕심이 없어지는 만큼 공덕들이 생겨납니다. ⑤ 욕심이 없는 사람은 아첨하지 않으며, 감각적인 일에 끌려 다니지도 않습니다[6]. ⑥ 욕심을 없애는 수행을 하는 사람은 슬픔이나 두려움이 없고 마음이 평온합니다. ⑦ 여유가 있고, 항상 만족합니다. ⑧ 욕심이 없으면 최상의 기쁨을 누릴 수 있게 됩니다. ⑨ 따라서 참으로 욕심을 없애야 합니다.

① 스님들이여! 고뇌에서 벗어나려면, 만족할 줄 알아야 합니다. ② 만족할 줄 아는 사람은 어디서나 넉넉하고 즐겁고 안온합니다. ③ 만족할 줄 아는 사람은 맨 땅 위에 누워 있어도 편안하고 즐겁습니다. ④ 만족할 줄 모르는 사람은 천당에 있어도 불편하고 괴롭습니다. ⑤ 만족할 줄 모르는 사람은 가진 것이 많아도 쪼달립니다. ⑥ 만족할 줄 아는 사람은 가진 것이 없어도 넉넉합니다. ⑦ 만족할 줄 모르는 사람은 항상 오욕에 끌려 다니기 때문에, 만족할 줄 아는 사람이 이를 불쌍하게 여깁니다. ⑧ 따라서 참으로 만족할 줄 알아야 합니다.

① 스님들이여! 참으로 안락하려면 시끄러운 곳을 떠나 조용하고 한가한 곳에 있는 것이 좋습니다. ② 조용하고 한가한 곳에 있는 사람은 제석천 하느님도[7] 공경합니다. ③ 이런 저런 것들을 모두 떠나 홀로 조용하고 한가한 곳에서 괴로움의 근원을 없애야 합니다. ④ 무리를 좋아하는 사람은 무리 때문에 괴로움을 받습니다. ⑤ 새가 많이 모여드는 나무는 말라죽을 수도 있습니다. ⑥ 속세의 일에 집착하여 괴로워하는 것은 늙은 코끼리가 늪에 빠져서 헤어 나오지 못하는 것과 같습니다. ⑦ 따라서 참으로 속세를 멀리 떠나야 합니다.

12장 정진

① 스님들이여! 꾸준히 정진하면 어려운 일이 없어질 것입니다. ② 따라서 꾸준히 정진해야 합니다. ③ 작은 물방울도 쉬지 않고 떨어지면 바위를 뚫습니다. ④ 수행자가 꾸준히 수행하지 않고 게으름을 피우면 해탈을 이룰 수가 없는 것은, 불씨를 얻으려는 사람이 불씨를 얻기 전에 쉬면 불씨를 얻지 못하는 것과 같습니다. ⑤ 따라서 참으로 꾸준히 정진해야 합니다.

13장 거룩한 대중들을 생각하기

① 스님들이여! 항상 온 마음과 온 몸으로 거룩한 대중들을 생각해야 합니다. ② 항상 온 마음과 온 몸으로 거룩한 대중들을 생각

하는 사람에게는 어떤 번뇌도 들어올 수가 없습니다. ③ 따라서 항상 온 마음과 온 몸으로 거룩한 대중들을 생각해야 합니다. ④ 거룩한 대중들에 대한 생각을 잠시라도 놓치게 되면, 여러 공덕들을 잃어버릴 수도 있습니다. ⑤ 갑옷을 잘 챙겨 입으면 적진에 들어가도 두려울 것이 없듯이, '항상 온 마음과 온 몸으로 거룩한 대중들을 생각하는' 힘이 굳고 강하면 오욕의 해침을 받지 않습니다. ⑥ 따라서 참으로 '항상 온 마음과 온 몸으로 거룩한 대중들을 생각'해야 합니다.

14장 선정

① 스님들이여! 마음을 잘 다스려 안정시켜

야 합니다. ② 마음이 안정되면 세상의 생멸을 모두 알 수 있게 됩니다. ③ 따라서 선정을 부지런히 닦아 마음이 흩어지지 않도록 해야 합니다. ④ 물을 귀하게 여기는 사람이 제방을 잘 관리하듯이, 수행을 하기로 한 사람은 지혜의 제방을 잘 관리해야 합니다. ⑤ 선정을 잘 닦아 지혜의 물이 새지 않도록 해야 합니다. ⑥ 참으로 선정을 잘 닦아야 합니다.

15장 지혜

① 스님들이여! 지혜가 있으면, 탐욕에 걸려들지 않게 됩니다. ② 항상 스스로를 잘 성찰하여 지혜를 잃지 않아야 합니다. ③ 그래야 부처님의 법을 통해 해탈을 얻을

수 있게 됩니다. ④ 그렇게 하지 못하는 사람은 수행자라고 할 수 없으며, 신도라고 할 수도 없으며, 뭐라고 이름할 수도 없습니다. ⑤ 지혜는 늙음과 질병과 죽음의 고통 바다를 건너갈 수 있는 견고한 배입니다. ⑥ 어두움을 밝힐 수 있는 큰 등불입니다. ⑦ 병을 고칠 수 있는 좋은 약입니다. ⑧ 번뇌의 나무를 잘라버릴 수 있는 예리한 도끼입니다. ⑨ 따라서 지혜를 받아들이고, 지혜를 생각하고, 지혜를 닦아서 지혜를 밝혀야 합니다. ⑩ 지혜가 밝아지면, 하늘의 눈이 없던 사람도 밝게 잘 볼 수 있게 됩니다. ⑪ 따라서 지혜를 참으로 잘 닦아야 합니다.

16장 희론

① 스님들이여! 쓸데없는 말을 많이 할수록 그 만큼 마음이 더 산란하게 됩니다. ② 출가를 했더라도 쓸데없는 말로 마음을 산란하게 하면 해탈을 이룰 수 없습니다. ③ 쓸데없는 말로 마음을 산란하게 하는 일은 절대로 하지 않아야 합니다. ④ 적멸의 즐거움을 얻으려면 '쓸데없는 말'의 병에서 완전히 벗어나야 합니다. ⑤ 따라서 쓸데없는 말은 절대로 하지 않아야 합니다.

17장 공덕

① 스님들이여! 항상 일심으로 공덕을 지어야 합니다. ② 도둑을 경계하듯이, 게으름을 경계해야 합니다. ③ 대자대비하신 부처

님들께서는 '모두가 구경열반에[8] 들 수 있는 길'을 설해 주셨습니다. ④ 부지런히 수행해야 합니다. ⑤ 산에서나 습지에서나, 나무 밑에서나, 조용한 실내에서나 잠시도 잊지 말고 간절히 부처님의 법을 생각해야 합니다. ⑥ 항상 열심히 공덕수행을 잘 해야 합니다. ⑦ 공덕을 이루지 못하고 헛되이 죽으면 후회하게 됩니다. ⑧ 저는 병에 따라 약을 잘 처방하는 의사와 같습니다. 처방한 약을 복용하지 않는 것은 의사의 탓이 아닙니다. ⑨ 저는 길을 잘 인도하는 안내자와 같습니다. 인도한 길을 가지 않는 것은 안내자의 잘못이 아닙니다.

① 사성제 등에 대하여 의심이 있으면 지금 질문하십시오. 모든 의심을 완전히 해결하십시오. ② 아무도 의심이 없었기 때문에, 부처님께서 세번을 거듭 말씀하셨지만 묻는 사람이 없었습니다. ③ 의심이 없는 대중의 마음을 알고 아누루다님께서 말씀드리셨습니다. ④ 거룩하신 부처님! 달은 뜨거워 질 수 있고, 해는 차가워 질 수 있으나, 사성제는 달라질 수가 없습니다. ⑤ 고성제는 '즐거움일 수 없는 고통 그 자체'를 말합니다. ⑥ 집성제는 '다른 원인을 찾을 수 없는 고통의 원인 그 자체'를 말합니다. ⑦ 멸성제는 '고통을 없애려면 고통의 원인을 없애야 하며, 고통의 원인이 없어져서

고통이 없어진 상태 그 자체'를 말합니다.
⑧ 도성제는 '다른 길을 생각할 수 없는, 고통을 없애는 참된 길 그 자체'를 말합니다. ⑨ 부처님이시여, 사성제에 관해서 조금이라도 의심하는 스님은 한 명도 없습니다.

19장 제도

① 제대로 알지 못하다가 부처님의 제도를 받은 대중들은 너무나 감격하여 눈물을 비오듯이 흘렸습니다. ② 처음으로 부처님의 설법을 들은 사람들도 어두운 밤에 번갯불로 길을 찾은 것처럼 부처님의 설법으로 모두 제도되었습니다. ③ 제대로 알게 되어 고통 바다를 벗어난 사람들은 모두 '부처님

께서는 왜 이렇게도 빨리 가시려는가!'라는 생각뿐이었습니다. ④ 아누루다님께서 '대중이 모두 사성제의 뜻을 잘 알고 있다'고 말씀드렸지만, 부처님께서는 대중들이 더 확실히 알도록 하기 위해 대비심으로 다시 설하셨습니다. ⑤ 스님들이여! 슬퍼하지 마십시오. ⑥ 제가 세상에 한 겁을 더 머문다 하더라도 언젠가는 반드시 떠날 것입니다. ⑦ 만난 사람은 언젠가는 반드시 이별하게 됩니다. ⑧ 자신도 이롭게 하고 남도 이롭게 하는 법들은 모두 이미 말씀드렸습니다. ⑨ 제가 세상에 영구히 머물더라도 더 이상의 별 이로움은 없을 것입니다. ⑩ 제가 제도할 하느님이나 사람은 모두 제도하였습니다. ⑪ 아직 제도하지 못한 하느님이나 사람에게는 제도받을 인연을 지어 드렸습니다.

20장 법신과 육신

① 쉬지 않고 '제가 가르쳐 드린 법을' 수행하는 곳에는 부처님의 법신이 항상 함께하실 것입니다. ② 부처님의 법신은 없어지지 않습니다. ③ 세상만사는 모두가 무상하다는 것을 알아야 합니다. ④ 만남이 있으면 반드시 이별이 있게 마련입니다. ⑤ 슬퍼하지 마십시오. ⑥ 세상만사가 다 그렇습니다. ⑦ 부지런히 정진하여 하루 속히 해탈하십시오. ⑧ 지혜를 밝혀서 어리석음의 암흑을 없애십시오. ⑨ 세상에서 변하지 않는 것은 하나도 없으며, 모두가 다 변합니다.

⑩ 제가 지금 이 세상을 떠나는 것은 질병을 제거하는 것과 같습니다. ⑪ 버리려는 이 몸은 태어남과 늙음과 질병과 죽음의 큰 바다에 떠다니는, 거짓으로 몸이라고 부르는 죄악의 물건입니다. ⑫ 몸을 제거하여 없애는 것은 도둑을 잡는 것과 같습니다. ⑬ 지혜로운 사람이 어찌 이를 기뻐하지 않을 수 있겠습니까!

21장 부촉

① 스님들이여! 일심으로 부지런히 수행하여, 번뇌에서 벗어나도록 하십시오. ② 움직이는 존재나 움직이지 않는 존재나 세상의 모든 존재는 다 무너지고 파괴됩니다. ③ 무너지지 않는 것은 세상에 아무 것도

없습니다. ④ 스님들이여! 아무 말씀도 하지 마십시오. ⑤ 이제 제가 이 세상을 떠날 시간이 되었습니다. ⑥ 이것이 저의 마지막 당부입니다.

〈부처님의 유언 / 한글세대 불유교경 끝〉

2

보현행원품

일반적으로 사십화엄경이라고 하는 '대광방불화엄경 입부사의해탈경계 보현행원품'의 결론 부분만을 통상 보현행원품이라고 합니다.

화엄경은 부처님께서 깨달음을 이루신 후 깨달음의 세계를 있는 그대로 설하신 경입니다. 분량도 매우 방대합니다. 그래서 대부분의 불자님들은 화엄경이라는 말만 들었지 실제로 다 읽지는 못합니다.

그래서 일부만을 읽으려는 분들은 입법계품만을 읽기도 합니다. 입법계품을 화엄경의 핵심이라고 합니다. 입법계품은 선재동자가 53선지식을 찾아가서 법을 배우는 구도의 과정입니다.

다시 입법계품의 요약본을 보현행원품이라고 합니다. 보현행원품에는 화엄경 내용이 다 있습니다. 보현행원품은 다시 장항과 게송으로 나눠집니다. 장항은 산문으로 되어 있고, 다시 이를 노래로 중송한 것이 게송입니다.

입으로 지은 업을 씻어내는 진언

깨끗이~ 깨끗하게 참으로~ 깨끗하게
완전히~ 깨끗하게 깨끗이~ 살렵니다.
수리수리 마하수리 수수리 사바하(세번)

부처님과 성중님을 모셔오는 진언

일체모든 부처님~ 일체모든 성중님~
이자리에 편안하게 임하시어 주옵소서.
나무 사만다 못다남
옴 도로도로 지미 사바하(세번)

경전 독송 전의 진언

높디높고 깊디깊은 부처님말씀
백천만겁 지나가도 듣기힘든데
제가지금 보고들어 지니었으니
부처님의 진실한뜻 이루렵니다.
옴 아라남 아라다(세번)

한글세대 보현행원품

1장 서론

① 부처님의 높으신 공덕장엄을 찬양찬탄하고 나서, 보현 보살님께서 말씀하셨습니다. ② 선재 동자님! 부처님의 공덕장엄은 시방 세계 모든 부처님들께서 불가설불가설[9] 불찰극미진수[10] 겁 동안 계속 말씀하시더라도 다 말씀하시지 못 하십니다. ③ 이러한 공덕장엄을 이루려면, 열 가지 넓고 큰 행원을 닦아야 합니다. ④ 열 가지란 무엇입니까? 첫째는 부처님들을 예배공경 하는 것이요, 둘째는 부처님들의 공덕장엄을 찬양찬탄 하는 것이요, 셋째는 부처님들께 많은 것을 공양하는 것이요, 넷째는 업장들

을 모두 참회하는 것이요, 다섯째는 남의 공덕행동들을 모두 기쁜 마음으로 따라 행하는 것이요, 여섯째는 설법해 주시기를 간절히 청하는 것이요, 일곱째는 부처님 등께 이 세상에 계셔 주시기를 간절히 청하는 것이요, 여덟째는 부처님의 법을 항상 전하는 것이요, 아홉째는 모든 중생들을 항상 편안하게 모시는 것이요, 열째는 나의 공덕을 모두 중생들에게 회향하는 것입니다. ⑤ 선재 동자님께서 말씀하셨습니다. 대성현님이시여! 첫째인 예배공경에서부터 열째인 회향까지를 전부 '어떻게 하는 것인지' 가르쳐 주십시오. ⑥ 보현 보살님께서 말씀하셨습니다.

2장 열 가지 넓고 큰 행원

제1 행원 : 부처님을 예배 공경함

① 선재 동자님! 부처님들을 예배공경 하는 것에 관해 말씀드리겠습니다. ② '보현행원의 힘에 의지하여, 진법계 허공계 시방 삼세 불찰극미진수 모든 부처님들을 바로 눈앞에 계시듯이 깊이 믿고, 몸과 말과 마음을 다하여 항상 예배공경 하겠습니다. ③ 부처님 계신 곳곳마다 불가설불가설 불찰극미진수 몸을 나타내고, 낱낱 몸으로 불가설불가설 불찰극미진수 모든 부처님들을 항상 예배공경 하겠습니다. ④ 허공계가 끝나면 저의 예배공경도 끝나겠지만, 허공계가 끝나지 않는 한 저의 예배공경도 끝나지 않을 것입니다. ⑤ 중생계가 끝나고

중생의 업이 끝나고 중생의 번뇌가 끝나면 저의 예배공경도 끝나겠지만, 중생계나 중생의 업이나 중생의 번뇌가 끝나지 않는 한 저의 예배공경도 끝나지 않을 것입니다. ⑥ 힘들어하거나 지겨워하지 않고 몸과 말과 마음을 다하여, 끊임없이 계속 예배공경 하겠습니다'라고 행원하는 것입니다.

제2 행원 : 공덕장엄 찬양찬탄함

① 선재 동자님! 부처님들의 공덕장엄을 찬양찬탄 하는 것에 관해 말씀드리겠습니다. ② '진법계 허공계 시방 삼세 불찰극미진 낱낱 티끌 속마다 불찰극미진수 계시는 모든 부처님들의 공덕장엄을 찬양찬탄 하겠습니다. ③ 많은 보살님들께 둘러싸여

계시는, 한 분 한 분 부처님들의 공덕장엄을 모두 바로 눈 앞에 계시듯이 깊이 믿고 찬양찬탄 하겠습니다. ④ 음악의 여신보다 더 아름다운 소리를 내고, 낱낱 소리마다 여러 음성을 내고, 낱낱 음성마다 온갖 말을 하여서, 미래세가 다하도록 계속 부처님들의 한량없는 공덕장엄을 온 법계에 두루 찬양찬탄 하겠습니다. ⑤ 허공계가 끝나고 중생계가 끝나고 중생의 업이 끝나고 중생의 번뇌가 끝나면 저의 찬양찬탄도 끝나겠지만, 허공계나 중생계나 중생의 업이나 중생의 번뇌가 끝나지 않는 한 저의 찬양찬탄도 끝나지 않을 것입니다. ⑥ 힘들어하거나 지겨워하지 않고 몸과 말과 마음을 다하여, 끊임없이 계속 찬양찬탄 하겠습니다'라고 행원하는 것입니다.

제3 행원 : 부처님께 일심 공양함

① 선재 동자님! 부처님들께 많은 것을 공양하는 것에 관해 말씀드리겠습니다. ② '보현행원의 힘에 의지하여, 진법계 허공계 시방 삼세 불찰극미진 낱낱 티끌 속마다 불찰극미진수 계시며, 많은 보살님들께 둘러싸여 계시는 부처님들을 한 분 한 분 모두 바로 눈 앞에 계시듯이 깊이 믿고 공양하겠습니다. ③ 정말 귀중한 것들을 공양하겠습니다. ④ 꽃과 꽃다발과 좋은 음악과 좋은 양산과 좋은 옷을 공양하겠습니다. ⑤ 가지가지 좋은 향을 공양하겠습니다. ⑥ 바르는 향과 태우는 향과 뿌리는

향을, 각각 수미산만큼 많이 공양하겠습니다. ⑦ 가지가지 등을 공양하겠습니다. ⑧ 우유 등과 기름 등과 향유 등을, 낱낱 심지가 수미산만큼 크게, 낱낱 기름이 바닷물만큼 많이, 항상 공양하겠습니다'라고 행원하는 것입니다. ⑨ 선재 동자님! 부처님 말씀대로 수행하는 법 공양이 모든 공양가운데에 가장 으뜸입니다. ⑩ 중생을 이롭게 하는 공양과, 중생을 포용하고 수용하는 공양과, 중생의 고통을 대신 받아주는 공양과, 선근을 부지런히 닦는 공양과, 보살다운 행동을 계속하는 공양과, 보살다운 마음을 유지하는 공양 등이 법 공양입니다. ⑪ 선재 동자님! 앞에서 말한 여러 재물 공양의 공덕도 한량없이 많으나 잠시 동안의 법 공양의 공덕에 비하면, 백분의 일에도 미치지 못하며 천분의 일에도 미치지 못하며, 백천 만억 조경분의 일에도 미치지 못합니다. ⑫ 부처님들께서 법을 존중하시기 때문에, 부처님들께서 말씀하신대로 행하면 부처님이 되기 때문에, 법 공양을 하는 것이 참으로 부처님께 공양하는 것이며, 참된 공양이며, 가장 넓고 가장 큰 공양입니다. ⑬ '허공계가 끝나고 중생계가 끝나고 중생의 업이 끝나고 중생의 번뇌가 끝나면 저의 공양도 끝나겠지만, 허공계나 중생계나 중생의 업이나 중생의 번뇌가 끝나지 않는 한 저의 공양도 끝나지 않을 것입니다. ⑭ 힘들어하거나 지겨워하지 않고 몸과 말과 마음을 다하여, 끊임없이 계속 공양하겠습니다'라고 행원하는 것입니다.

제4 행원 : 업장들을 모두 참회함

① 선재 동자님! 업장들을 모두 참회하는 것에 관해 말씀드리겠습니다. ② 항상 참회하는 보살이 되어야 합니다. ③ '한량없는 겁을 내려오면서 탐내는 마음과 성내는 마음과 어리석은 마음에서 몸과 말과 마음으로 한량없이 많디 많은 악한 업을 지었습니다. ④ 저의 악업이 형체가 있다면 허공계를 다 채우고도 남을 것입니다. ⑤ 이제 몸과 말과 마음을 다하여, 불찰극미진수 모든 부처님들과 보살님들께 지성으로 참회합니다. ⑥ 다시는 악한 행동을 하지 않고 항상 청정 계율을 지키며, 모든 공덕

을 다 짓겠습니다. ⑦ 허공계가 끝나고 중생계가 끝나고 중생의 업이 끝나고 중생의 번뇌가 끝나면 저의 참회도 끝나겠지만, 허공계나 중생계나 중생의 업이나 중생의 번뇌가 끝나지 않는 한 저의 참회도 끝나지 않을 것입니다. ⑧ 힘들어하거나 지겨워하지 않고 몸과 말과 마음을 다하여, 끊임없이 계속 참회하겠습니다'라고 행원하는 것입니다.

제5 행원 : 남의 공덕 모두 따라함

① 선재 동자님! 남의 공덕행동들을 모두 기쁜 마음으로 따라 행하는 것에 관해 말씀드리겠습니다. ② '진법계 허공계 시방 삼세 불찰극미진수 모든 부처님들께서 처

음 발심하실 때로부터 모든 지혜를 이루실 때까지 목숨도 아끼지 않으며, 불가설불가설 불찰극미진수 낱낱 겁마다 불가설불가설 불찰극미진수 머리와 눈과 손발을 바치신 복덕행동을 모두 기쁜 마음으로 따라 행하겠습니다. ③ 가지가지 난행고행을 닦고, 가지가지 바라밀을 행하고, 가지가지 보살경계를 이루고, 최고 바른 깨달음을 이루고 열반에 드신 뒤 사리를 분포하실 때까지 지으신, 부처님의 선근들을 모두 기쁜 마음으로 따라 행하겠습니다. ④ 시방의 육도 사생 모든 중생들의 티끌만한 공덕행동도 모두 기쁜 마음으로 따라 행하겠습니다. ⑤ 시방 삼세 모든 성문과 연각과 유학과 무학들의 공덕행동도 모두 기쁜

마음으로 따라 행하겠습니다. ⑥ 최고 바른 깨달음을 이루기 위해 한량없는 난행고행을 닦은 보살들의 넓고 큰 공덕행동을 모두 기쁜 마음으로 따라 행하겠습니다. ⑦ 허공계가 끝나고 중생계가 끝나고 중생의 업이 끝나고 중생의 번뇌가 끝날 때까지 기쁜 마음으로 계속 따라 행하겠습니다. ⑧ 힘들어하거나 지겨워하지 않고 몸과 말과 마음을 다하여, 끊임없이 계속 기쁜 마음으로 따라 행하겠습니다'라고 행원하는 것입니다.

제6 행원 : 설법하길 간절히 청함

① 선재 동자님! 설법해 주시기를 간절히 청하는 것에 관해 말씀드리겠습니다. ②

'진법계 허공계 시방 삼세 불찰극미진 낱낱 티끌 속마다 불가설불가설 불찰극미진수 계시는 부처님들께 설법해 주시기를 간절히 청하겠습니다. ③ 많은 보살님들께 둘러싸여 계시는, 최고 바른 깨달음을 얻으신 한 분 한 분 부처님들께 미묘법문을 설해 주시기를, 몸과 말과 마음을 다하고, 가지가지 방법을 다 써서 간절히 청하겠습니다. ④ 허공계가 끝나고 중생계가 끝나고 중생의 업이 끝나고 중생의 번뇌가 끝날 때까지 한 분 한 분 부처님들께 바른 법을 설해 주시기를 계속 간절히 청하겠습니다. ⑤ 힘들어하거나 지겨워하지 않고 몸과 말과 마음을 다하여, 끊임없이 계속 간절히 청하겠습니다'라고 행원하는 것입니다.

제7 행원 : 이 세상에 계시길 청함

① 선재 동자님! 부처님 등께 이 세상에 계셔 주시기를 간절히 청하는 것에 관해 말씀드리겠습니다. ② '진법계 허공계 시방 삼세 불찰극미진수, 반열반에[11] 드시려는 부처님들과 열반에 드시려는 보살님들과 성문과 연각과 유학과 무학과 선지식들께 열반에 들지 마시고 이 세상에 계셔 주시기를 불찰극미진수 겁 동안 계속, 중생들의 행복을 위해, 간절히 청하겠습니다. ③ 허공계가 끝나고 중생계가 끝나고 중생의 업이 끝나고 중생의 번뇌가 끝날 때까지 계속 간절히 청하겠습니다. ④ 힘들어하거나 지겨워하지 않고 몸과 말과 마음을 다하여, 끊임없이 계속 간절히 청하겠습니다'라

고 행원하는 것입니다.

제8 행원 : 온 세상에 항상 전법함

① 선재 동자님! 부처님의 법을 항상 전하는 것에 관해 말씀드리겠습니다. ② '비로자나 부처님께서 사바세계에서 처음 발심하시고 꾸준히 정진하면서, 불가설불가설 목숨으로 자신의 피부를 벗겨 종이로 사용하고, 자신의 뼈를 쪼개어 붓으로 사용하고, 자신의 피를 뽑아 먹물로 사용하여 수미산만큼 많은 경전을 써서 보시하셨듯이 저도 그렇게 하겠습니다. ③ 법을 존중하여, 왕위나 성읍이나 촌락이나 궁전이나 정원이나 산림 등의 소유물은 물론 목숨까지도 아끼지 않으면서, 가지가지 난행고행을 닦고 보리

수 나무 밑에서 최고 바른 깨달음을 이루고, 가지가지 신통 변화를 일으키시며, 가지가지 모습으로 보살의 모임, 성문이나 연각의 모임, 전륜성왕이나 소왕이나 그 권속들의 모임, 찰제리나 바라문이나 장자나 거사의 모임, 하느님이나 용이나 인비인 등 팔부중생들의 모임에 나타나시어, 천둥같이 크고 원만한 음성으로 중생을 성숙시키고 열반에 드셨듯이 저도 그렇게 하겠습니다. ④ 비로자나 부처님처럼, 진법계 허공계 시방 삼세 불찰극미진수 모든 부처님들처럼 항상 부처님의 법을 전하겠습니다. ⑤ 허공계가 끝나고 중생계가 끝나고 중생의 업이 끝나고 중생의 번뇌가 끝날 때까지 계속 법을 전하겠습니다. ⑥ 힘들어하거나 지겨워하지 않고 몸과 말과 마음을 다하여, 끊임없이 계속 법을 전하겠습니다'라고 행원하는 것입니다.

제9 행원 : 모든 중생 편안하게 함

① 선재 동자님! 모든 중생들을 항상 편안하게 모시는 것에 관해 말씀드리겠습니다. ② '진법계 허공계 시방 세계의 모든 중생들, 알로 생긴 중생이나 태로 생긴 중생이나 습기에서 생긴 중생이나 변화하여 생긴 중생이나, 땅에 사는 중생이나 물에 사는 중생이나 불에 사는 중생이나 바람에 사는 중생이나 허공에 사는 중생이나 초목에 사는 중생이나, 모든 중생들을 항상 편안히 모시겠습니다. ③ 태어난 곳이 다르고, 모

양이 다르고, 형상이 다르고, 얼굴이 다르고, 수명이 다르고, 종족이 다르고, 이름이 다르고, 심성이 다르고, 지식이나 견해가 다르고, 욕망이 다르고, 행동이나 거동이 다르고, 의복이나 음식이 다른, 모든 중생들을 항상 편안히 모시겠습니다. ④ 산간에 사는 중생이나 시골에 사는 중생이나 작은 도시에 사는 중생이나 큰 도시에 사는 중생이나, 하느님이나 용이나 인비인 등 팔부 중생이나, 발이 없는 중생이나 두 발 가진 중생이나 네 발 가진 중생이나 여러 발 가진 중생이나, 형상 있는 중생이나 형상 없는 중생이나, 생각 있는 중생이나 생각 없는 중생이나 생각이 있다 없다 할 수 없는 중생이나, 모든 중생들을 항상 편안히 모시겠습니다. ⑤ 부모님을 받들듯이, 스승님이나 아라한이나 부처님을 섬기듯이 모든 중생들을 받들고 섬기겠습니다. ⑥ 병든 중생에게는 의사가 되어 치료해 드리고, 길 잃은 중생에게는 바른 길을 가리켜 드리고, 어두운 밤에는 빛이 되어 밝혀드리고, 가난한 중생에게는 재산을 베풀겠습니다. ⑦ 모든 중생을 이롭게 하는 보살이 되겠습니다. ⑧ 중생들을 편안히 모시는 것이 부처님들을 편안히 모시는 것입니다. ⑨ 중생들을 섬기는 것이 부처님들을 섬기는 것입니다. ⑩ 중생들을 기쁘게 하는 것이 부처님들을 기쁘게 하는 것입니다. ⑪ 부처님의 근본은 큰 자비심입니다. ⑫ 중생이 있어야 자비심을 낼 수 있고, 자비심이 있어야 보살의 길을 가려는 마음을 낼 수 있으며, 보살의 길을 가려는 마음이 있어야 최고 바른 깨달음을 이룰 수 있습니다. ⑬ 모래 벌판에 있는 큰 나무의 뿌리에 물을 주면 줄기와 잎과 꽃과 열매가 모두 무성해집니다. ⑭ 삶과 죽음의 윤회 벌판에 있는 깨달음의 나무도 마찬가지입니다. ⑮ 모든 중생들은 뿌리이며, 부처님이나 보살님들은 꽃이나 열매입니다. ⑯ 대자대비의 물로 중생들을 이롭게 하는 것이 부처님이나 보살님의 지혜 꽃이나 지혜 열매를 성숙시키는 길입니다. ⑰ 대자대비의 물로 중생들을 이롭게 하는 것이 최고 바른 깨달음을 이루는 길입니다. ⑱ 중생이 있어야 최고 바른 깨달음을 이룰 수가 있습니다. ⑲

중생이 없으면 어떤 보살도 최고 바른 깨달음을 이루지 못합니다'라고 행원하는 것입니다. ⑳ 선재 동자님! 그대들은 바로 알아야 합니다. 모든 중생들에게 평등한 마음을 가지는 것이 대자대비를 완성하는 길입니다. ㉑ 대자대비의 마음으로 모든 중생들을 항상 편안히 모시는 것이 부처님들이나 보살님들을 항상 편안히 모시는 것입니다. ㉒ '허공계가 끝나고 중생계가 끝나고 중생의 업이 끝나고 중생의 번뇌가 끝날 때까지 항상 편안히 모시겠습니다. ㉓ 힘들어하거나 지겨워하지 않고 몸과 말과 마음을 다하여, 끊임없이 항상 편안히 모시겠습니다'라고 행원하는 것입니다.

제10 행원 : 나의 공덕 모두 회향함

① 선재 동자님! 나의 공덕을 모두 중생들에게 회향하는 것에 관해 말씀드리겠습니다.
② '첫째인 예배공경한 공덕에서 아홉째인 편안히 모신 공덕까지의 모든 공덕을, 모든 중생들이 항상 안락하도록, 영원히 어떤 병고도 없도록, 나쁜 일은 하나도 일어나지 않고 좋은 일은 모두 일어나도록, 지옥·아귀·축생계로 가는 문은 모두 닫히고 인간 세상이나 하늘 세상에서 열반으로 이르는 길은 모두 열리도록, 중생들이 스스로 지은 악업 때문에 겪게 되는 모든 고통을 제가 대신 받고 모든 중생들이 해탈하여 최고 바른 깨달음을 이루도록 진법계 허공계 모든 중생들에게 회향하는 보살이 되겠습

니다. ③ 허공계가 끝나고 중생계가 끝나고
중생의 업이 끝나고 중생의 번뇌가 끝날
때까지 계속 회향하겠습니다. ④ 힘들어하
거나 지겨워하지 않고 몸과 말과 마음을
다하여, 끊임없이 계속 회향하겠습니다'라
고 행원하는 것입니다.

3장 장항 결: 보현행원의 공덕

① 선재 동자님! 이제 보살 마하살의 열
가지 큰 행원을 모두 말씀드렸습니다. ②
이 큰 행원들을 모두 닦으면, 모든 중생들
을 성숙하게 하며, 최고 바른 깨달음을 이
루게 하며, 보현 보살의 한량없는 행원을
모두 이루게 됩니다. ③ 선재 동자님! 바로
알아야 합니다. ④ '시방삼세 불가설불가설

불찰극미진수 세계를 가득 채울 수 있을
만큼 많은, 귀중한 금은보화와, 인간 세상
이나 하늘 세상에서의 최고의 평안함을
불찰극미진수 겁 동안 계속, 모든 세계의
모든 중생들에게 보시하고 모든 부처님들
과 보살님들께 공양하는 선남자 선여인'이
짓는 공덕은 '이 행원을 잠시 동안 귀로
들은 사람'이 짓는 공덕에 비하면 백분의
일에도 미치지 못하며, 천분의 일에도 미치
지 못하며, 만억 조경분의 일에도 미치지
못합니다. ⑤ 깊은 신심으로 이 큰 행원의
사구게 하나 만이라도 받아 지녀 독송하고
남에게 전해 주면, 무간지옥에 떨어질 다섯
가지 악업이 모두 소멸할 것입니다. ⑥ 몸이
나 마음의 병고가 모두 없어지며, 불찰극미

진수 악업이 모두 소멸할 것입니다. ⑦ 악마나 야차나 나찰이나 구반다나 비사사나 부다 등 피를 빨고 살을 먹는 악한 귀신들이 모두 멀리 달아나거나 오히려 지켜주고 보호하려는 마음을 낼 것입니다. ⑧ 구름 밖으로 나온 달이 온 세상을 비추듯, 이 행원을 외우는 사람은 아무 장애 없이 세상을 살게 될 것입니다. ⑨ 부처님이나 보살님들께서 칭찬하시며, 세상 사람이나 하느님이나 모든 중생들이 예배공경할 것입니다. ⑩ 이 사람은 사람 몸을 받아서 보현 보살의 모든 공덕을 다 이루고, 곧 보현 보살처럼 대장부의 서른 두 가지 거룩한 모습을 갖추게 될 것입니다. ⑪ 인간 세상이나 하늘 세상에 태어나며, 날 때마다 좋은 신분으로 태어날 것입니다. ⑫ 나쁜 곳을 만나지 않고, 나쁜 사람을 만나지 않을 것입니다. ⑬ 모든 짐승들을 굴복시킨 사자왕처럼 모든 외도들을 항복시키고 모든 번뇌에서 완전히 해탈할 것입니다. ⑭ 모든 중생들이 받들어 모실 것입니다. ⑮ 임종하면 모든 감각기관들이 다 무너지고, 모든 친족들이 다 떠나며, 모든 위엄이나 권세가 다 사라지며, 부귀 영화나 권력이나 집이나 논이나 밭이나 산 등의 재물들은 다 떠나지만, 이 큰 행원들은 떠나지 않고 항상 앞 길을 인도할 것입니다. ⑯ 이 사람은 임종하는 즉시 극락세계에 왕생할 것입니다. ⑰ 왕생하는 즉시 모습이 단정하고 엄숙하며 공덕을 구족하고 계시는 문수 보살님과 보현

보살님과 관자재 보살님과 미륵 보살님들께 둘러싸여 계시는 아미타 부처님을 친견할 것입니다. ⑱ 이 사람은 연꽃 세상에 태어나 부처님의 수기를 받고, 수기를 받은 후에는 백천 만억 조경 겁 동안 시방 세계에서 지혜로써 불찰극미진수 모든 중생들을 이롭게 할 것입니다. ⑲ 깨달음의 도량에서 악마들을 항복시키고 최고 바른 깨달음을 이루고 미묘 법문을 설할 것입니다. ⑳ 미래 겁이 다하도록, 불찰극미진수 중생들에게 '최고 바른 깨달음을 이루려는 마음'이 일어나도록 하며, 근기나 성품에 따라 중생들을 교화하고 성숙시키며, 모든 중생들을 이롭게 할 것입니다. ㉑ 선재 동자님! 이 큰 행원을 받아 지녀 독송하며 남에게 널리 전해 주는 사람의 공덕을 부처님께서는 아십니다. ㉒ 이 큰 행원들을 들었으니, 의심하지 말고 잘 받아들여야 합니다. ㉓ 받아들이되 읽고, 읽되 소리내어 읽고, 소리내어 읽되 항상 가까이 하며, 이 경전을 남에게 널리 전해 주어야 합니다. ㉔ 이 행원을 잠시라도 실천하는 사람은 모두 한량없이 많고 가없이 많은 복을 이룰 것입니다. ㉕ 번뇌의 큰 바다에 빠져있는 중생들을 제도하여, 아미타 부처님의 극락 세계에 왕생하도록 할 것입니다.

4장 게송

보현보살 시방세계 두루둘러 보시고
큰소리로 다음같이 게송부르 셨습니다.

1. 부처님을 예배 공경함

시방세계 곳곳마다 두루계시는
과거현재 미래세의 부처님들께
지극정성 몸과말과 마음을다해
빠짐없이 예배하고 공경합니다.

보현행원 깊이믿고 닦은힘으로
일체모든 부처님앞 몸나타내고
낱낱몸은 찰진수몸 또나타내어
부처님께 예배하고 공경합니다.

2. 공덕장엄 찬양찬란함

무진법계 찰미진수 티끌속마다
많고많은 보살들께 싸여계시는
극미진수 부처님들 공덕장엄을

깊이믿고 찬양하고 찬탄합니다.

음악여신 미묘하신 온갖말로써
말들마다 온갖음성 모두내어서
부처님의 깊디깊은 공덕장엄을
일체겁이 다하도록 찬양합니다.

3. 부처님께 일심 공양함

아름답기 그지없는 꽃다발들과
좋은음악 좋은향과 좋은양산들
매우좋고 매우귀한 장엄구로써
한분한분 부처님께 공양합니다.

좋은의복 바르는향 뿌리는향과
태우는향 우유기름 향유등불을
하나하나 수미산의 높이로모아

한분한분 부처님께 공양합니다.

보현보살 높은행원 닦은힘으로
과거현재 미래세의 부처님들을
깊이믿고 이해하는 마음가지며
빠짐없이 두루두루 공양합니다.

4. 업장들을 모두 참회함

한량없이 긴긴세월 내려오면서
탐욕분노 어리석음 삼독때문에
몸과말과 마음으로 지었던죄업
제가지금 빠짐없이 참회합니다.

5. 남의 공덕 모두 따라함

시방삼세 모든중생 공덕행동과
성문연각 유학무학 공덕행동과

보살님과 부처님의 공덕행동을
모두기쁜 마음으로 따라합니다.

6. 설법하길 간절히 청함

시방세계 비추시는 크고큰등불
가장먼저 깨달음을 이루신님께
높디높은 미묘법문 설하시기를
모든정성 다하여서 간청합니다.

7. 이 세상에 계시길 청함

예배공경 찬양찬탄 공양한복덕
오래계심 법문하심 청했던공덕
따라하고 참회하며 지은선근을
중생들과 깨달음에 모두주고서

이세상을 뜨시려는 부처님등께

영원토록 이세상에 함께계시며
중생에게 이로움과 즐거움주길
모든정성 다하여서 간청합니다.

8. 온 세상에 항상 전법함

보현보살 원만행원 닦고익히며
시방삼세 부처님께 공양하면서
높디높은 부처님법 빠뜨리잖고
영원토록 시방삼세 전하렵니다.

시방세계 많고많은 모든중생이
최고바른 깨달음을 모두이루게
최고바른 깨달음을 모두이루신
시방삼세 부처님법 전하렵니다.

9. 모든 중생 편안하게 함

시방삼세 찰미진수 모든세계를
청정하고 아름답게 장엄하시고
큰보리수 나무아래 앉아계시며
보살들에 둘러싸인 부처님처럼

시방삼세 많고많은 모든중생이
깊디깊은 바른법문 배우고익혀
근심걱정 번뇌벗고 안락하도록
영원토록 편안하게 모시렵니다.

10. 나의 공덕 모두 회향함
① 수행공덕 회향합니다.

큰깨달음 향한저의 수행공덕을
중생들이 출가하여 계행을닦고
더럽잖고 깨지잖고 새지않으며

숙명통을 이루도록 회향합니다.

천룡들과 야차들과 구반다들과
인비인등 모든중생 음성으로써
낱낱음성 부처님의 미묘법문을
하나하나 빠짐없이 연설합니다.

② 육바라밀 닦겠습니다.

잠시라도 보리마음 잊지않으며
온갖정성 육바라밀 닦고닦아서
모든업장 모든허물 멸해버리고
일체모든 미묘행원 성취합니다.

연꽃잎이 물방울에 물들지않듯
해와달이 구름위에 찬란하듯이
미혹한업 악마경계 세상사에도

최고바른 깨달음을 이루렵니다.

③ 함께 성숙 하겠습니다.

시방삼세 일체모든 중생들에게
지옥아귀 축생고통 없애어주고
모든기쁨 모든행복 만들어주며
영원토록 이로움을 주겠습니다.

보현보살 큰행원을 닦고닦으며
최고바른 깨달음을 모두이루게
미래세상 일체겁이 다할때까지
영원토록 편안하게 모시렵니다.

④ 함께 행원 닦겠습니다.

보현행원 닦으려는 모든이들과
같은장소 같은곳에 함께모여서

지극정성 몸과말과 마음을다해
모든행원 빠짐없이 닦겠습니다.

나를위해 보현행원 일러주시고
어느때나 나와같이 함께계시며
이로움을 항상주는 선지식들께
어느때나 환희심을 드리렵니다.

⑤ 일심공양 하겠습니다.

찰미진수 미래겁이 다할때까지
힘들어도 하지않고 지겨워않고
불자들에 둘러싸인 부처님들을
항상뵙고 광대공양 올리렵니다.

부처님의 미묘법문 받아지니고
일체모든 보리행을 등불삼아서

찰미진수 미래겁이 다할때까지
지극정성 보현행원 닦겠습니다.

⑥ 이타행동 하겠습니다.

시방삼세 넓은세상 살아가면서
무량복덕 무량지혜 항상지으며
선정지혜 방편얻고 해탈하여서
한량없이 많은공덕 이루렵니다.

티끌마다 찰미진수 세계가있고
세계마다 보살들께 싸여계시는
상상할수 없이많은 부처님전에
보살의길 행동연습 하겠습니다.

⑦ 미묘 법문 하겠습니다.

모든중생 즐겨하는 소리를내고

소리마다 많고많은 음성을내고
음성마다 청정하신 부처님말씀
모든말씀 미묘법문 뿐이옵니다.

부처님은 청정하신 말씀하시고
말씀마다 많고많은 음성을내며
음성마다 모든중생 이롭게하니
모든말씀 미묘법문 뿐이옵니다.

과거현재 미래세의 부처님께서
한량없이 많고많은 말씀으로써
깊은이치 묘한법문 연설하시니
깊디깊은 지혜능력 이루렵니다.

⑧ 불경계에 들어갑니다.

미래세상 모든겁을 빠뜨리잖고

일념중에 두루두루 들어갑니다.
현재세상 과거세상 모든겁들도
일념중에 두루두루 들어갑니다.

과거현재 미래세의 부처님들을
일념중에 두루두루 찾아뵈옵고
해탈위력 항상있는 꿈같은세계
불경계에 머물도록 서원합니다.

⑨ 부처님을 공경합니다.

불찰극미 작고작은 티끌속마다
시방세계 불찰극미 티끌속마다
나타나는 과거현재 미래세상을
아름답고 깨끗하게 장엄합니다.

성도하고 설법하고 교화하시고

하실일을 마치시고 열반드시는
과거현재 미래세상 비추고계신
무량무수 부처님을 친견합니다.

⑩ 깨달음을 이루렵니다.

일념중에 두루하는 신통의힘과
일체문에 두루하는 대승의힘과
지와행을 널리닦은 공덕의힘과
위신으로 널리덮는 자비의힘과

청정장엄 두루하는 복덕의힘과
집착않고 의지않는 지혜의힘과
선정지혜 모든방편 위신의힘과
착한행동 쌓아모은 깨달음의힘

일체모든 선한업을 지었던힘과

일체모든 번뇌들을 멸했던힘과
일체모든 악마들을 항복받은힘
보현행원 원만하게 이루렵니다.

⑪ 모든 행원 이루렵니다.

무량세계 아름답고 깨끗이하며
일체모든 중생들을 해탈시키며
무량법문 빠짐없이 배우고익혀
깊디깊은 무량지혜 이루렵니다.

지극정성 몸과말과 마음을다해
일체모든 행원들을 모두이루며
한량없는 부처님을 공양하면서
권태없이 무량겁을 수행합니다.

최고바른 깨달음의 행원이루신

과거현재 미래세의 부처님들께
보현행원 빠짐없이 행해올리며
높디높은 보살의길 이루렵니다.

⑫ 보현보살 따르렵니다.

부처님의 가르침을 가장잘따른
그이름도 거룩하신 보현보살님
보현보살 지혜행원 모두이루고
제가지은 온갖선근 회향합니다.

시방삼세 많고많은 불국토에서
지극정성 몸과말과 마음을다해
모든지혜 이룩하신 보현보살님
보살께서 가신길을 따르렵니다.

⑬ 문수보살 따르렵니다.

미래세가 다하도록 힘들어않고
미래세가 다하도록 지겨워않고
보현보살 광대행원 모두이루고
문수대원 빠짐없이 이루렵니다.

한량없는 수행들을 닦고닦아서
한량없는 공덕들을 모두이루고
한량없는 선행들을 모두하여서
모든신통 빠짐없이 이루렵니다.

⑭ 모든 선근 회향합니다.

문수보살 용맹지를 모두이루고
보현보살 지혜행을 모두닦은후
문수보현 따르면서 이룬선근을
중생에게 하나하나 회향합니다.

시방삼세 부처님을 찬탄하고서
높디높은 많은행원 모두닦은후
보현보살 높은행원 닦으며이룬
모든선근 빠짐없이 회향합니다.

⑮ 극락왕생 하겠습니다.

목숨다해 임종하는 마지막순간
모든업장 모든장애 소멸시키고
대자대비 아미타불 만나기위해
아미타불 극락세계 왕생합니다.

고통없는 극락세계 왕생후에도
중생에게 이로움을 주기위하여
보현보살 넓고크고 높은행원을
하나하나 빠짐없이 이루렵니다.

부처님의 청정하신 중회도량인
깨끗하고 아름다운 연꽃속에서
무량광불 부처님을 친견하고서
부처님의 성불수기 받겠습니다.

부처님의 성불수기 받은후에도
한량없는 백천만억 몸나타내고
지혜의힘 시방세계 널리펼치어
중생에게 이로움을 주겠습니다.

⑯ 영원토록 닦겠습니다.

허공계와 중생계가 끝날때까지
중생업과 중생번뇌 끝날때까지
이러한것 하나라도 남아있는한
영겁토록 보현행원 닦겠습니다.

⑰ 이 경 공덕 매우 큽니다.

시방삼세 모든세계 채울수있는
온갖보배 부처님께 공양하고서
좋은안락 하늘이나 사람들에게
찰진수겁 보시하는 사람보다도

높디높은 보현행원 잠깐이라도
귀로듣고 마음으로 믿음을내고
간절하게 보살의길 가려고하는
이사람의 공덕들이 더많습니다.

⑱ 모든 공덕 이루렵니다.

한순간도 나쁜마음 가지지않고
영원토록 고통세상 만나지않고
부처님의 한량없는 광명속에서

높디높은 보현행원 이루렵니다.

날때마다 긴긴수명 향유하면서
날때마다 사람으로 환생하여서
보현보살 크고넓은 모든행원을
하나하나 빠짐없이 이루렵니다.

긴긴세월 우둔하고 어리석어서
무간지옥 빠질중죄 지었더라도
보현보살 큰행원을 읽고읽어서
일념중에 모든중죄 소멸합니다.

날적마다 좋은가문 좋은얼굴과
좋은모습 밝은지혜 원만히이뤄
악마들과 외도들의 범접을막고
삼계중생 온갖공양 받으렵니다.

머지않아 보리나무 밑에앉아서
악마군중 빠짐없이 항복받고서
깨달음을 이루고서 법을설하여
모든중생 이로웁게 하겠습니다.

⑲ 수지 독송 하겠습니다.

보현행원 읽고읽어 받아지니고
남들에게 널리널리 전하여주면
부처님은 그과보를 알수있으며
최고바른 깨달음을 이루옵니다.

보현행원 읽는사람 짓는공덕을
아주작은 일부분만 말씀올리면
잠깐동안 생각하는 공덕으로도
중생들이 청정원을 이루옵니다.

고통바다 빠져있는 모든중생이
아미타불 극락세계 왕생하도록
높디높은 보현행원 닦아온공덕
남김없이 중생들께 회향합니다.

게송 결

보~현~ 보살님이 큰행원을 다부르니
선재동자 한량없이 기뻐하며 날뛰었고
보살님들 모두모두 크게기뻐 하였으며
부처님도 기뻐하며 칭찬하시 었습니다.

5장 유통분

부처님이 불가사의 해탈법문 마치시니
문수보살 비롯한~ 거룩하신 보살님들,
이분들이 성숙시킨 육천명의 스님들~,
미륵보살 비롯한~ 현재겁의 보살님들,

보현보살 비롯한~ 일생보처 보살님들,
시방세계 에서오신 극미진수 보살님들,
사리불~ 장로님과 목건련~ 장로님들
큰성문들 비롯한~ 여러하늘 하느님과
용과야차 건달바와 아수라와 가루라와
긴나라와 마후라가 인비인등 모든대중
부처님의 말씀듣고 매우매우 기뻐하며
믿고지녀 받들어~ 행하기로 했습니다.

〈한글세대 보현행원품 끝〉

3

지장경

지장경의 온전한 이름은 지장보살본원경입니다. 간략하게 지장경이라고 합니다. 당연히 지장보살님에 관한 경입니다. 칠정례의 넷째 내용인 "지심귀명례, 큰지혜의 문수보살, 큰행원의 보현보살, 대비심의 관음보살, 큰발원의 지장보살 지극한~ 마음으로 머리숙여 절합니다."에서 보듯이 중국, 한국, 일본 불교에서의 사대보살은 문수보살님, 보현보살님, 관음보살님, 지장보살님입니다.

지장보살님은 '석가모니 부처님 열반에서부터 미륵 부처님 출현까지의 시간, 즉 부처님이 없는 시기인 무불시대'의 중생들을 보살피시도록 부촉받은 보살님이십니다. 그리고 지옥이 완전히 텅텅 빌 때까지 부처가 되지 않겠다는 큰 원을 세웠기 때문에 대원본존 지장보살 마하살이라고 합니다. 절에 있는 명부전의 주인이십니다.

입으로 지은 업을 씻어내는 진언

깨끗이~ 깨끗하게 참으로~ 깨끗하게
완전히~ 깨끗하게 깨끗이~ 살렵니다.
수리수리 마하수리 수수리 사바하(세번)

부처님과 성중님을 모셔오는 진언

일체모든 부처님~ 일체모든 성중님~
이자리에 편안하게 임하시어 주옵소서.
나무 사만다 못다남
옴 도로도로 지미 사바하(세번)

경전 독송 전의 진언

높디높고 깊디깊은 부처님말씀
백천만겁 지나가도 듣기힘든데
제가지금 보고들어 지니었으니
부처님의 진실한뜻 이루렵니다.
옴 아라남 아라다(세번)

한글세대 지장경

1장 도리천 하늘법회

① 부처님께서 어머님을 위하여서 어느 날 도리천 하늘에서 다음같이 하시는 걸 제가 직접 들었으며 제가 직접 봤습니다. ② 시방의[12] 한량없이 많은 세계에서 오신 불가설 불가설[13] 부처님들과 보살님들께서 부처님을 찬탄하셨습니다. 거룩하신 부처님! 부처님께서는 불가사의한 지혜와 신통으로 오탁악세의[14] 중생들에게 행복의 길을 설하십니다. 불행의 길에서 죄를 짓고 고통받는 중생들에게 행복의 길을 설하십니다. ③ 부처님께서 미소를 지으시며 대광명들을[15] 놓으셨습니다. 원만 대광명·자비 대광

명·지혜 대광명·반야 대광명·삼매 대광
명·길상 대광명·복덕 대광명·공덕 대광
명·귀의 대광명·찬탄 대광명 등 백천만억
불가설 대광명들을 놓으셨습니다. ④ 대광
명들을 놓으신 후 법들을[16] 설하셨습니다.
보시 바라밀·지계 바라밀·인욕 바라밀·
정진 바라밀·선정 바라밀·반야 바라밀·
자비희사·해탈·무루지혜·대지혜·사자
후·대사자후·운뢰·대운뢰 등 가지가지
불가설 불가설 거룩한 법들을 설하셨습니
다. ⑤ 사바세계와[17] 다른 세계에서 하느님
들도[18] 오셨습니다. 사천왕천 하느님·도리
천 하느님·수염마천 하느님·도솔타천 하
느님·화락천 하느님·타화자재천 하느님
·범중천 하느님·범보천 하느님·대범천

하느님·소광천 하느님·무량광천 하느님
·광음천 하느님·소정천 하느님·무량정
천 하느님·변정천 하느님·복생천 하느님
·복애천 하느님·광과천 하느님·엄식천
하느님·무량엄식천 하느님·엄식과실천
하느님·무상천 하느님·무번천 하느님·
무열천 하느님·선견천 하느님·선현천 하
느님·색구경천 하느님·마혜수라천 하느
님·비상비비상처천 하느님 등 한량없이
많은 하느님들도 도리천 하늘법회에 오셨
습니다. ⑥ 사바세계와 다른 세계에서 용신
들도[19] 오셨습니다. 바다의 신·강의 신·하
천의 신·물의 신·산의 신·땅의 신·연못의
신·곡식의 신·낮의 신·밤의 신·허공의
신·하늘의 신·음식의 신·초목의 신 등

한량없이 많은 용신들도 도리천 하늘법회에 오셨습니다. ⑦ 사바세계와 다른 세계에서 귀신왕들도[20] 오셨습니다. 악목 귀신왕·담혈 귀신왕·담정기 귀신왕·담태란 귀신왕·행병 귀신왕·섭독 귀신왕·자심 귀신왕·복리 귀신왕·대애경 귀신왕 등 한량없이 많은 귀신왕들도 도리천 하늘법회에 오셨습니다. ⑧ 부처님께서 법왕자 문수보살님께 말씀하셨습니다. 문수 보살님! 사바세계와 다른 세계에서 도리천 하늘법회에 오신 부처님들과 보살님들과 하느님들과 용신들과 귀신들이 보이시지요? 이 분들의 수를 아시겠습니까? ⑨ 문수 보살님께서 말씀드리셨습니다. 거룩하신 부처님! 저의 능력으로는 천겁 동안 헤아려도 다

헤아릴 수가 없습니다. ⑩ 부처님께서 말씀하셨습니다. 문수 보살님! 제가 부처의 눈으로 헤아려도 헤아리기가 어렵습니다. ⑪ 이 분들은 모두 지장 보살님께서 오랜 겁 전부터 이미 제도하여 성취시켰거나 지금 제도하여 성취시키고 있거나 앞으로 제도하여 성취시킬 분들입니다. ⑫ 문수 보살님께서 말씀드리셨습니다. 거룩하신 부처님! 저는 오랫동안 선근을 닦아 무애지를²¹ 이루었기 때문에 부처님의 말씀을 듣고 바로 받아 지닐 수 있습니다. ⑬ 그러나 소승인 성문·하느님이나 용신 등의 팔부신중들은 부처님의 간절하신 말씀을 들어도 받아들이지 못할 것입니다. 받아들였다가도 다시 잊어버릴 것입니다. ⑭ 거룩하신 부처님!

지장 보살님께서는 과거에 어떤 발원을 하고 실천하셨기에 이런 불가사의한 일들을 이루시게 되었는지 자세히 말씀하여 주십시오. ⑮ 부처님께서 말씀하셨습니다. 문수 보살님! 삼천대천세계에 가득한 초목·큰 숲·벼·삼·대나무·갈대·산·돌을 전부 부수어 작은 티끌로 만들었다고 합시다. 그 낱낱 티끌 수만큼 많은 강가강이[22] 있다고 합시다. 그 모든 강가강의 모래 수만큼 많은 세계가 있다고 합시다. 그 모든 세계를 다시 작은 티끌로 만들었다고 합시다. 그 낱낱 티끌 수를 다시 제곱한 수만큼 많은 겁이 있다고 합시다. 지장 보살님께서 십지보살이 되어 지내온 세월만 하여도 위에서 말한 겁보다 천 배나 더 긴 세월입니다. 그런데, 성문이나 벽지불의 지위에 있었던 세월까지 말하면 얼마나 긴 세월이겠습니까! ⑯ 문수 보살님! 지장 보살님의 위신력은 상상할 수 없이 큽니다. 지장 보살님의 조각상이나 탱화 앞에서 찬탄 예경하거나 지장 보살님의 명호를 염송하는 선남자 선여인은 악도에 떨어지지 않고 백번을 삼십삼천에 태어날 것입니다. ⑰ 문수 보살님! 지장 보살님께서는 백천만억 나유타 불가설 불가설[23] 겁 전, 사자분신구족만행 부처님 세계의 큰 부잣집 아들이었습니다. ⑱ 부잣집 아들은 참으로 거룩한 사자분신구족만행 부처님께 여쭈었습니다. "거룩하신 부처님! 부처님께서는 어떤 발원을 하고 실천하셨기에 이렇게도 거룩한 모습을 이루게 되었습니까?" ⑲ 사자분신구족만행 부처님께서 말씀하셨습니다. "오랫동안 고통 중생들을 제도하여 해탈시키면, 이런 몸을 가지게 됩니다." ⑳ 사자분신구족만행 부처님의 말씀을 듣고, 부잣집 아들은 큰 발원을 하였습니다. "사자분신구족만행 부처님! 불가계 겁이 지나고 미래 세상이 다하도록 모든 방법으로 '육도의 고통 중생들'을 모두 해탈시키겠습니다. 제가 최고 바른 깨달음을 이루기 전에 반드시 모든 중생들을 먼저 해탈시키겠습니다." ㉑ 지장 보살님께서는 그로부터 지금까지 백천만억 나유타 불가설 겁 동안 계속 보살의 길을 가고 있습니다. ㉒ 지장 보살님께서는 불가사의 아승기 겁 전, 수명이 사백천만억 아승기 겁인 각화정자재왕 부처님의 법이 번창하던 시대에 어떤 바라문의 딸이었습니다. ㉓ 바라문의 딸은 전생에 심은 복이 많아 여러 사람들의 존경을 받았으며 가거나 서거나 앉아있거나 누워있거나 항상 하느님들의 보호를 받았습니다. ㉔ 그런데 어머니는 미신을 믿고 삼보를[24] 업신여겼습니다. ㉕ 바라문의 딸은 온갖 방법으로 어머니에게 바른 생각을 하도록 권유하였지만, 어머니는 믿지 않다가 목숨을 마쳤으며, 영혼이 무간 지옥에 떨어졌습니다. ㉖ 바라문의 딸은 '어머니가 이 세상에 계실 때 인과를 믿지 않았던 업에 따라 악도에 떨어졌을 것'을 알고 집을 팔아서 좋은 향과 좋은 꽃과 여러 가지 많은 공양물을 준비하여 각화정자재왕 부처님의 탑과 절에 공양하였습니다. ㉗ 한번은 바라문의 딸이 어떤 절에서 장엄 원만하신 각화정자재왕 부처님의 상을 보게 되었습니다. ㉘ 바라문의 딸은 참으로 예배 공경하는 마음으로 간절히 염송하였습니다. "최고 바른 깨달음을 이루고 온갖 지혜를 갖추신 부처님! 어머님 계신 곳을 가르쳐 주십시오." ㉙ 한참 동안 각화정자재왕 부처님을 우러러보며 울고 있는데, 홀연히 공중에서 말소리가 들렸습니다. ㉚ "울고 계시는 성녀님! 너무 슬퍼하지 마십시오. 제가 어머님 계신 곳을 일러드리겠습니다." ㉛ 바라문의 딸은 하늘을 향하여 합장 공경하며 말씀드리셨습니다. "참으로 덕이 높으신 분! 자비를 베푸시어 저의 근심을 풀어 주십시오. 어머님 가신 이후, 어머님 계신 곳을 물을 곳이 없어서 밤낮으로 계속 어머님만 생각하고 있습니다." ㉜ 공중에서 다시 소리가 들렸습니다. "저는 성녀님께서 정성을 다하여 절하고 있는 각화정자재왕 부처입니다. 성녀님께서 어머님을 사랑하는 마음이 보통 사람들보다 두 배도 더 되기 때문에 어머님 계신 곳을 일러드리려고 합니다." ㉝ 각화정자재왕 부처님의 말씀을 듣고 바라문의 딸은 너무나 감격하여 미친 듯이 절을 하여 팔다리가 성한 데 없이 다 다쳐서 쓰러졌습니다. ㉞ 좌우에서 돌보아 한참만에 정신을 차리고 공중을 향하여 말하였습니다. "인자하신 각화정자재왕 부처님! 몸과 마음을 가눌

수가 없습니다. 죽을 것만 같습니다. 저를 불쌍히 여기시어 어머님 계신 곳을 말씀하여 주십시오." ㉟ 각화정자재왕 부처님께서 말씀하셨습니다. "성녀님! 불공을 마치고, 집으로 돌아가서 단정히 앉아 저의 명호를 염송하십시오. 어머님 계신 곳을 알게 될 것입니다." ㊱ 바라문의 딸은 불공을 마치고 집으로 돌아와서 단정히 앉아 어머님을 생각하면서 각화정자재왕 부처님의 명호를 염송하였습니다. ㊲ 하루 밤 하루 낮이 지나자 바라문의 딸은 자신도 모르는 사이에 홀연히 어떤 바닷가에 와있었습니다. ㊳ 바닷물은 펄펄 끓어올랐고, 수없이 많은 사람들이 바다 속에 빠졌다 솟아났다 하며 버둥대고 있었으며, 쇠로 된 많은 맹수들이 바다 위를 이리저리 날아다니며, 사람들을 다투어 물어뜯었습니다. ㊴ 가지가지 형상의 야차들도 있었습니다. 손이 여럿이거나, 눈이 여럿이거나, 다리가 여럿이거나, 머리가 여럿이거나, 날카로운 이빨이 송곳처럼 입 밖으로 튀어나온 야차들이 죄인들을 맹수들에게로 몰아 주기도 하고, 때리기도 하고, 다리와 머리를 서로 묶기도 하였습니다. ㊵ 차마 눈뜨고 볼 수 없을 광경이었지만, 바라문의 딸은 염불의 힘으로 두려움이 전혀 없었습니다. ㊶ 그곳에 있던 무독이라는 귀신왕이 바라문의 딸에게 정중히 합장 공경하며 말하였습니다. "어서 오십시오. 성녀님께서는 무슨 일로 오셨습니까?" ㊷ 바라문의 딸이 물었습니다. "여기가 어디입니까?" ㊸ 무독 귀신왕이 말하였습니다. "이곳은 철위산 서쪽에 있는 첫번째 '업의 바다'입니다." ㊹ 바라문의 딸이 물었습니다. "지옥이 있다는 그 철위산을 말씀하시는 것입니까?" ㊺ 무독 귀신왕이 말하였습니다. "그렇습니다. 지옥이 있는 바로 그 철위산을 말씀드렸습니다." ㊻ 바라문의 딸이 물었습니다. "어떻게 하여 제가 지옥이 있는 이곳에 오게 되었습니까?" ㊼ 무독 귀신왕이 말하였습니다. "이곳은 부처님의 힘에 의지하여 올 수도 있고, 자신의 업력에 이끌려 올 수도 있습니다. 이 두 가지가 아니면, 어느 누구도 이곳에 올 수가 없습니다." ㊽ 바라문의 딸이 물었습니다. "물은 왜 이렇게

끓어오르며, 이 많은 사람들과 이 많은 맹수들은 어떻게 된 것입니까?" ㊾ 무독 귀신왕이 말하였습니다. "나쁜 행동을 많이 하였으며, 착한 행동을 하지 않았으며, '임종 후 칠칠일이[25] 지나도록 아무도 복을 지어 고난에서 건져 주지 않은' 염부제 중생들은 자신의 업력에 이끌려 지옥으로 가게 됩니다. ㊿ 지옥으로 가는 도중에 이 바다를 건너게 됩니다. (51) 이 바다 동쪽으로 십만 유순을 지나면 두 번째 '업의 바다'가 있는데, 그곳의 고통은 여기의 두 배입니다. (52) 두 번째 바다 동쪽에 세 번째 '업의 바다'가 있는데, 그곳의 고통은 다시 두 배입니다. (53) 이 고통들은 '몸으로 짓고 입으로 짓고 마음으로 지은 업' 때문에 받는 것입니다. 그래서 이 바다들을 업의 바다라고 합니다." (54) 바라문의 딸이 물었습니다. "지옥은 어떤 곳입니까?" (55) 무독 귀신왕이 말하였습니다. "세 바다를 지나면 수백천의 가지가지 많은 지옥들이 있습니다. 큰 지옥이 열 여덟, 중간 지옥이 오 백, 작은 지옥이 천백이나 되며, 지옥의 고초는 한량없이 크고 지독합니다." (56) 바라문의 딸이 물었습니다. "저의 어머님은 돌아가신 지가 얼마 되지 않았습니다. 어머님의 영혼이 계시는 곳을 알 수 있겠습니까?" (57) 무독 귀신왕이 물었습니다. "성녀님의 어머님께서는 생전에 어떤 일을 하셨습니까?" (58) 바라문의 딸이 말하였습니다. "저의 어머님은 생각이 바르지 않았습니다.

부처님을 비방하고, 부처님의 법을 비방하고, 거룩한 대중들을 비방하였습니다. 잠깐 믿다가도 금방 공경하지 않는 쪽으로 마음이 바뀌었으며, 돌아가신 지 얼마 되지 않았습니다. 지금 계시는 곳을 알 수가 있겠습니까?" ⑤⑨ 무독 귀신왕이 물었습니다. "성녀님! 어머님의 성함은 무엇입니까?" ⑥⓪ 바라문의 딸이 말하였습니다. "부모님은 모두 바라문 족으로 아버님은 시라선견이고, 어머님은 열제리입니다." ⑥① 무독 귀신왕이 합장 공경하며 말하였습니다. "성녀님! 슬퍼하지 마시고 집으로 돌아가십시오. 죄인이었던 열제리는 삼 일 전에 이미 하느님으로 태어나셨습니다. ⑥② 효녀인 성녀님께서 어머님을 위하여 각화정자재왕

부처님의 탑에 보시한 공덕으로 어머님께
서는 지옥에서 벗어나셨습니다. ⑥③ 성녀님
의 어머님만 지옥에서 벗어난 것이 아니고,
이날 무간 지옥에 있던 죄인들은 모두 하늘
나라에서 복을 누리게 되었습니다." ⑥④ 무
독 귀신왕이 이 말을 마치고 합장하자, 바
라문의 딸은 자신도 모르는 사이에 홀연히
다시 집으로 돌아와 있었습니다. ⑥⑤ 바라문
의 딸은 정신을 가다듬고 각화정자재왕
부처님의 탑 앞에서 큰 발원을 하였습니다.
"미래 겁이 다하도록 온갖 방법으로 죄고
중생들을 해탈시키겠습니다." ⑥⑥ 문수 보
살님! 무독 귀신왕은 지금의 재수 보살님이
시고, 바라문의 딸은 지금의 지장 보살님이
십니다.

① 백천만억 불가사 불가의 불가량 불가설 무량 아승기 세계의 여러 지옥에 계시던 지장 보살님의 분신들도 모두 도리천 하늘 법회에 오셨습니다. ② 오랜 겁 동안 생사 육도를 떠돌면서 잠시도 쉬지 못하며 고통을 겪다가, '지장 보살님께서 부처님의 힘에 의지하여, 넓고 큰 자비와 깊은 발원으로 제도하여', 업도에서 벗어나 최고 바른 깨달음으로 나아가고 있는 천만억 중생들'도 도리천 하늘법회에 왔습니다. ③ 모두 뛸 듯이 기뻐하며 잠시도 눈을 떼지 못하고 부처님을 우러러보며 향과 꽃을 올렸습니다. ④ 부처님께서 금빛 팔을 펴시어 백천만억 불가사 불가의 불가량 불가설

무량 아승기 세계에서 오신 지장 보살님의 분신들의 이마를 어루만지며 말씀하셨습니다. ⑤ 오탁악세 불행의 길에서 죄를 짓고 고통받는 중생들을 제가 교화하여, 나쁜 행동을 하지 않고 착한 행동을 하도록 제도하고 있지만 열에 한둘은 지금도 나쁜 습관을 버리지 못하고 있습니다. ⑥ 천백억 분신으로 여러 방법으로 제도하고 있지만, 근기가 매우 높고 지혜로운 중생들은 법을 들으면 바로 믿고. 근기가 약간 높고 착한 중생들은 간절히 가르치면 믿고, 근기가 약간 낮고 우둔한 중생들은 오랫동안 교화하여야 겨우 귀의하고, 근기가 매우 낮고 업이 무거운 중생들은 끝까지 공경하지 않았습니다. ⑦ 각기 다른 중생들은 각기 다른

분신으로 제도하였습니다. ⑧ 남자가 되어 제도하기도 하고, 여인이 되어 제도하기도 하였습니다. 하느님이나 용신이나 귀신 혹은 산·숲·내·강·못·샘·우물이 되어 제도하여 해탈시키기도 하였습니다. 제석천 하느님·범천 하느님·전륜성왕·거사·국왕·국무총리·공무원·남자 스님·여자 스님·남자 신도·여자 신도가 되어 제도하기도 하고, 성문·아라한·벽지불·보살 등이 되어 제도하기도 하였습니다. ⑨ 부처가 되어서만 제도한 것이 아닙니다. ⑩ 불행의 길에서 죄를 짓고 고통받는 중생들을 여러 겁 동안 힘들여 제도하였으나, 아직도 제도하지 못한 중생들이 있습니다. ⑪ 사바세계에 미륵 부처님께서 오실 때까지 중생들이

고통이나 괴로움을 받지 않도록 하여 주시고, 부처님의 수기를[26] 받을 수 있도록 하여 주십시오. ⑫ 죄업을 따라 악도에서 고통을 받는 중생을 보면, 제가 이 도리천에서 간절히 부탁하던 일을 생각하여 주십시오. ⑬ 이때에 여러 세계에서 오신 지장 보살님의 분신들이 다시 한 몸이 되어 애절하게 눈물을 흘리며 부처님께 말씀드리셨습니다. 거룩하신 부처님! 부처님의 가르침을 잘 받들겠습니다. ⑭ 불가사의한 큰 신통과 지혜로 백천만억 강가강의 모래 수만큼 많은 세계를, 한 세계도 빠뜨리지 않고 두루 백천만억 분신으로 나타나서, 한 몸 한 몸마다 백천만억 중생들을 제도하여 삼보께 귀의하도록 하겠습니다. ⑮ 태어남과

죽음에서 벗어나 열반의 큰 기쁨을 누리도록 하겠습니다. ⑯ 부처님의 법을 믿고, 털끝 하나·물 한 방울·모래 한 알·티끌 하나·먼지 하나 만큼이라도 착한 행동을 한 사람은 모두 제도하여 해탈의 큰 기쁨을 누리도록 하겠습니다. ⑰ 거룩하신 부처님! 미래 세상의 악업 중생들은 염려하지 마십시오! 미래 세상의 악업 중생들은 염려하지 마십시오! 미래 세상의 악업 중생들은 염려하지 마십시오! ⑱ 부처님께서 지장 보살님을 찬탄하셨습니다. 그렇게 하겠습니다. 보살님께서 말씀하신 대로 하겠습니다. ⑲ 보살님께서 큰 발원을 하셨으니 앞으로도 널리 중생들을 제도하여 최고 바른 깨달음을 이루도록 하여 주십시오.

① 부처님의 어머님인 마야 부인께서 합장 공경하며 지장 보살님께 말씀하셨습니다. 성현님! 염부제 중생들의 업보에 관해 말씀하여 주십시오. ② 지장 보살님께서 말씀하셨습니다. 성모님! 염부제에는 천만세계가 있습니다. ③ 지옥이 있는 세계도 있고, 없는 세계도 있습니다. ④ 여인이 있는 세계도 있고, 없는 세계도 있습니다. ⑤ 부처님의 법이 있는 세계도 있고, 없는 세계도 있습니다. ⑥ 성문이나 벽지불도 마찬가지입니다. ⑦ 지옥의 죄보도 각기 다릅니다. ⑧ 마야 부인께서 말씀하셨습니다. 성현님! 염부제의 죄보에 대하여 알고 싶습니다. ⑨ 지장 보살님께서 말씀하셨습니다.

성모님! 간략하게 말씀드리겠습니다. ⑩ 마야 부인께서 말씀하셨습니다. 성현님! 자세히 잘 듣겠습니다." ⑪ 지장 보살님께서 말씀하셨습니다. 염부제의 죄보는 다음과 같습니다. 첫째, 부모를 살해하는 등의 심한 불효를 저지른 중생들은 무간 지옥에 떨어져 천만억 겁 동안 벗어나지 못합니다. 둘째, 부처님의 몸에 피를 내거나 경전을 훼손한 중생들도 무간 지옥에 떨어져 천만억 겁 동안 벗어나지 못합니다. 셋째, 절 안에서 음행을 하거나 죽이거나 상처를 입히는 등 스님들을 욕보이는 중생들도 무간 지옥에 떨어져 천만억 겁 동안 벗어나지 못합니다. 넷째, 마음은 스님이 아니면서 스님 행세를 하며, 신도들을 속이거나 계율을 어기는 등 상습적으로 나쁜 행동을 하는 중생들도 무간 지옥에 떨어져 천만억 겁 동안 벗어나지 못합니다. 다섯째, 남의 재물이나 곡식이나 음식이나 의복을 상습적으로 한 가지라도 뺏거나 훔치는 중생들도 무간 지옥에 떨어져 천만억 겁 동안 벗어나지 못합니다. ⑫ 성모님! 이 같은 죄를 짓는 중생들은 무간 지옥에 떨어져 잠시도 고통에서 벗어나지 못합니다. ⑬ 마야 부인께서 말씀하셨습니다. 무간 지옥은 어떤 곳입니까? ⑭ 지장 보살님께서 말씀하셨습니다. 성모님! 지옥은 모두 철위산에 있는데, 이름이 각기 다른 큰 지옥이 열여덟 곳, 중간 지옥이 오백 곳, 작은 지옥이 천백 곳입니다. ⑮ 무간 지옥의 성은

둘레가 팔만 리이며, 성벽은 순전히 쇠로 되어있고, 높이는 만 리이며 성 위에는 불더미가 쉴 틈 없이 이글거리며, 이름이 각각 다른 여러 지옥들이 서로 이어져 있으며, 이 중에 무간 지옥이라는 특별한 지옥이 있습니다. ⑯ 무간 지옥의 담장 둘레는 만팔천 리이며, 담장 높이는 천리이며, 아래의 불은 위로 치솟고 위의 불은 아래로 내리 붙고, 쇠로 된 뱀과 쇠로 된 개가 불을 토하며 담장 위를 동서로 달립니다. ⑰ 무간 지옥에는 폭이 만 리나 되는 평상이 있는데, 한 사람이 죄를 받아도 가득 차고, 천만 사람이 죄를 받아도 가득 차는데, 온갖 죄업 때문에 이 같은 죄보를 받게 되는 것입니다. ⑱ 죄인들은 온갖 고초를 다

받습니다. '이빨이 송곳 같고 눈이 번개 같고 손가락이 쇠갈퀴 같은 천백 야차들'이 죄인의 창자를 끄집어내어서 토막토막 자릅니다. 쇠창으로 죄인의 입과 코를 찌르기도 하고, 배나 등을 찌르기도 하고, 공중으로 던졌다가 도로 받아서 평상 위에 놓기도 합니다. 쇠로 된 매가 죄인의 눈을 파먹기도 하고, 쇠로 된 뱀이 죄인의 목을 감아 조이기도 하고, 온몸 마디마디에 긴 못을 박기도 하고, 혀를 빼어 다른 죄인에게 쟁기로 갈도록 하기도 하고, 구리쇳물을 입에 붓기도 하고, 뜨거운 철사로 몸을 감아서 만번 죽었다 만번 살렸다 하기도 합니다. 무간 지옥 죄수들은 억 겁이 지나도 이와 같은 업보에서 벗어나지 못합니다. ⑲ 그러다가

이 세계가 무너지면 다른 세계로 옮겨가서
고통을 받고, 그 세계가 무너지면, 또 다른
세계로 옮겨가서 고통을 받고, 이 세계가
이루어지면 다시 돌아와서 고통을 받습니
다. ⑳ 무간 지옥의 죄보는 '다섯 가지 빈틈
없음'이 있으므로 오무간 지옥이라고 하기
도 합니다. 첫째, '밤낮으로 빈틈없이 계속'
죄를 받기 때문에 무간입니다. 둘째, 한
사람이라도 '빈틈없이 가득 차고' 많은 사람
이라도 '빈틈없이 차기' 때문에 무간입니
다. 셋째, 몽둥이·독수리·뱀·이리·개·맷
돌·톱·도끼·끓는 가마·철망·철사·쇠로
된 나귀·쇠로 된 말 등의 형틀이 빈틈없이
모두 있으며, 생가죽으로 머리를 조르기,
뜨거운 쇳물을 몸에 붓기, 쇠로 된 구슬을

삼키게 하기, 목말라 할 때 뜨거운 쇳물을 마시게 하기 등의 형벌이 빈틈없이 모두 있습니다. '온갖 형틀과 온갖 형벌이 빈틈없이 모두 있기' 때문에 무간입니다. 넷째, 남자·여자·오랑캐·늙은이·어린이·천한이·용신·하느님·귀신 할 것 없이, 죄를 지은 중생들은 '빈틈없이 모두' 죄보를 받기 때문에 무간입니다. 다섯째, '매일 빈틈없이 만번 죽었다가 만번 태어나기' 때문에 무간입니다. ㉑ 성모님! 무간 지옥에 대하여 간단히 말씀드렸습니다. 형틀이나 형벌을 자세히 말씀드리려면 한 겁 동안 말씀드려도 다 말씀드릴 수가 없습니다. ㉒ 지장 보살님의 말씀을 듣고 마야 부인께서 고마워하며 합장 공경하였습니다.

① 지장 보살님께서 말씀드리셨습니다. 거룩하신 부처님! 제가 백천만억 세계에 두루 몸을 나투어 많은 업보 중생들을 제도하고 있습니다마는, 부처님의 큰 자비의 힘이 없었더라면 제도할 수 없었을 것입니다. ② 다시 부처님의 부탁을 받았으니 미륵 부처님께서 세상에 오실 때까지 육도 중생들을 더욱 열심히 해탈시키겠습니다. ③ 거룩하신 부처님! 염려하지 마십시오. ④ 부처님께서 지장 보살님께 말씀하셨습니다. 지장 보살님! 성식이 미혹한 중생들은 나쁜 행동을 하여 고통을 받기도 하고 착한 행동을 하여 복을 누리기도 하며, 티끌 수 겁 동안을 잠시도 쉬지 못하고 육도를 윤회

합니다. ⑤ 그물 속에 갇혀있는 물고기처럼 육도에 갇혀 윤회하는 중생들을 걱정하였는데, 보살님께서 이미 과거 여러 겁에 걸쳐 중생들을 제도하였을 뿐만 아니라 미래에도 널리 제도하시겠다고 하니 걱정하지 않겠습니다. ⑥ 부처님의 말씀을 듣고, 정자재왕 보살님께서 말씀드리셨습니다. 거룩하신 부처님! 지장 보살님은 여러 겁 동안 각각 어떤 발원을 하셨기에 부처님의 지극하신 찬탄을 받게 되었습니까? 간략하게라도 말씀하여 주십시오. ⑦ 부처님께서 말씀하셨습니다. 정자재왕 보살님! 말씀드리겠습니다. 자세히 말씀드리겠습니다. ⑧ 무량 아승기 나유타 불가설 겁 전에 수명이 육만 겁인 일체지성취 부처님께서[27] 세상에 출현하셨습니다. ⑨ 일체지성취 부처님께서는 출가 전에 작은 나라의 왕이었습니다. 이웃나라 왕과 더불어 열 가지 착한 행동으로[28] 중생들을 이롭게 하였는데, 백성들이 나쁜 행동을 많이 하여 두 왕이 함께 방법을 강구하였습니다. ⑩ 한 왕은 '빨리 성불하여, 모든 중생들을 남김없이 제도하겠다'고 발원하였고, 다른 왕은 '내가 성불하기 전에 반드시 모든 중생들을 먼저 제도하여 최고 바른 깨달음을 이루도록 하겠다'고 발원하였습니다. ⑪ 빨리 성불하기로 발원한 왕이 일체지성취 부처님이시고, 모든 중생들을 먼저 제도하기로 발원한 왕이 지장 보살님이십니다. ⑫ 또 무량 아승기 겁 전에, 수명이 사십 겁인 청정연화목 부처님께서 세상에 출현하셨습니다. ⑬ 청정 연화목 부처님의 법이 번창하던 시대에[29] 어떤 아라한이 중생들을 널리 제도하다가 광목이라는 여인의 음식 공양을 받고 물었습니다. "무엇을 도와 드릴까요?" ⑭ 광목 여인이 말하였습니다. "돌아가신 어머님을 천도하여 드리고 싶은데 어머님 계신 곳을 알 수가 없습니다." ⑮ 아라한이 가엾게 여기어, 선정에 들어 광목 여인의 어머니를 찾아보니, 지옥에서 모진 고통을 받고 있었습니다. ⑯ 아라한이 광목 여인에게 물었습니다. "어머님께서는 지금 지옥에서 매우 큰 고통을 겪고 있습니다. 생전에 어떤 업을 지었습니까?" ⑰ 광목 여인이 말하였습니다. "저의 어머님은 물고기나 자라 등을 즐겨 드셨고, 특히 어린 새끼들을 많이 드셨습니다. 지지거나 볶아서 드신 수가 천만도 넘을 것입니다. 존귀하신 분! 저를 불쌍히 여기시어 어머님을 구할 수 있는 방법을 가르쳐 주십시오." ⑱ 아라한이 가엾게 여기어 광목 여인에게 방법을 말하여 주었습니다. "청정연화목 부처님의 조각상이나 탱화[30] 앞에서 지극 정성으로 청정연화목 부처님의 명호를 염송하면, 산 사람도 죽은 사람도 모두 좋은 과보를 누리게 됩니다." ⑲ 이 말을 듣고 광목 여인이 청정연화목 부처님의 상 앞에서 아끼던 재물을 공양 올리며 간절히 절하였습니다. ⑳ 하루 밤이 지나자, 금빛이 찬란하고 수미산처럼 크신 청정연화목 부처님께서 나타나 큰 광명을 놓으시며 광목 여인에게 말씀하셨습니다.
㉑ "어머님께서는 곧 보살님 댁에 태어날
것입니다. ㉒ 그리고 배고프고 추운 것을
알 정도만 되면 바로 말을 하게 될 것입니
다." ㉓ 얼마 후에 한 하녀가 아들을 낳았는
데, 태어난 지 사흘이 되자 아이는 광목
여인에게 머리를 조아리며 간절히 말하였
습니다. ㉔ "저는 얼마 전에 죽은 '보살님의
어미'입니다. ㉕ 생사의 업보는 모두 자기
가 받게 마련입니다. ㉖ 보살님과 헤어진
후 오랫동안 참으로 암울하게 지냈습니다.
㉗ 큰 지옥에 떨어졌다가 보살님의 복력으
로 다시 보살님 댁에 태어났습니다. 그러
나, 천한 신분으로 태어났으며, 단명하여
열 세 살이 되면 다시 지옥에 떨어질 것입니

다. ㉘ 보살님께서 저의 업보를 벗겨줄 방법이 없겠습니까?" ㉙ 이 말을 듣고 광목 여인이 목메어 울면서, 어머니였던 '하녀의 아들'에게 말하였습니다. "어머님께서는 전생의 죄를 모두 아실 것입니다. 어떤 업을 지었기에 지옥에 떨어지게 되셨습니까?" ㉚ 어머니였던 '하녀의 아들'이 말하였습니다. "살생을 하고 욕을 하였던 두 가지 업으로 지옥 과보를 받게 되었습니다. 보살님께서 복을 지어 저를 구하여 주지 않으셨다면 지옥에서 벗어날 수 없었을 것입니다." ㉛ 광목 여인이 물었습니다. "지옥의 죄보는 어떻습니까?" ㉜ 어머니였던 '하녀의 아들' 이 말하였습니다. "지옥의 고통은 차마 말로 할 수 없을 정도입니다. 백년 천년을 말하더라도 다 말하기 어렵습니다." ㉝ 이 말을 듣고 광목 여인이 통곡하며 허공을 향하여 말하였습니다. "어머님을 지옥에서 영원히 벗어나도록 하여 주십시오. 열세 살이 지나도 무거운 죄보를 받지 않도록 하여 주십시오. 다시는 악도에 떨어지지 않도록 하여 주십시오. ㉞ 시방의 모든 부처님들! 저를 불쌍히 여기시어, 어머님을 위한 저의 간절한 소원을 들어 주십시오! ㉟ 어머님께서 삼악도나[31] 미천한 신분이나 여인의 몸을 영원히 벗어나도록 하여 주십시오. ㊱ 청정연화목 부처님께 맹세하겠습니다. '지옥·아귀·축생도에서 고통받고 있는 중생들을, 오늘부터 백천만억 겁 동안, 모두 구원하여 영원히 삼악도를 떠나

모두 성불하도록 하겠습니다. 제가 최고 바른 깨달음을 이루기 전에 반드시 모든 중생들을 먼저 성불시키겠습니다.” ㊲ 이 발원을 듣고 청정연화목 부처님께서 말씀하셨습니다. “참으로 자비로우신 광목 보살님! 어머님을 위하여 큰 발원을 하셨습니다. ㊳ 어머님께서는 열세 살이 되어도 지옥으로 가지 않을 것입니다. ㊴ 범천에 태어나서 백세를 누릴 것이며, 후에는 무우국토에[32] 태어나 불가계 겁을 살고, 또 그 후에는 부처님이 되어 강가강의 모래 수만큼 많은 사람과 하느님들을 제도할 것입니다.” ㊵ 부처님께서 말씀하셨습니다. 정자재왕 보살님! 광목 여인을 제도한 아라한은 지금의 무진의 보살님이시고, 광목 여인의 어머님은 지금의 해탈 보살님이시며, 광목 여인은 지금의 지장 보살님이십니다. ㊶ 참으로 자비로우신 지장 보살님께서는 오랜 겁 동안 강가강의 모래 수만큼 많은 발원으로 널리 중생들을 제도하셨습니다. ㊷ 인과를 믿지 않고, 착한 행동을 하지 않고, 간음이나 망어나 양설이나 악구 등의 나쁜 행동을 하고, 대승을 비방하는 중생들은 모두 악도에[33] 떨어지게 됩니다. ㊸ 그러나 선지식의 안내를 받아 일심으로 지장 보살님의 명호를 염송하면 삼악도에서 벗어날 수 있게 됩니다. ㊹ 향·꽃·의복·진귀한 보배·음식 등을 공양하며, 지극한 마음으로 공경하고 절하고 찬탄하는 중생은 백천만 겁 동안 계속 하늘나라에서 많은 복을 누리게 됩니다. ㊺ 하느님의 복이 다하여 다시 사람으로 태어나더라도 백천 겁 동안 계속 제왕이 되고 과거 세상의 인과를 알 수 있게 됩니다. ㊻ 정자재왕 보살님! 지장 보살님은 불가사의한 큰 힘으로 널리 중생들을 이롭게 합니다. ㊼ 모든 보살님들은 지장경을 널리 유포시켜야 합니다. ㊽ 정자재왕 보살님께서 합장 공경하며 말씀드리셨습니다. 거룩하신 부처님! 염려하지 마십시오. ㊾ 저희 천만억 보살들은 부처님의 힘을 받들고 지장경을 널리 설하여 염부제 중생들을 이롭게 하겠습니다. ㊿ 사천왕님들이 자리에서 일어나 합장 공경하며 말씀드리셨습니다. 거룩하신 부처님! 지장 보살님께서 그렇게 오랜 겁 동안 큰 발원을 이루었다면, 어찌하여 아직도 중생들을 다 제도하지 못하고 또 다시 광대 발원을 하여야 합니까? 거룩하신 부처님! 말씀하여 주십시오. (51) 부처님께서 말씀하셨습니다. 사천왕님! 잘 물으셨습니다. 참으로 잘 물으셨습니다. 사천왕님들과 하느님들과 사람들을 널리 이롭게 하기 위하여 말씀드리겠습니다. '자비로우신 지장 보살님께서 사바세계 염부제에서 생사 죄고 중생들을 제도하고 해탈시키시는 일'에 대하여 말씀드리겠습니다. (52) 사천왕님들이 말씀드리셨습니다. 거룩하신 부처님! 잘 듣겠습니다. 자세히 잘 듣겠습니다. (53) 부처님께서 말씀하셨습니다. 사천왕님! 지장 보살님께서는 오랜 겁 전부터 오늘까지 중생들을 제도하여 해탈시켜 오고 있지만, 아직도 그 발원을 다 이루지 못하셨습니다. ⑤④ 미래 무량 겁까지 업이 끊이지 않고 이어지는 죄고 중생들을 가엾게 여겨, 거듭 거듭 발원하여 백천만억 방법으로 교화하고 계십니다. ⑤⑤ 사천왕님! 지장 보살님은, 살생하는 자를 만나면 후생의 단명 과보를 말하여 주고, ⑤⑥ 도둑질하는 자를 만나면 가난으로 고생하는 과보를 말하여 주고, ⑤⑦ 간음하는 자를 만나면 공작이나 비둘기나 원앙새가 되는 과보를 말하여 주고, ⑤⑧ 남을 지탄하는 자를 만나면 친인척과 다투는 과보를 말하여 주고, ⑤⑨ 남을 험담하는 자를 만나면 혀가 없거나 입이 허는 과보를 말하여 주고, ⑥⓪ 성내는 자를 만나면 얼굴이 추한 과보를 말하여 주고, ㉖ 인색하고 탐욕스러운 자를 만나면 이루려는 것을 이루지 못하는 과보를 말하여 주고, ㉖ 음식을 나눠 먹지 않는 자를 만나면 배고프고 목마르고 목에 병이 생기는 과보를 말하여 주고, ㉖ 사냥을 하는 자를 만나면 놀라서 목숨을 잃는 과보를 말하여 주고, ㉖ 부모의 뜻을 어기어 불효하는 자를 만나면 천재지변으로 죽게 되는 과보를 말하여 주고, ㉖ 산이나 숲에 불을 지르는 자를 만나면 미쳐서 헤매다가 죽게 되는 과보를 말하여 주고, ㉖ 자식에게 악독하게 하는 자를 만나면 내생에 자식으로 태어나서 매맞는 과보를 말하여 주고, ㉖ 그물로 새를 잡는 자를 만나면 가족이 생이별하는 과보를 말하여 주고, ⑱ 부처님이나 부처님의 법이나 거룩한 대중들을 비방하는 자를 만나면 봉사가 되고 귀머거리가 되고 벙어리가 되는 과보를 말하여 주고, ⑲ 부처님의 법을 가벼이 여기는 자를 만나면 오랫동안 악도에서 고통받는 과보를 말하여 주고, ⑳ 상습적으로 도둑질을 하는 자를 만나면 억 겁 동안 지옥에서 고통받는 과보를 말하여 주고, ㉑ 죄없는 사람을 무고하게 욕보이는 자를 만나면 오랫동안 축생이 되는 과보를 말하여 주고, ㉒ 끓는 물이나 불이나 흉기로 생명을 다치게 하는 자를 만나면 그러한 고통을 되받는 과보를 말하여 주고, ㉓ 도덕이나 계율을 지키지 않는 자를 만나면 새나 짐승이 되어 굶주리는 과보를 말하여 주고, ⑦ 물건을 함부로 마구 쓰는 자를 만나면 필요할 때에 없어서 못 쓰게 되는 과보를 말하여 주고, ⑦ 교만한 자를 만나면 미천한 종이 되는 과보를 말하여 주고, ⑦ 이간질하여 싸움을 붙이는 자를 만나면 혀가 없거나 여럿이 되는 과보를 말하여 주고, ⑦ 소견이 삿된 자를 만나면 혼란스러운 세상에 태어나는 과보를 말하여 줍니다. ⑦ 염부제 중생들이 몸과 말과 마음으로 나쁜 업을 지은 결과로 받게 되는 백천 가지 과보에 대하여 자상하게 말하여 줍니다. ⑦ 지장 보살님께서 염부제 중생들을 백천의 가지가지 방법으로 교화하고 있지만, 일부 중생들은 지금도 죄업을 짓고 죄보를 받기도 하고, 지옥에 떨어져 여러 겁이 지나도록 벗어나지 못하기도 합니다. ⑧ 사천왕님들께서도 사람을 보호하고 나라를 보호하여 중생들이 죄업을 짓지 않도록 하여 주십시오. ㉛ 부처님의 말씀을 듣고 사천왕님들이 감격의 눈물을 흘리며 합장 공경하였습니다.

5장 지옥

① 이때에 보현 보살님께서 말씀하셨습니다. 지장 보살님! 하느님이나 용신 등의 팔부신중들과 말법 중생들을 위하여 사바세계 염부제 중생들의 지옥 죄보에 관해 말씀하여 주십시오. ② 지장 보살님께서 말씀하셨습니다. 보현 보살님! 큰 스승이신 부처님의 힘을 받들고, 각 지옥 죄보에

대하여 간략히 말씀드리겠습니다. ③ 보현 보살님! 염부제의 동쪽에 철위산이 있는데 철위산은 어둡고 깊어서 햇빛이나 달빛이 없습니다. ④ 철위산에는 극무간 지옥·대아비 지옥·사각 지옥·비도 지옥·화전 지옥·협산 지옥·통창 지옥·철거 지옥·철상 지옥·철우 지옥·철의 지옥·천인 지옥·철려 지옥·양동 지옥·포주 지옥·유화 지옥·경설 지옥·좌수 지옥·소각 지옥·담안 지옥·철환 지옥·쟁론 지옥·철수 지옥·다진 지옥 등의 지옥들이[34] 있습니다. ⑤ 보현 보살님! 철위산에는 이외에도 수없이 많은 지옥들이[35] 있습니다. ⑥ 규환 지옥·발설 지옥·분뇨 지옥·동쇄 지옥·화상 지옥·화구 지옥·화마 지옥·화우 지옥·화산 지옥·

화석 지옥·화상 지옥[36]·화량 지옥·화웅 지옥·거아 지옥·박피 지옥·음혈 지옥·소수 지옥·소각 지옥·도자 지옥·화옥 지옥·철옥 지옥·화량 지옥 등이 있습니다. 각 지옥에는 별도로 하나, 둘, 셋, 넷, 백, 천의 작은 지옥들이 있습니다. ⑦ 보현 보살님! 이 지옥들은 모두 염부제에서 나쁜 행동을 한 중생들의 업보로 생긴 것입니다. ⑧ 업력은 수미산보다 더 크고 큰 바다보다 더 깊어서 성스러운 길을 해칩니다. ⑨ 작은 악은 죄가 되지 않는다며 가벼이 여기지 말아야 합니다. ⑩ 죽은 뒤에는 털끝만 한 죄에 대하여서도 다 과보를 받으며, 부모와 자식간에도 대신 받아줄 수가 없습니다. ⑪ 제가 부처님의 힘을 받들고, 지옥의 죄보에 대하여 간략히 말씀드리겠습니다. 성심껏 말씀드리겠습니다. ⑫ 보현 보살님께서 말씀하셨습니다. 지장 보살님! 제 자신은 이미 오래 전부터 삼악도의 죄보를 알고 있습니다. ⑬ 지금 보살님께 부탁드리는 것은 말법세상 악행 중생들이 보살님의 말씀을 듣고 부처님의 법을 행하도록 하려는 것입니다. ⑭ 지장 보살님께서 말씀하셨습니다. 보현 보살님! 지옥의 죄보는 다음과 같습니다. ⑮ 죄인의 혀를 빼어 소가 쟁기로 가는 지옥도 있고, ⑯ 죄인의 심장을 빼어 야차가 먹는 지옥도 있고, ⑰ 펄펄 끓는 가마에 죄인의 몸을 삶는 지옥도 있고, ⑱ 벌겋게 달군 구리 기둥을 죄인에게 안도록 하는 지옥도 있고, ⑲ 맹렬한 불길

이 죄인을 덮치는 지옥도 있고, ⑳ 언제나 얼음처럼 추운 지옥도 있고, ㉑ 똥·오줌이 한량없이 많은 지옥도 있고, ㉒ 쇠뭉치가 날아드는 지옥도 있고, ㉓ 많은 불 창으로 찌르는 지옥도 있고, ㉔ 몽둥이로 가슴과 등을 내려치는 지옥도 있고, ㉕ 손·발을 불태우는 지옥도 있고, ㉖ 쇠로 된 뱀이 칭칭 감는 지옥도 있고, ㉗ 쇠로 된 개가 쫓아오는 지옥도 있고, ㉘ 쇠로 된 나귀를 타도록 하는 지옥도 있습니다. ㉙ 보현 보살님! 옥마다 백천 가지 형틀이 있습니다. ㉚ 형틀들은 모두 구리나 쇠나 돌이나 불로 되어 있습니다. ㉛ 이 네 가지는 업보로 생겨난 것입니다. ㉜ 각 지옥마다 백천 가지 고통들이 있습니다. 그런데 그 많은 지옥의 형틀이나 고통들은 얼마나 많겠습니까! ㉝ 제가 부처님의 힘에 의지하여 보살님의 질문에 간략히 말씀드렸습니다. 자세히 말씀드리려면 겁이 다하여도 다 말씀드리지 못할 것입니다.

6장 부처님의 찬양찬탄

① 부처님께서 큰 광명들을 놓으시어 백천억 강가강의 모래 수만큼 많은 세계를 두루 비추시며 모든 세계에 다 들리는 큰 목소리로 말씀하셨습니다. ② 보살님들과 하느님·용신·귀신·인비인들이여! 잘 들으십시오. 지장 보살님께서 시방 세계에서 불가사의한 큰 자비로 많은 죄고 중생들을 구제하시는 일을 찬양찬탄 하겠습니다. ③ 제가

열반한 후 보살님들과 하느님들과 용신들과 귀신들께서는 모든 중생들에게 지장경을 독송하도록 하여 열반의 큰 기쁨을 누리도록 하여 주십시오. ④ 부처님의 말씀을 듣고 보광 보살님께서 합장 공경하며 말씀드리셨습니다. 거룩하신 부처님! 부처님께서는 지장 보살님의 불가사의한 큰 위신력을 찬탄하시겠다고 하셨습니다. ⑤ 거룩하신 부처님! 지장 보살님께서 사람과 하느님을 이롭게 하는 인과에 대하여 말씀하여 주십시오. 하느님과 용신 등의 팔부신중들과 미래 중생들이 부처님의 말씀을 받들 수 있도록 말씀하여 주십시오. ⑥ 부처님께서 말씀하셨습니다. 보광 보살님! 말씀드리지요. 말씀드리겠습니다. 지장 보살님께서 하느님과 사람들을 이롭게 하시는 일에 대하여 간략히 말씀드리겠습니다. ⑦ 보광 보살님께서 말씀드리셨습니다. 거룩하신 부처님! 자세히 잘 듣겠습니다. ⑧ 부처님 께서 말씀하셨습니다. 보광 보살님! 지장 보살님의 이름을 듣고 합장 찬탄 공경하는 선남자 선여인은 모두 삼십 겁 동안 죄에서 벗어나게 됩니다. ⑨ 보광 보살님! 지장 보살님의 탱화나 흙·돌·아교·칠·금·은· 동·철 등의 조각상 앞에서 일심으로 예경 하는 선남자 선여인은 한 번도 악도에 떨어 지지 않고, 백 번을 삼십삼천에 태어납니 다. ⑩ 하느님의 복이 다하여 사람으로 태어 나더라도 영광을 잃지 않고 국왕이 됩니다. ⑪ 여인의 몸을 싫어하는 선여인이 쉬지

않고 날마다 정성을 다하여 지장 보살님의 탱화나 흙·돌·아교·칠·동·철 등의 조각상에 꽃·향·음식·의복·비단·깃발·휘장·돈·보물 등을 공양하면, 여인의 몸이 다한 후에는 백천만 겁 동안 여인으로 태어나지 않는 것은 물론이려니와 여인이 있는 세상에도 태어나지 않을 것입니다. ⑫ 자비원력으로 중생들을 제도하기 위하여 짐짓 여인의 몸으로 태어날 수는 있지만, 백천만 겁 동안 다시는 여인의 몸으로 태어나지 않습니다. ⑬ 보광 보살님! 못 생기거나 병약한 여인이 한 나절 동안만이라도 지장 보살님의 상 앞에서 지극한 마음으로 절을 하면, 천만 겁 동안 아름답고 건강한 몸으로 태어날 것입니다. ⑭ 못생기거나 병약한 여인이

여인으로 태어나기를 기원하며 지극한 마음으로 지장 보살님께 절을 하면, 백천만억 겁 동안 좋은 집안의 딸로 태어나며, 단정하고 원만한 모습으로 태어나며, 여왕이나 왕비가 되는 복을 누리게 됩니다. ⑮ 보광 보살님! 선남자 선여인이 지장 보살님의 상 앞에서 악기를 연주하거나 노래를 불러 찬탄하거나, 향이나 꽃을 공양하거나, 다른 사람들에게 이를 권하면, 백천의 귀신들이 항상 보호할 것입니다. ⑯ 나쁜 일을 만나지 않는 것은 물론이려니와 귀에도 듣지 않게 됩니다. ⑰ 보광 보살님! '지장 보살님께 공양하거나 찬탄 예경하는 것'을 비웃는 사람이나 용신이나 귀신은 아비지옥에 떨어질 것입니다. ⑱ 앞에서 비웃거나 뒤에서 비웃거나, 혼자서 비웃거나, 남에게 권하여 함께 비웃거나, 잠시라도 비웃으면, 모두 현재 세상의 천 부처님께서 열반에 드신 후까지도 아비 지옥에 머무를 것입니다. ⑲ 천 겁이 지나야 아귀가 되고, 또 천 겁이 지나야 축생이 되고, 또 다시 천 겁이 지나야 겨우 사람의 몸으로 태어날 수 있습니다. 사람으로 태어나더라도 나쁜 업이 몸에 배여 있어서 가난하거나 미천하거나 불구자가 되며, 다시 악도에 떨어집니다. ⑳ 보광 보살님! 비웃기만 하여도 이런 과보를 받는데, 직접 지장 보살님의 상을 훼손하면 어떤 과보를 받겠습니까! ㉑ 보광 보살님! 오랫동안 병을 앓으면서 살려고 하여도 살지 못하고 죽으려고 하여도 죽지 못하는 사람이 있습니다. ㉒ 꿈에 악한 귀신이나 친족들과 험한 길을 헤매거나, 정신이 혼미하여 도깨비에 홀리거나 귀신과 놀거나 자면서 괴로워하는 사람들은 모두 죄과를 판정 받지 못하여 죽을 수도 없고 살 수도 없는 경우입니다. ㉓ 이런 경우에는 부처님이나 보살님의 상 앞에 '환자가 아끼는 물건이나 의복이나 보배'를 두고 큰 소리로 지장경을 읽어 주어야 합니다. ㉔ 혹은 정원이나 사택에서 환자가 들을 수 있도록 큰 소리로 지장경을 읽어 주어야 합니다. ㉕ 더불어, "지장 보살님! 모든 질병이 낫도록 기원합니다"라고[37] 환자가 들을 수 있도록 큰 소리로 염송해 주어야 합니다. ㉖ 환자의 의식이 흩어지고

기운이 다한 경우에도 하루·이틀·사흘·나흘·닷새·엿새·이레 동안 큰 소리로 염송하여 주어야 합니다. ㉗ 이렇게 하면 오랫동안 지은 죄로 무간 지옥에 떨어질 사람도 해탈하며 날 때마다 전생을 알게 됩니다. ㉘ 그런데 지장 보살님의 조각상이나 탱화 앞에서 직접 지장경을 읽거나 보시하는 공덕은 얼마나 크겠습니까! ㉙ 보광 보살님! 지장 보살님의 조각상이나 탱화 앞에서 일심으로 지장경을 독송하거나 찬탄 예경하면, 상상할 수 없이 많은 공덕을 누리게 됩니다. ㉚ 보광 보살님! 또 꿈이나 잠결에 귀신들이 나타나 슬피 울거나, 탄식하거나 두려워하는 것은 모두 한 생·열 생·백 생·천 생의 전생 부모·형제자매·부부·친인척들이 악도에서 벗어나지 못하여, 전생 혈육에게 호소하여 벗어나고자 하는 것입니다. ㉛ 보광 보살님! 지장 보살님의 신통을 믿고 친인척들이 부처님이나 지장 보살님의 조각상이나 탱화 앞에서 지극한 마음으로 지장경을 세 번이나 일곱 번 읽거나 사람을 청하여 세 번이나 일곱 번 읽도록 하면, ㉜ 악도의 영혼들이 이 소리를 듣고 해탈하여, 다시는 꿈이나 잠결에 나타나지 않게 됩니다. ㉝ 보광 보살님! 또 전생의 업보를 참회하려는 노비나 노예 등 미천한 사람들은 지장 보살님의 상 앞에서 지극한 마음으로 칠 일 동안 지장 보살님의 명호를 만 번 염송하며 절을 하여야 합니다. ㉞ 이렇게 하면, 지금의 죄보가

다 한 뒤에는 천만 생 동안 악도의 고통을 겪지 않고 존귀하게 태어납니다. ㉟ 보광 보살님! 또 염부제 안에서 아기가 태어나면 남자아기든지 여자아기든지, 찰리족의 아기든지 바라문의 아기든지 장자의 아기든지 거사의 아기든지, 어떤 사람의 아기든지, 칠 일 동안 지장경을 읽어주거나, 지장 보살님의 명호를 만 번 염송해 주어야 합니다. ㊱ 이렇게 하면, 아기에게 있던 전생 죄보가 풀어지고, 안락하게 잘 자라며 수명도 늘게 됩니다. ㊲ 복을 타고난 아기의 경우에는 더욱 안락하고 수명도 더욱 길어지게 됩니다. ㊳ 보광 보살님! 매달 1일·8일·14일·15일·18일·23일·24일·28일·29일·30일에는 죄업의 경중을 판정합니다. ㊴ 염부제 중생들이 방자한 마음으로 행한 살생·도둑질·간음·거짓말 등은 물론이려니와 염부제 중생들의 행동은 일거수일투족이 모두 죄업입니다. ㊵ 십재일에 한 번이라도 부처님이나 보살님의 상 앞에서 지장경을 읽으면, 동남서북[38] 백유순 안의 모든 재난이 없어지고, 집안의 어른이나 아이들이 고통을 겪지 않게 되며, ㊶ 십재일마다 일심으로 읽으면 집안의 횡액이나 질병이 모두 없어지고 재물이 풍족하게 됩니다. ㊷ 보광 보살님! 지장 보살님에게는 말할 수 없이 큰 위신력이 있습니다. ㊸ 지장 보살님의 명호를 염송하거나 지장 보살님의 상에 예경하거나, 지장경의 한 구절·한 문장·한 게송·한 장이라도 읽는

염부제 중생들은 현재 세상에서는 안락하
고, 미래의 백천만 세상에서도 항상 존귀한
가문에 단정한 몸으로 태어날 것입니다.
㊹ 지장 보살님을 찬탄하시는 부처님의
말씀을 듣고 보광 보살님께서 무릎 꿇고
합장하며 말씀드리셨습니다. 거룩하신 부
처님! 저는 오래 전에 이미 지장 보살님의
상상할 수 없이 큰 신통과 큰 발원을 알았습
니다. ㊺ 미래 중생들을 위하여 부처님께
다시 여쭙겠습니다. ㊻ 거룩하신 부처님!
지장경의 완전한 이름은 무엇이며, 어떻게
유포시켜야 되는지에 관해 말씀하여 주시
기를 간절히 부탁드립니다. ㊼ 부처님께서
말씀하셨습니다. 보광 보살님! 지장경의
완전한 이름은 세 가지입니다. 첫째 이름은

'지장 보살 본원경'이며, 둘째 이름은 '지장 보살 본행경'이며, 셋째 이름은 '지장 보살 본서력경'입니다. 간략히 지장경이라고 합니다. ㊽ 지장 보살님은 멀고 먼 겁 전부터 참으로 큰 발원을 하고, 중생들에게 참으로 큰 이로움을 주어왔습니다. 지장경을 세상에 널리 유포시켜 주십시오. ㊾ 부처님의 말씀을 가슴 깊이 새기고 보광 보살님께서 합장 공경하며 절하셨습니다.

7장 천도재의 의의

① 지장 보살님께서 말씀드리셨습니다. 거룩하신 부처님! 염부제 중생들의 행동과 생각은 죄 아닌 것이 없으며, 모두가 죄입니다. ② 염부제 중생들은 좋은 인연을 만나

착한 행동을 하기로 마음을 내었다가도 금방 잊어버리게 됩니다. 나쁜 인연을 만나면 점점 나쁜 행동을 더 많이 하게 됩니다. ③ 무거운 돌을 지고 가다가 늪을 만나면 점점 더 깊이 빠지는 것과 같습니다. ④ 선지식은 큰 힘이 있기 때문에 짐의 일부를 대신 져 주기도 하고 전부를 대신 져 주기도 하고, 늪에서 빠져 나올 수 있도록 도와주기도 합니다. ⑤ 평지에 이르면, 잘못된 행동을 반성하여 되풀이하지 않도록 합니다. ⑥ 거룩하신 부처님! 악습을 익혀 한량없이 많은 죄를 다시 저지른 중생들이 임종을 맞으면 가족들은 복을 닦아 앞길을 도와주어야 합니다. ⑦ 깃발을 걸거나 휘장을 달거나 등불을 밝히거나, 지장경을 읽거나 부처님이나 성스러운 분들의 상에 공양하거나, 일심으로 부처님이나 보살님이나 벽지불의 명호를 염송하여, 임종하는 사람의 귀나 본식에[39] 들어가도록 해 주어야 합니다. ⑧ 지은 악업 때문에 악도에 떨어질 사람도 친인척들이 성스러운 일을 하여 주면, 모든 죄가 소멸될 수도 있습니다. ⑨ 죽은 뒤 칠칠일 안에 많은 공덕을 지어주면, 죽은 사람이 악도에 떨어지지 않고, 사람이나 하느님으로 태어나 많은 복을 누리게 되며, 친인척들도 많은 복을 누리게 됩니다. ⑩ 부처님을 모시고 하느님이나 용신·인비인 등의 팔부신중들 앞에서 권유합니다. 염부제 중생들이 초상 날에 귀신이나 도깨비들에게 제사 지내기 위하여

살생을 하지 않도록 하여야 합니다. ⑪ 산목
숨을 죽여 제사를 지내는 일은 죽은 사람에
게 조금도 이롭지 않습니다. 오히려 죄를
더 무겁게 합니다. ⑫ 착한 일을 하여 사람
이나 하느님으로 태어나게 되어 있었더라
도, 임종할 때에 친인척들이 악을 지으면
좋은 곳에 태어나는 것이 늦어질 수도 있습
니다. ⑬ 더구나 임종하는 사람이 생전에
착한 일을 하지 않아 악도에 가도록 되어
있는데 친인척들이 죄업을 더 보태면 어떻
게 되겠습니까! ⑭ 백 근이 넘는 물건을
짊어지고 삼일 동안 굶으며 먼 곳에서 오는
사람에게 다른 사람이 작은 보따리를 보태
어, 더 힘들게 하는 것과 같습니다. ⑮ 거룩
하신 부처님! 불교를 믿어 털끝 하나·물

한 방울·모래 한 알·티끌 하나만큼이라도
착한 행동을 한 염부제 중생은 이 착한
행동의 공덕을 모두 자기자신이 누리게
됩니다. ⑯ 오래 전에 무생법인을[40] 증득하
고 시방의 중생들을 제도하기 위하여 장자
의 몸으로 나투었던 대변 장자님께서 지장
보살님의 말씀을 듣고 합장 공경하며 말씀
하셨습니다. 지장 보살님! 염부제 중생이
죽은 후에 친인척들이 공덕을 닦거나 재를
베풀어 주면 죽은 사람이 해탈의 큰 복을
누릴 수 있습니까? ⑰ 지장 보살님께서
말씀하셨습니다. 대변 장자님! 부처님의
힘을 받들고 말씀드리겠습니다. ⑱ 대변
장자님! 중생이 임종할 때에, 한 부처님의
명호나 한 보살님의 명호나 한 벽지불의

명호만 들어도 죄의 유무에 관계없이 모두 해탈하게 됩니다. ⑲ 살아 있을 때에 나쁜 행동을 많이 하였고 착한 행동을 하지 않았던 사람을 위하여 죽은 후에 친인척들이 복을 지어 주면, 그 공덕의 칠분의 일은 죽은 사람이 누리고 칠분의 육은 산 사람이 누리게 됩니다. ⑳ 직접 공덕을 지은 선남자 선여인은 공덕의 전부를 자신이 누리게 됩니다. ㉑ 예고 없이 찾아온 저승 사자를 만나 죽은 영혼은 칠칠일 동안 자신의 죄와 복을 알지 못하고 완전히 바보처럼 멍청하게 있다가, 업을 판정 받은 후, 업을 따라 다시 태어나게 됩니다. ㉒ 악도에 떨어진 후에는 물론이려니와 앞길을 예측할 수 없는 동안에도 근심과 고통이 많습니다.

㉓ 새로운 생을 받지 못한 칠칠일 동안에 친인척들이 복을 지어 고통에서 구하여 주기를 바라던 영혼은 칠칠일이 되면 업보를 받게 됩니다. ㉔ 천만년이 지나도 해탈하지 못할 죄인도 있고, 대지옥에서 천만 겁 동안 온갖 고통을 받을 죄인도 있습니다. ㉕ 대변 장자님! 명을 마친 죄업 중생들을 위하여 친인척들이 천도재를 지내주는 경우, 음식배열이나 진행순서를 어기지 않아야 하며, 쌀뜨물이나 채소찌꺼기 등을 함부로 버리지 않아야 하며, 부처님과 스님께 올린 후에 먹어야 합니다. ㉖ 경건하지 않거나 먼저 먹으면 영혼이 복을 덜 누리게 됩니다. ㉗ 정성을 다하고 형식을 갖추어 부처님과 스님께 받들어 올려야 영혼이

공덕의 칠분의 일을 누리게 됩니다. ㉘ 대변 장자님! 목숨이 다한 부모나 친인척을 위하여 염부제 중생이 지극한 마음으로 정성껏 천도재를 올려주면 죽은 사람도, 살아있는 사람도 모두 복을 누리게 됩니다. ㉙ 도리천에 있던 천만억 나유타 염부제 귀신들과 대변 장자님께서 지장 보살님의 말씀을 듣고 모두 한량없이 거룩한 보살 마음을 내었고 기뻐하며 합장 공경하였습니다.

8장 귀신들의 역할

① 염라대왕 등 철위산에 있던 한량없이 많은 귀신왕들도[41] 도리천 하늘법회에 왔습니다. ② 악독 귀신왕·다악 귀신왕·대쟁

귀신왕·백호 귀신왕·혈호 귀신왕·적호
귀신왕·산앙 귀신왕·비신 귀신왕·전광
귀신왕·낭아 귀신왕·천안 귀신왕·담수
귀신왕·부석 귀신왕·주모 귀신왕·주화
귀신왕·주복 귀신왕·주식 귀신왕·주재
귀신왕·주축 귀신왕·주금 귀신왕·주수
귀신왕·주매 귀신왕·주산 귀신왕·주명
귀신왕·주질 귀신왕·주험 귀신왕·삼목
귀신왕·사목 귀신왕·오목 귀신왕·기리
실왕·대기리실왕·기리차왕·대기리차왕·
아나타왕·대아나타왕 등의 귀신 대왕들도
왔습니다. ③ '염부제에서 맡은 소임이 각
각 다르고 머무는 곳이 각각 다른 백천
귀신 소왕들도 왔습니다. ④ 모두 부처님과
지장 보살님의 위신력으로 도리천 하늘법

회에 와서 자리를 같이 하였습니다. ⑤ 염라 대왕이 무릎꿇고 합장 공경하며 말씀드리셨습니다. 거룩하신 부처님! 저희 귀신왕들은 부처님과 지장 보살님의 위신력으로 이 도리천의 하늘법회에 오게 되어 큰 영광입니다. 몇 가지 궁금한 점이 있습니다. 자비를 베푸시어 저희들의 궁금증을 풀어주십시오. ⑥ 부처님께서 말씀하셨습니다. 염라대왕님! 물어보십시오. 말씀드리겠습니다. ⑦ 염라대왕이 부처님께 예경하고 지장 보살님을 보신 후 부처님께 말씀드리셨습니다. 거룩하신 부처님! 지장 보살님께서는 힘들어하거나 지겨워하지 않고 백천의 가지가지 방법으로 육도의 고통 중생들을 불가사의한 신통으로 제도하고 계시지만, 중생들은 다시 악도에 빠진다는 말을 들었습니다. ⑧ 거룩하신 부처님! 지장 보살님께서 불가사의한 신통으로 제도하였다면, 중생들은 착함에 머무르고 영원한 해탈을 얻어야 할 것 같습니다. 그런데 어찌하여 그렇게 하지 못합니까? 거룩하신 부처님! 가르쳐 주십시오. ⑨ 부처님께서 말씀하셨습니다. 염라대왕님! 불행의 길에서 습관적으로 죄를 짓고 고통받는 일에 너무나 익숙해있어서 제도하기가 어려운 염부제 중생들을 지장 보살님께서는 백천 겁 동안 가지가지 방법으로 악도에서 구하여 내어 전생의 일을 알게 하여 주었습니다. ⑩ 그러나 염부제 중생들은 나쁜 습관에 심하게 젖어 있어 다시 악도로 들어갑니다.

⑪ 그래서 지장 보살님께서는 여러 겁 동안 계속 제도하고 있는 것입니다. ⑫ 예를 들어 보겠습니다. 길을 잃고 야차·호랑이·사자·독사 등의 맹수들이 우글거리는 험한 길로 잘못 들어선 사람이 있다고 합시다. ⑬ 도가 높은 선지식이 맹수들의 위험을 가르쳐 주고 말합니다. ⑭ '어쩌자고 이 위험한 길로 들어섰습니까? 맹수들을 만나면 어쩌려고 이 길로 들어섰습니까!' ⑮ 이 말을 듣고 위험한 길에서 벗어나려는 사람의 손을 잡고 바른 길로 안전하게 인도하여 주며 선지식이 말합니다. ⑯ "어쩌려고 그 길로 들어갔습니까! 다시는 가지 마십시오. 그 길로 들어가면 좀체로 벗어나기가 어렵고 목숨까지도 잃을 수가 있습니다."

⑰ 길을 잃었던 사람은 참으로 고마워합니다. ⑱ 작별하면서 선지식이 또 말합니다. ⑲ "친지거나 아니거나, 남자거나 여자거나, 그 길로 가려는 사람이 있으면 맹수들에게 목숨을 잃을 수도 있다는 말을 하여 주십시오." ⑳ 대자대비하신 지장 보살님께서 죄고 중생들을 악도에서 구해내어 하느님이나 사람의 복을 누리도록 하는 것은 선지식이 길 잃은 사람을 위험한 곳에서 구해내어 안전한 곳에서 편안하게 생활하도록 하는 것과 같습니다. ㉑ 다시는 악도에 들어가지 않도록 당부하는 것은 다시는 위험한 길로 들어가지 않도록 당부하는 것과 같습니다. ㉒ 죄고 중생이 전생의 일을 잊어버리는 것은 길 잃었던 사람이

맹수의 위험을 잊어버리는 것과 같습니다. ㉓ 다시 악도로 들어가는 것은 다시 위험한 길로 들어가는 것과 같습니다. ㉔ 악독 귀신왕이 합장 공경하며 말씀드리셨습니다. 거룩하신 부처님! 저희 귀신왕들이 염부제 사람들의 행동에 따라 어떤 사람에게는 복을 주기도 하고, 어떤 사람에게는 재난을 주기도 합니다. ㉕ 저희들이 염부제 세상을 다니다 보면, 나쁜 행동을 하는 중생은 많고 착한 행동을 하는 중생은 적습니다. ㉖ 가정이나 성읍이나 마을이나 장원이나 주택가를 지나다가, 부처님의 법을 찬양하는 깃발을 걸거나 휘장을 달거나, 부처님이나 보살님의 상 앞에 향이나 꽃을 올리거나, 지장경을 한 구절 한 게송이라도 독송하는 등 털 끝 하나만큼이라도 착한 행동을 하는 사람을 보면, 저희 귀신왕들은 부처님을 예경하듯이 예경합니다. ㉗ 땅의 신들에게 이들을 보호하도록 하여 나쁜 일이나 몹쓸 병이 집안에 들지 못하게 하는 것은 물론이려니와 집 근처에도 얼씬하지 못하게 합니다. ㉘ 부처님께서 귀신왕들을 찬탄하셨습니다. 잘 하시는 일입니다. 참으로 잘 하시는 일입니다. ㉙ 염라대왕 등 귀신왕들이 선남자 선여인을 보호한다니 저도 제석천 하느님 왕에게 일러서 귀신왕들을 보호하도록 하겠습니다. ㉚ 이 말씀을 듣고 주명 귀신왕이 말씀드리셨습니다. 거룩하신 부처님! 저는 염부제 사람들의 수명을 맡고 있습니다. 태어나는 시간이나 죽는 시간을 모두 제가 결정합니다. ㉛ 저는 중생들을 이롭게 하려고 하는데, 저의 뜻을 알지 못하는 중생들은 태어나고 죽는 것을 두려워하고 있습니다. ㉜ 염부제 사람들이 출산할 즈음에 착한 일을 하여 집안 기운을 돋우면 땅의 신이 아기와 어머니를 편안하도록 하고 친인척에게도 복을 줍니다. ㉝ 산모나 친인척들이 살생한 고기를 먹거나 술을 마시며 노래를 부르거나 풍악을 즐기면, 아기나 어머니에게 모두 좋지 못합니다. ㉞ 아기가 태어나면 악한 귀신이나 악한 도깨비들이 피비린내를 맡고 모여들고, 저와 가옥의 신·땅의 신들은 아기와 어머니를 편안하도록 돌보아 줍니다. ㉟ 편안하면 고마워하여야 할 터인데 산목숨을 죽여 잔치를 벌려서 재앙을 불러들이고 아기와 어머니에게 해를 끼치는 경우가 많습니다. ㊱ 또, 염부제에서 착한 행동을 하여 선근의 힘이 있는 사람은 물론이려니와 나쁜 행동을 한 사람이 임종하는 경우에도 저희들은 악도에 떨어지지 않도록 하고 있습니다. ㊲ 염부제에서 나쁜 행동을 한 사람은 물론이려니와 착한 행동을 한 사람이 임종할 때에도 백천의 많은 악한 귀신들이 부모나 친인척의 모습으로 나타나 영혼을 악도로 인도합니다. ㊳ 거룩하신 부처님! 임종 직후의 영혼은 모두 정신이 혼미하여 선악을 분간하지 못합니다. ㊴ 친인척들이 큰 공양을 베풀고 지장경을 읽고, 부처님이나 보살님의 명호를 염송하여 주면,

악한 귀신들이 물러가고, 영혼이 악도에 떨어지지 않게 합니다. ⑩ 부처님이시여, 임종하는 중생이 한 부처님의 명호나 한 보살님의 명호만 들어도, 지장경의 한 구절·한 게송만 들어도, 소소한 악업으로 악도에 떨어질 자는 바로 해탈합니다. 오무간죄가 아닌 소소한 악업으로 악도에 떨어질 자는 바로 해탈합니다. ⑪ 부처님께서 말씀하셨습니다. 자비로우신 주명 귀신왕! 주명 귀신왕께서 그렇게도 큰 발원을 하시어 '태어나고 죽는 중생들'을 보살피고 계십니다. ⑫ 앞으로도 그 발원을 저버리지 마시고, 태어나고 죽는 중생들을 모두 해탈시켜 안락하도록 하여 주십시오. ⑬ 주명 귀신왕이 말씀드리셨습니다. 거룩하신 부처님!

염려하지 마십시오. 태어나고 죽는 염부제 중생들을 모두, 이 몸이 다하도록 잠시도 쉬지 않고 보호하여, 편안하도록 하겠습니다. 모두 해탈하여 많은 복을 누리도록 하겠습니다. ㊹ 부처님께서 말씀하셨습니다. 지장 보살님! 수명을 맡은 주명 귀신왕은 백천생 동안 귀신왕이 되어, 태어나고 죽는 중생들을 보호하고 있습니다. ㊺ 주명 귀신왕의 참된 모습은 귀신왕이 아닙니다. 자비 원력으로 중생들을 위하여 귀신왕의 몸으로 나투신 보살입니다. ㊻ 주명 귀신왕은 일백칠십 겁 후 성불할 것입니다. 정주 세계 락 겁에서 수명이 불가계 겁인 무상 부처님으로 출현하실 것입니다. ㊼ 지장 보살님! 주명 귀신왕이 제도한 하느님이나 사람의 수는 상상할 수 없이 많고 한량없이 많습니다.

9장 염불 공덕

① 지장 보살님께서 말씀드리셨습니다. 거룩하신 부처님! 태어나고 죽는 중생들에게 매우 큰 이로움이 될 법을 설하고자 합니다. 허락하여 주십시오. ② 부처님께서 말씀하셨습니다. 자비로우신 지장 보살님! 고통받는 육도 중생들에게 '상상할 수 없이 거룩한 법'을 설하시기에 매우 적절한 시점입니다. 어서 설하십시오. ③ 보살님께서 설법을 마치셔야, 제가 중생 걱정을 잊고 이 세상을 떠날 수 있겠습니다. ④ 지장 보살님께서 말씀드렸습니다. 거룩하신 부처님!

무량 아승기 겁 전에 무변신 부처님께서 세상에 출현하셨습니다. ⑤ 잠시만이라도 무변신 부처님의 명호를 염송하는 사람은 사십 겁 동안 생사중죄에서[42] 벗어나게 됩니다. ⑥ 그런데 무변신 부처님의 조각상이나 탱화 앞에 공양 찬탄하는 사람에 대하여서야 말할 나위가 있겠습니까! ⑦ 이런 사람은 한량없이 많고 끝없이 많은 복을 누리게 될 것입니다. ⑧ 또 강가강의 모래 수만큼 많은 겁 전에 보성 부처님께서[43] 세상에 출현하셨습니다. ⑨ 보성 부처님의 명호를 잠시라도 염송하는 사람은 무상도에 머물 것입니다. ⑩ 또 옛적에 파두마승 부처님께서 세상에 출현하셨습니다. ⑪ 파두마승 부처님의 명호를 한 번이라도 염송하는 사람은 계속 육욕천에 천 번을 태어날 것입니다. ⑫ 그런데 지극한 마음으로 염송하는 사람의 공덕은 얼마나 크겠습니까! ⑬ 또 불가설 아승기 겁 전에 사자후 부처님께서 세상에 출현하셨습니다. ⑭ 일념으로 사자후 부처님의 명호를 염송하는 사람은 한량없이 많은 부처님들을 만나서 마정수기를 받을 것입니다. ⑮ 또 옛적에 구류손 부처님께서 세상에 출현하셨습니다. ⑯ 구류손 부처님의 명호를 지극한 마음으로 염송하고 예경 찬탄하는 사람은 현재 세상의 일천 부처님 회상에서 대범천 하느님이 되어 성불수기를 받을 것입니다. ⑰ 또 옛적에 비바시 부처님께서 세상에 출현하셨습니다. ⑱ 비바시 부처님의 명호를 염송하면,

악도에 떨어지지 않고 사람이나 하느님으로 태어나 많은 복을 누리게 됩니다. ⑲ 또 무량 무수 강가사 겁 전에 보승 부처님께서 세상에 출현하셨습니다. ⑳ 일념으로 보승 부처님의 명호를 염송하는 사람은 악도에 떨어지지 않고 하늘나라에 태어나 많은 복을 누리게 됩니다. ㉑ 또 무량 무수 겁 전에 보상 부처님께서 세상에 출현하셨습니다. ㉒ 보상 부처님의 명호를 염송하거나 예경하는 사람은 아라한의 경지에 이르게 됩니다. ㉓ 또 무량 무수 겁 전에 가사당 부처님께서 세상에 출현하셨습니다. ㉔ 가사당 부처님의 명호를 염송하면 일백 대겁 동안 나고 죽는 죄에서 벗어나게 됩니다. ㉕ 또 옛적에 대통산왕 부처님께서 세상에 출현하셨습니다. ㉖ 대통산왕 부처님의 명호를 염송하는 사람은 강가강의 모래 수만큼 많은 부처님을 만나서 많은 설법을 듣고 최고 바른 깨달음을 이루게 됩니다. ㉗ 또 정월 부처님, 산왕 부처님, 지승 부처님, 정명왕 부처님, 지성취 부처님, 무상 부처님, 묘성 부처님, 만월 부처님, 월면 부처님 등 불가설 부처님들이 출현하셨습니다. ㉘ 거룩하신 부처님! 하느님이든 사람이든, 남자든 여자든, 어떤 중생이라도 한 부처님의 명호만 염송하여도 한량없이 많은 공덕을 이루게 됩니다. ㉙ 그런데 여러 부처님의 명호를 염송하는 중생의 공덕은 얼마나 많겠습니까! ㉚ 이런 중생들은 살아있을 때에나 죽은 후에나 악도에 떨어지지 않고,

항상 많은 복을 누리게 됩니다. ㉛ 임종하
는 사람을 위하여 높은 소리로 한 부처님의
명호만 염송하여 주어도, 임종하는 사람은
오무간대죄를[44] 제외한 여타의 죄는 모두
소멸됩니다. ㉜ 오무간대죄는 너무나 무거
워서 억 겁이 지나도 벗어날 수 없는 것이지
만, 임종하는 사람을 위하여 다른 사람이
부처님의 명호를 염송하여 주면 오무간대
죄도 점진적으로 소멸됩니다. ㉝ 직접 염불
하면 한량없이 많은 복을 이루고 한량없이
많은 죄가 소멸됩니다.

10장 보시 공덕

① 지장 보살님께서 부처님의 힘을 받들고
자리에서 일어나 무릎꿇고 합장 공경하며

말씀드리셨습니다. ② 거룩하신 부처님! 중생들의 보시에는 작은 복도 있고 큰 복도 있는 것 같습니다. ③ 한 생 동안 받는 복도 있고, 열 생 동안 받는 복도 있고, 백 생 천 생 동안 받는 복도 있는 것 같습니다. ④ 거룩하신 부처님! 이에 대하여 말씀하여 주십시오. ⑤ 부처님께서 말씀하셨습니다. 지장 보살님! 도리천 하늘법회에 오신 많은 대중들을 위하여 염부제 보시의 크고 작음에 대하여 말씀드리겠습니다. 자세히 말씀드리겠습니다. ⑥ 지장 보살님께서 말씀드리셨습니다. 거룩하신 부처님! 자세히 잘 듣겠습니다. ⑦ 부처님께서 말씀하셨습니다. 지장 보살님! 염부제에서 꼽추·벙어리·귀머거리·장님 등의 불구자나 가난한 사람들에게 자비롭고 겸손한 미소와 부드러운 말로 직접 보시하거나 다른 사람이 보시하도록 한 국왕·국무총리·장관·재벌·대찰리·대바라문 등은 강가강의 모래 수만큼 많은 부처님들께 보시한 것과 같은 복을 짓는 것입니다. ⑧ 높고 귀한 자리에 있는 사람이 가난하거나 불구인 사람들에게 자비로운 마음을 내는 것만으로도 백천 생 동안 계속 금은보화를 많이 가지는 복을 짓는 것입니다. ⑨ 그런데, 의복이나 음식 등을 보시하는 사람은 얼마나 많은 복을 짓는 것이겠습니까! ⑩ 지장보살님! 부처님의 탑·절·경전·상이나 보살·성문·벽지불의 상에 직접 공양하고 보시하는 국왕이나 바라문 등은 삼 겁 동안 제석천 하느님이 되는 복을 짓는 것입니다. ⑪ 이 보시 공덕을 법계에 회향하는 국왕이나 바라문 등은 십 겁 동안 계속 대범천 하느님이 되는 복을 짓는 것입니다. ⑫ 지장 보살님! 훼손된 부처님의 탑·절·경전·상을 혼자 수리하거나 다른 사람과 함께 수리한 국왕·바라문 등은 백천 생 동안 계속 전륜성왕이 되는 복을 짓는 것입니다. ⑬ 함께 수리한 사람들은 백천 생 동안 계속 국왕이 되는 복을 짓는 것입니다. ⑭ 이를 회향하는 국왕·바라문 등은 최고 바른 깨달음을 이루는 복을 짓는 것입니다. ⑮ 한량없이 크고 끝없이 많은 복을 짓는 것입니다. ⑯ 지장 보살님! 노약자나 임산부에게 한 번이라도 자비로운 마음으로 의약·음식·

잠자리를 보시한 국왕·바라문 등은 상상할 수 없이 많은 복을 짓는 것입니다. ⑰ 백 대겁 동안 계속 정거천 하느님이 되고, 이백 대겁 동안 계속 육욕천 하느님이 되는 복을 짓는 것입니다. ⑱ 백천 생 동안 악도에 떨어지지 않고 괴로운 소리를 듣지 않고 반드시 성불할 복을 짓는 것입니다. ⑲ 지장 보살님! 이러한 보시를 하는 국왕이나 바라문 등은 한량없이 많은 복을 짓는 것입니다. ⑳ 이러한 보시 공덕을 회향하는 국왕이나 바라문 등은 반드시 성불할 것입니다. ㉑ 그런데 제석천 하느님·범천 하느님·전륜성왕이 되는 것쯤이야 말할 필요도 없을 것입니다. ㉒ 지장 보살님! 중생들에게 이러한 보시를 하도록 권하여 주십시오. ㉓ 지장 보살님! 부처님의 법을 믿고 털 끝 하나만큼이라도 착한 행동을 한 선남자 선여인은 무엇으로도 비교할 수 없을 만큼 많은 복을 짓는 것입니다. ㉔ 지장 보살님! 부처님의 상이나 보살·벽지불·전륜성왕의 상에 보시하는 선남자 선여인은 사람이나 하느님으로 태어나 큰 기쁨을 누리는 복을 짓는 것입니다. ㉕ 법계에 회향하는 사람은 무엇으로도 비교할 수 없을 만큼 많은 복을 짓는 것입니다. ㉖ 지장 보살님! 지장경의 한 게송·한 구절이라도 간절히 독송하는 선남자 선여인은 한량없이 많고 끝없이 많은 복을 짓는 것입니다. ㉗ 법계에 회향하는 사람은 무엇으로도 비교할 수 없을 만큼 많은 복을 짓는 것입니다. ㉘ 지장 보살님! 부처님의 탑·절· 경전·상에 예경하거나, 훼손된 탑·절·경 전·상을 혼자 보수하거나 다른 사람과 함 께 보수하여 예경하는 선남자 선여인들은 백천 생 동안 전륜성왕이 되는 복을 짓는 것입니다. ㉙ 함께 보수하여 예경한 사람들 은 왕이 되는 복을 짓는 것입니다. 이 전륜 성왕은 이 왕들을 선법으로 제도할 것입니 다. ㉚ 지장 보살님! 또, 탑·절·경전·상의 수리 공덕이나 탑·절·경전·상에의 공양 공덕을 친인척들에게 회향하는 선남자 선 여인은 삼생의 낙을 누리는 복을 짓는 것입 니다. ㉛ 털 끝 하나·티끌 하나·모래 한 알·물 한 방울만큼이라도 법계에 회향하 는 선남자 선여인은 백천 생 동안 많은 복을 누리게 됩니다. 만 배의 복을 누리게 됩니다. ㉜ 지장 보살님! 보시의 인연은 이와 같습니다.

11장 땅의 신

① 이때에 견뢰지신이 말씀드리셨습니다. 거룩하신 부처님! 불가사의한 큰 신통과 지혜로써 중생을 널리 제도하시는 한량없이 많은 보살님들을 오래 전부터 예경하였지만, 지장 보살님의 발원은 참으로 깊습니다. ② 거룩하신 부처님! 문수 보살님·보현 보살님·관음 보살님·미륵 보살님도 백천 가지 몸으로 염부제의 육도 중생을 제도하고 계시지만, 지장 보살님께서 염부제의 육도 중생을 제도하기로 발원한 지는 천백

억 강가강의 모래 수 겁보다 훨씬 더 오래 되었습니다. ③ 거룩하신 부처님! 살고있는 집 남쪽 정결한 땅에 흙·돌·대·나무 등으로 전각을 지어, 지장 보살님의 상을 금·은·동·철로 조성하거나 탱화를 그려 모시고, 향을 공양하며 예배 공경 찬탄하는 사람은 열 가지 복을 누리게 됩니다. ④ 첫째, 농사가 풍년이 들게 됩니다. 둘째, 집안이 평안하게 됩니다. 셋째, 먼저 죽은 가족들이 하느님으로 태어나게 됩니다. 넷째, 살아있는 가족들이 건강하게 오래 살게 됩니다. 다섯째, 하는 일이 모두 뜻대로 이루어지게 됩니다. 여섯째, 화재나 수재를 만나지 않게 됩니다. 일곱째, 승진이 잘 되게 됩니다. 여덟째, 악몽을 꾸지 않게 됩니다. 아홉째, 출입할 때에 신장이 보호하게 됩니다. 열째, 좋은 인연을 많이 만나게 됩니다. ⑤ 거룩하신 부처님! 살고 있는 집 근처에서 이러한 공양을 하는 중생들은 이와 같이 많은 복을 누리게 됩니다. ⑥ 거룩하신 부처님! 살고 있는 집 근처에 지장 보살님의 상을 모시고, 지장경을 읽거나 지장 보살님의 상에 공양하는 선남자 선여인은 저희가 밤낮으로 항상 보호하고 있습니다. ⑦ 물·불·도둑·횡액·나쁜 일이 없도록 하고 있습니다. ⑧ 부처님께서 말씀하셨습니다. 견뢰 지신님! 지신님의 신통은 다른 신들이 따르기가 어렵습니다. ⑨ 염부제의 땅이 모두 지신님의 보호를 받고 풀·나무·모래·돌·곡식·보배 등 땅에서 나는 것들은 모두 지신님의 보호를 받습니다. ⑩ 다른 지신들보다도 공덕과 신통이 백천 배나 되는 견뢰 지신님께서 지장 보살님의 복에 대하여 이렇게 찬탄하고 계십니다. ⑪ 일심으로 지장 보살님께 공양하고, 일심으로 지장경을 독송하는 선남자 선여인은 지신님의 보호로 어떤 재해도 입지 않고 모든 일이 뜻대로 됩니다. ⑫ 지신님만이 이 사람을 보호하는 것이 아니라, 제석천 하느님·범천 하느님 등 온갖 하느님들도 이 사람을 보호하고 있습니다. ⑬ 지장 보살님의 상에 예경하거나 지장경을 독송하는 선남자 선여인은 이러한 분들의 보호를 받아 반드시 고통 바다에서 벗어나 열반의 큰 기쁨을 누리게 됩니다.

① 이때에 부처님께서 정수리로부터 호상광들을[45] 놓으셨습니다. 백 호상광, 대백 호상광, 서 호상광, 대서 호상광, 옥 호상광, 대옥 호상광, 자 호상광, 대자 호상광, 청 호상광, 대청 호상광, 벽 호상광, 대벽 호상광, 홍 호상광, 대홍 호상광, 녹 호상광, 대녹 호상광, 금 호상광, 대금 호상광, 경운 호상광, 대경운 호상광, 천륜 호상광, 대천륜 호상광, 보륜 호상광, 대보륜 호상광, 일륜 호상광, 대일륜 호상광, 월륜 호상광, 대월륜 호상광. 궁전 호상광, 대궁전 호상광, 해운 호상광, 대해운 호상광 등 백천만억의 많은 호상광들을 놓으셨습니다. ② 호상광들을 놓으신 후 거룩한 음성으로

말씀하셨습니다. 하느님·용신 등의 팔부 신중님들! 이 도리천 하늘법회에서 지장 보살님을 찬양찬탄 하겠습니다. ③ 사람과 하느님들에게 상상할 수 없이 많은 복을 주시며, 성현의 지위에 오르도록 하시며, 십지를 증득하도록 하시며, 최고 바른 깨달음을 이루도록 하시는 지장 보살님을 찬양 찬탄 하겠습니다. ④ 부처님의 말씀을 듣고 관세음 보살님께서 자리에서 일어나 무릎 꿇고 합장하며 말씀드리셨습니다. 거룩하신 부처님! 대자대비 지장 보살님께서 상상할 수 없이 큰 공덕과 신통으로 천만억 세계에 천만억 몸으로 나투시어 죄고 중생을 제도하신다는 사실을 부처님과 시방의 한량없이 많은 과거·현재·미래의 부처님들께서 이구동성으로 찬탄하셨습니다. ⑤ 그런데, 부처님께서 또 찬탄하시려고 하십니다. ⑥ 거룩하신 부처님! 지장 보살님의 상상할 수 없이 큰 공덕과 신통을 말씀하셔서 하느님·용신 등의 팔부신중들로 하여금 우러러 예배하여 복을 누리게 하여 주십시오. ⑦ 부처님께서 말씀하셨습니다. 관세음 보살님! 사바세계에서 지장 보살님의 명호를 염송하거나 지장 보살님을 예경 찬탄하는 하느님·용신·남자·여자·귀신 등의 육도 중생들은 항상 최고 바른 깨달음으로 나아갈 것입니다. ⑧ 항상 사람이나 하느님으로 태어나는 복을 누리며, 인과가 익어지면 성불수기를 받을 것입니다. ⑨ 보살님께서 큰 자비로써 중생을 위하여 지장 보살님의 불가사의한 위신력에 대하여 밝혀 달라고 부탁하셨으니 말씀드리겠습니다. ⑩ 관세음 보살님께서 말씀드리셨습니다. 거룩하신 부처님! 잘 듣겠습니다. 자세히 잘 듣겠습니다. ⑪ 부처님께서 말씀하셨습니다. 관세음 보살님! 하느님의 복이 다하여 오쇠상이 나타나는 하느님이나 악도에 떨어지게 된 선남자 선여인이 지장 보살님의 명호를 염송하거나 지장 보살님의 상에 예경하며 절하면, 삼악도의 죄보를 겪지 않고 많은 복을 누리게 됩니다. ⑫ 그런데, 지장 보살님께 향·꽃·의복·음식·보배목걸이 등을 공양하면 얼마나 많은 복을 누리겠습니까! 한량없이 많고 끝없이 많은 복을 누릴 것입니다. ⑬ 관세음 보살님! 임종하려는 중생에게 지장 보살님의 명호를 한 번이라도 들려주면 삼악도의 고통을 겪지 않게 됩니다. ⑭ 그런데 부모나 친인척들이 사택·재물·보배·의복 등을 팔아서 지장 보살님의 상을 만들면 이 공덕이 얼마나 많겠습니까! ⑮ 죽기 전에 직접 사택·재물·보배·의복 등을 팔아서 지장 보살님의 상을 만들거나 친인척들에게 만들도록 하면, 이 공덕이 얼마나 많겠습니까! 지은 업보로 중병을 앓고 있는 사람이 이런 공덕을 지으면, 이 공덕으로 곧 낫게 되고 수명도 연장됩니다. ⑯ 지은 죄업으로 악도에 떨어지게 되어 있었더라도 이 공덕으로 모든 죄업이 소멸하고 사람이나 하느님으로 태어나 많은 복을 누리게 됩니다.

⑰ 관세음 보살님! 또 젖먹이 때나 세 살·다 섯 살·열 살도 되기 전에 부모형제자매를 잃고, 장성한 뒤에 부모나 형제들을 그리워 하며 어느 곳에 떨어졌는지, 어느 세계에 태어났는지, 어느 하늘에 계시는지를 알고 싶어하는 사람이 있으면, 지장 보살님의 조각상이나 탱화 앞에서 칠 일 동안 일심으로 예경하며 지장 보살님의 명호를 염송하면서 절하도록 하십시오. 친인척들이 악업 때문에 악도에서 여러 겁을 지나게 되었더라도 이 공덕으로 해탈하게 됩니다. ⑱ 이미 사람이나 하느님으로 태어나 복을 누리고 있는 경우에는, 이 공덕이 더하여져서, 한량없이 많은 복을 누리게 됩니다. ⑲ 또 삼칠 일 동안 일심으로 지장 보살님의

상 앞에서 예경하며 지장 보살님의 명호를 만 번 염송하면, 보살님께서 큰 신통으로 끝없이 큰 몸을 나투시어 친인척이 있는 세계를 알려주거나 꿈속에서 보여 주게 됩니다. ⑳ 또 천 일 동안 날마다 지장 보살님의 명호를 천 번씩 염송하면, 보살님께서 땅의 신에게 종신토록 돌보게 하여, 재물이 넘치게 됩니다. ㉑ 괴로운 질병이나 횡액이 자기 몸에 들지 못하는 것은 물론이려니와 집안에도 들지 못하게 됩니다. ㉒ 이런 사람은 반드시 마정수기를 받게 됩니다. ㉓ 관세음 보살님! 큰 자비심으로 모든 중생을 제도하고자 하거나, 최고 바른 깨달음을 이루고자 하거나, 삼계에서 벗어나기를 바라며 지장 보살님의 상에 예경하고,

지장 보살님의 명호를 염송하며 향·꽃·의복·보물·음식을 공양하는 선남자 선여인은 소원이 모두 이루어지고 장애가 모두 없어지게 됩니다. ㉔ 관세음 보살님! 백천만억 소원을 이루고자 하는 선남자 선여인이 지장 보살님의 상 앞에 예경 찬탄하면, 모든 소원을 다 이루게 됩니다. ㉕ 지장 보살님의 자비 가호로 마정수기를 받게 됩니다. ㉖ 관세음 보살님! 밝은 스승의 가르침을 따라 지장경을 독송하려 하여도 금방 잊어버리는 선남자 선여인은 죄업이 많아 독송할 수 없는 것입니다. ㉗ 이런 사람들은 지장 보살님의 명호를 염송하거나 지장 보살님의 상에 일심으로 예경하면서 그 사실을 아뢰고, 향·꽃·의복·음식

등의 장엄구로써 공양하거나, 깨끗한 물 한 그릇을 하루 동안 지장 보살님의 상 앞에 올렸다가 합장하고 머리를 남쪽으로 향하고 정중한 마음으로 마시도록 하십시오. ㉘ 물을 마신 후 칠 일 혹은 삼칠 일 동안 오신채·술·고기를 먹지 않고 음행·망어·살생을 하지 않는 선남자 선여인은 꿈에 지장 보살님께서 나타나서 관정수를 주시게 됩니다. ㉙ 꿈을 깨면 총명해져서 지장경을 오랫동안 염송할 수 있게 됩니다. 다시는 한 구절·한 게송도 잊지 않게 됩니다. ㉚ 관세음 보살님! 옷이나 음식이 부족하거나 질병이 많거나 집안이 쇠퇴하여 가족이 흩어지거나 몸에 좋지 않는 일이 자주 생기고, 꿈에 놀래는 일이 많은 사람이 일심으로 지장 보살님을 예경하며 지장 보살님의 명호를 만 번 염송하면, 액운이 풀리게 됩니다. ㉛ 집안이 안정되고 재물이 풍족하여지고 꿈도 편안하여집니다. ㉜ 관세음 보살님! 급한 일로 깊은 산 속에 들어가거나, 큰물을 건너거나, 험한 길을 지나가게 된 사람이 먼저 지장 보살님의 명호를 만 번 염송하면, 지나는 곳의 땅의 신이 호위하여 가거나 서거나 앉아 있거나 누워 있거나 항상 편안할 것이며, 호랑이·사자 등의 맹수를 만나지 않게 됩니다. ㉝ 관세음 보살님! 염부제 중생들이 지장 보살님의 명호를 염송하거나 지장 보살님을 예경하여 얻는 이로움은 백천 겁을 말하여도 다 말하지 못합니다. ㉞ 관세음 보살님! 보살

님의 신통으로 지장경을 널리 펴서 사바세
계 중생이 백천만 겁 동안 편안하고 행복하
도록 하여 주십시오. ㉟ 이때에 부처님께서
게송을 부르셨습니다.

　　지장보살　예경하고　염송을하면
　　강가강의　모래만큼　많은겁동안
　　끊임없이　말을해도　못할정도로
　　엄청나게　많은복을　짓게됩니다.
　　　　　　　㊱
　　선업다해　지옥가게　되었더라고
　　지극정성　지장보살　염송하며는
　　용신이나　선남선녀　모든중생의
　　죄업들이　모두녹고　수명늡니다

㊲

어렸을때 부모님을 일찍여의어
형제자매 친인척이 계신곳이나
부모영혼 계신곳을 알지못하고
계신곳을 간절하게 알고싶을때
지장보살 조각이나 탱화앞에서
쉬지않고 간절하게 예경하면서
삼칠일간 지장보살 염송을하면
지장보살 거룩하신 몸나투시어
부모친척 계신곳을 보이어주고
지옥아귀 고통에서 구해줍니다

㊳

높디높은 정등각을 모두이루고
삼계고통 벗어나서 해탈하려는
처음냈던 보살마음 간직하고서

지장보살 상앞에서 예경을하면
지장보살 크디크신 자비심으로
많디많은 소원모두 이루게하고
업장들을 빠짐없이 소멸시키어
거룩하신 마정수기 받게합니다

㊴

발심하여 지장경을 독송하면서
미혹중생 빠짐없이 제도하려는
상상할수 없이큰원 세웠더라도
죄업들과 미혹들이 많기때문에
지속하지 못하고서 잊어버리어
지장경을 기억하지 못하는사람
향과꽃과 의복음식 침구의약을
지장보살 상앞에다 공양하고서
깨끗한물 보살님께 올리어놓고

하루밤낮 지난후에 모두마시며
오신채는 하나라도 먹지않으며
술과고기 음행망어 하지않으며
삼칠일간 살생않고 지장보살님
온마음과 온몸으로 염송을하면
꿈속에서 보살님의 무변신뵙고
깨고나면 눈과귀가 밝아집니다
지장경의 가르침을 잠깐들어도
천만생이 지나도록 안잊습니다
상상할수 없이크신 보살님께서
이사람을 지혜롭게 하여줍니다
⑩

가난하고 질병들고 집안이망해
부모형제 자매들과 헤어진중생
악몽으로 꿈속까지 불안한중생

모든것이 어긋나서 괴로운중생
지극정성 지장보살 예경을하면
일체모든 불행들이 소멸됩니다
꿈속까지 빠짐없이 편안합니다
많고많은 귀신들이 보호합니다

㊵

산속으로 들어가고 바다건널때
맹수들을 만나거나 악인만날때
나쁜용신 나쁜귀신 사나운바람
가지가지 재난이나 고뇌만날때
일심으로 예경하고 공양올리면
지장보살 위대하신 스승님께서
산속이나 바다속의 모든재앙을
빠짐없이 소멸시켜 없애줍니다

관음보살 저의말을 알려주세요
지장보살 무량무변 많은공덕은
백천만겁 말하여도 못다합니다
지장보살 신통력을 알려주세요
지장보살 염송하는 모든사람들
지장보살 합장공경 찬탄하는이
향과꽃과 의복음식 공양하는이
백천생에 거룩한복 누리게되고
이런복을 온법계에 회향을하면
생사고통 벗어나고 성불합니다
저의말을 간절하게 알려주세요
강가사수 국토들에 알려주세요

① 부처님께서 금빛 팔을 들어 지장 보살님의 이마를 만지며 말씀하셨습니다. 지장 보살님! 보살님의 신통력은 상상을 초월합니다. 보살님의 자비심도 상상을 초월합니다. 보살님의 지혜력도 상상을 초월합니다. 보살님의 말솜씨도 상상을 초월합니다. ② 시방의 부처님들께서 천만 겁 동안 찬탄하여도 다 찬탄하지 못합니다. ③ 지장 보살님! 백천만억 불가설 부처님들과 보살님들과 하느님과 용신 등의 팔부신중들이 모여 있는 이 도리천의 큰 하늘법회에서 부처인 제가 보살님께 다시 한번 간절히 부탁드립니다. 삼계의 불타는 집에서 헤매고 있는 중생들을 부탁드립니다. ④ 하루라

도 악도에 떨어지지 않도록 부탁드립니다.
⑤ 무간 지옥에 떨어져서 빠져 나올 기약없
이 천만억 겁을 지내는 일은 절대로 없도록
부탁드립니다. ⑥ 지장 보살님! 염부제 중
생들은 의지가 약하고 나쁜 습관에 배여
있어서 잠시 착한 행동을 하다가도 금방
물러서고, 나쁜 인연을 만나면 더욱 나쁜
행동을 합니다. ⑦ 그래서 제가 이들의 근성
에 맞추어 백천억 분신으로 제도하여 해탈
시켰습니다. ⑧ 지장 보살님! 하느님들과
사람들을 간절히 부탁드립니다. ⑨ 부처님
을 믿고, 털끝 하나·티끌 하나·모래 한
알·물 한 방울만큼이라도 착한 행동을 하
는 선남자 선여인은 모두 보호하여 항상
최고 바른 깨달음으로 나아가도록 하여

주십시오. ⑩ 지장 보살님! 업보를 따라 악도에 떨어지게 되어 지옥 문 앞에 도착한 하느님이나 사람이 한 부처님의 명호나 한 보살님의 명호나 지장경의 한 구절·한 게송만 염송하더라도, 온갖 신통력과 온갖 방법으로 모두 제도하여 주십시오. ⑪ 끝없이 거룩한 몸을 나투시어, 모두를 지옥에서 벗어나 많은 복을 누리도록 하여 주십시오. ⑫ 이때에 부처님께서 게송을 부르셨습니다.

현재세상 미래세상 하느님들과
사람들을 보살님께 부탁합니다
여러신통 방법들을 널리베풀어
삼악도에 빠질중생 구제하소서

⑬ 지장 보살님께서 무릎꿇고 합장 공경하며 말씀드리셨습니다. 거룩하신 부처님! 염려하지 마십시오. ⑭ 부처님의 법을 잠시라도 공경하는 선남자 선여인은 모두 제가 백천의 가지가지 방법으로 제도하여 생사 고해에서 벗어나도록 하겠습니다. ⑮ 부처님의 법을 지속적으로 닦아가는 사람들은 모두 최고 바른 깨달음으로 나아가도록 하겠습니다. ⑯ 지장 보살님의 말을 듣고 허공장 보살님께서 말씀드리셨습니다. 거룩하신 부처님! 부처님께서는 지장 보살님의 큰 위신력을 찬탄하셨습니다. ⑰ 거룩하신 부처님! 지장 보살님의 명호를 염송하거나, 지장 보살님의 상에 예경하는 선남자 선여인이나 하느님이나 용신들이 누리게

될 복을 간략히 정리하여 주십시오. ⑱ 부처님께서 말씀하셨습니다. 그렇게 하겠습니다. 간략히 말씀드리겠습니다. ⑲ 지장 보살님의 상에 예경하거나 지장경을 독송하며, 향·꽃·음식·의복·보물을 보시하는 선남자 선여인은 스물 여덟 가지 복을 누리게 됩니다. ⑳ 첫째, 하느님과 용신들이 지켜주게 됩니다. 둘째, 좋은 일이 하루 하루 더 많이 생기게 됩니다. 셋째, 성스러운 인연을 더 많이 만나게 됩니다. 넷째, 최고 바른 깨달음으로 나아가게 됩니다. 다섯째, 의복과 음식이 풍족하게 됩니다. 여섯째, 질병에 걸리지 않게 됩니다. 일곱째, 수재나 화재가 일어나지 않게 됩니다. 여덟째, 도둑이 들지 않게 됩니다. 아홉째, 사람들의 존경을 받게 됩니다. 열째, 귀신들이 도와주게 됩니다. 열한째, 남자로 태어나게 됩니다. 열두째, 공주나 대신의 딸로 태어나게 됩니다. 열셋째, 모습이 단정하게 됩니다. 열넷째, 하느님으로 태어나게 됩니다. 열다섯째, 제왕으로 태어나게 됩니다. 열여섯째, 전생의 일을 알게 됩니다. 열일곱째, 원하는 것을 모두 이루게 됩니다. 열여덟째, 가족들이 화목하게 됩니다. 열아홉째, 횡액이 모두 소멸하게 됩니다. 스무째, 업도에서 벗어나게 됩니다. 스물한째, 갈 곳을 알게 됩니다. 스물두째, 꿈이 편안하게 됩니다. 스물셋째, 선망조상들이 괴로움에서 벗어나게 됩니다. 스물넷째, 전생의 복을 가지고 태어나게 됩니다. 스물다섯째, 성현님들의 찬탄을 받게 됩니다. 스물여섯째, 총명하게 됩니다. 스물일곱째, 자비심이 많아지게 됩니다. 스물여덟째, 반드시 부처가 됩니다. ㉑ 허공장 보살님! 지장 보살님의 명호를 염송하거나 지장 보살님의 상에 예경하거나 지장경을 독송하는 하느님이나 용신이나 귀신들은 일곱 가지 복을 누리게 됩니다. ㉒ 첫째, 모두 성현의 지위에 오르게 됩니다. 둘째, 악업이 소멸하게 됩니다. 셋째, 부처님들께서 보호하게 됩니다. 넷째, 최고 바른 깨달음으로 나아가게 됩니다. 다섯째, 전생의 복을 많이 가지고 태어나게 됩니다. 여섯째, 전생의 일들을 알게 됩니다. 일곱째, 반드시 부처가 됩니다. ㉓ 석가모니 부처님께서 지장 보살님의 큰 위신력을 찬양하시는 것을 듣고서, 시방에서 오신 불가설 불가설 모든 부처님들과 보살님들과 하느님·용신 등의 팔부신중들이 전에 없던 일이라 하며 감탄하셨습니다. ㉔ 도리천에는 한량없이 많은 향·꽃·좋은 옷·구슬목걸이가 비오듯이 내리어 석가모니 부처님과 지장 보살님께 공양하였고, 법회에 모였던 대중들은 다시 합장 공경하였습니다.

〈한글세대 지장경 끝〉

미 주

I. 가사체 불교경전

1 육하원칙 : 경전은 원칙적으로 부처님의 육하원칙으로 시작되어야 합니다(육성취). 사건진술은 부처님의 육하원칙으로 하여야 하는데, 교육부에서 착각하여 키플링의 육하원칙을 가르쳤습니다.

(1) 우리는 학교에서 '사건기술(기사작성) 육하원칙'이라면서 키플링의 육하원칙을 배웠습니다. 그런데

① 행동의 이유(왜?)는 원칙적으로 무의식에 있으므로 행위자 자신조차도 알 수 없다는 것이 현대정신과학의 입장입니다. 즉 '왜'는 사실이 아니라 추측입니다.

② '무엇'은 '어떻게'와 분리할 수 없으며, '어떻게'의 일부라는 것이 현대논리학의 입장입니다. '어떻게 행동하였는가?'에 '무엇과 어떻게'가 포함된다고 이해하면 될 것입니다.

③ 따라서 키플링의 육하원칙은 4개만이 사실(fact)이며, 하나 (왜?)는 추측이고, 하나(무엇)는 공허한 것입니다(무엇을 what, 왜 why, 언제 when, 어떻게 how, 어디서 where, 누가 하였는가? who).

(2) 우리가 학교에서 배우지 못한 육하원칙, 즉 부처님의 육하원칙이 있습니다. 부처님의 육하원칙에는 '聞(who2)과 衆(with whom)이

더 있습니다. 즉 누가 직접 들었으며, 직접 보았는가와 상대 혹은 증인이 누구인가?가 더 있습니다. 부처님께서 말씀하신 육하원칙의 제시 순서는 언어에 따라 달라질 수 있습니다.

①우리말 : 主(who1), 衆(with whom), 時(when), 處(where), 信(how), 聞(who2) : 5W 1H ;

부처님이 일천이백 오십명의 스님들과

많디많은 보살들과 어느날~ 사위국의

기원정사 계시면서 다음같이 하시는걸

제가직접 들었으며 제가직접 봤습니다.

②한문 : 信(how), 聞(who2), 時(when), 主(who1), 處(where), 衆(with whom) : 5W 1H ; 如是 我聞 一時 佛 在舍衛國祇樹給孤
여 시   아 문   일 시   불   재 사 위 국 기 수 급 고

獨園 與大比丘衆千二百五十人具及大菩薩衆
독 원   여 대 비 구 중 천 이 백 오 십 인 구 급 대 보 살 중

③영어 : 時(when), 聞(who2), 主(who1), 處(where), 衆(with whom), 信(how), : 5W 1H ; One day, I heard and saw that the Buddha did at the Jeta-AnathaPindika's park with 1250 monks and a great company of bodhi-sattvas: it went as follows.

(3) 키플링의 육하원칙을 사건기술 육하원칙으로 잘못 가르친 교육부, 아무 생각 없이 이를 추종하는 언론인(기자, 편집인), 법조인 (판사, 검사, 변호사, 경찰), 국어국문학자들의 각성을 촉구합니다.

2 기원정사 : 사위성에서 남쪽으로 2킬로미터 정도 떨어진 곳에

있는 절입니다.

3 세 번 돌고 : 정면에서 합장공경한 후 '오른 어깨를 부처님 쪽으로 향하면서 부처님을 세 번 도는 것입니다.

4 장로 : 지혜와 복덕이 높은 사람을 말합니다.

5 보살 : 산스끄리뜨어 '보리 살으와'의 준말입니다. '최고 바른 깨달음을 이루려는 마음을 낸 사람'을 말합니다.

6 보시 : 다른 이에게 나의 것을 자발적으로 주는 것을 말합니다. 보시에는 법시, 재시, 무외시 등이 있습니다.

7 현상 : 한문 법法은 각자의 '주관적 생각' 혹은 '자기만의 진리'를 말하기도 하고(현상), 객관이라는 '공통주관(공통현상)'을 말하기도 하고, 부처님의 진리를 말하기도 합니다.

8 복 : 지어놓은 복이 있으면 반드시 그 복을 누리게 됩니다.

9 동방 : 한국에서는 동서남북으로 부르지만 인도에서는 동남서북으로 불렀습니다.

10 상호 : 부처님이 되면 가지게 되는 부처님의 특징들(32상, 80종호 등)을 말합니다.

11 삼천대천세계 : 사람이 인식할 수 있는 세계의 1,000,000,000배 혹은 1,000,000,000배의 1,000,000,000배 되는 세계를 말합니다.

12 사구게 : 사구게에 관해서는 여러 설이 있으나 금강경 26장과 32장 사구게는 모두 사구게로 인정합니다.

13 수미산 : 세상의 중앙에 있는 산, 세상에서 가장 큰 산을 말합니다.

14 강가강 : 강가는 인도의 원래 발음이며 중국에서도 강가라고

합니다. 갠지스는 영미식 발음, 항하는 중국 음사 글자에 대한 한국 발음입니다.

15 하느님 : 하늘 세상에는 많은 하느님들이 살고 있습니다. 하느님도 역시 윤회 중생입니다.

16 아수라 : 장난을 좋아하는 신을 말합니다. 장난을 좋아하다보니 싸움을 좋아하는 신으로 오해받기도 합니다.

17 금강반야바라밀 : 금강은 가장 단단함을 말하고, 반야는 참다운 진리에 부합하는 최상의 지혜를 말하고, 바라밀은 완성을 뜻합니다.

18 서른둘의 거룩한 상호 : 삼십이상이라고도 합니다.

19 지혜의 눈 : 금강경 8장에 있듯이 육신의 눈이나 하늘의 눈보다 더 발달되었고, 법의 눈이나 부처의 눈 보다는 덜 발달된 눈입니다.

20 가리왕 : '잔인한 왕'이라는 의미입니다.

21 겁 : 매우 긴 세월의 단위입니다.

22 대승 : 근본불교에 대응하는 용어입니다. 근본불교가 경전 자체 혹은 글자에 충실하다면, 대승불교는 경전의 정신을 따르되 융통성을 발휘한다고 보면 될 것입니다.

23 전생지은 죄업 : 대부분의 과보는 현생에서 다 받으나, 생을 건너뛰어 전해지기도 합니다.

24 아승기 : 매우 많은 숫자의 단위입니다.

25 여여하다 : 사실을 왜곡하지도 않고, 어떤 것에 걸려들지도 않으며, 있는 그대로 보고, 그렇게 행동한다는 의미입니다.

26 육신의 눈 : 사람들이 일반적으로 가지고 있는 눈을 말합니다.

27 하늘의 눈 : 하느님들이 가지고 있는 눈, 즉 육신의 눈의 기능은 물론이려니와 공간적 제약을 받지 않는 눈 혹은 관점을 말합니다.

28 지혜의 눈 : 하늘의 눈의 기능은 물론이려니와 현재의 것을 보고 과거인연까지 알 수 있는 눈 혹은 관점을 말합니다.

29 법의 눈 : 지혜의 눈의 기능은 물론이려니와 모든 현상의 진상을 알 수 있는 눈 혹은 관점을 말합니다.

30 부처의 눈 : 법의 눈의 기능은 물론이려니와 최고 바른 깨달음을 이룬 부처님들만이 가질 수 있는 눈 혹은 관점을 말합니다.

31 부처 형상 : 부처님의 시각적 특징들을 말합니다.

32 부처 상호 : 부처님의 여러 가지 특징들, 즉 32상과 80종호를 말합니다.

33 범부 : 지혜가 얕고 우둔한 사람들을 말합니다.

34 전륜(성)왕 : 하늘로부터 받은 윤보를 굴리면서 세상을 아주 평화롭게 잘 통치하는 이상적인 왕을 말합니다.

35 아라한 : 성문 성현(수다원, 사다함, 아나함, 아라한) 중에서 최고의 지위를 말합니다. 나한이라고도 합니다.

36 극락중생 : 육도를 벗어났다는 의미에서는 중생이 아니지만, 아직 부처를 이루지 못했다는 점에서는 중생이라고 할 수밖에 없습니다.

37 사보 : 금·은·파란 옥·수정 등의 네 가지 최고 보물을 말합니다.

38 팔공덕수 : 매우 좋은 물을 말합니다.

39 칠보 : 금·은·파란 옥·수정·하얀 산호·빨간 진주·푸른 옥 등의 일곱 가지 최고 보물을 말합니다.

40 시방 세계 : 동방·남방·서방·북방·북동방·남동방·남서방·북서 방·하방·상방에 있는 모든 세계를 말합니다.

41 오근 : '신·진·염·정·혜'의 다섯 가지 수행을 말합니다.

42 오력 : 다섯 가지 수행 즉 신·진·염·정·혜에서 나오는 힘을 말합니다.

43 칠보리분 : 깨달음에 이르는 일곱 가지 방법을 말합니다.

44 팔성도 : 팔정도八正道라고도 합니다. 정견·정사·정어·정업·정 명·정진·정념·정정을 말합니다.

45 삼악도 : 악도惡道라고도 합니다. 육도 중 삼선도(하느님, 사람, 아수라)를 제외한 삼악도(지옥, 아귀, 축생)를 말합니다.

46 무량은 10의 7승의 제곱의 제곱의 제곱(제곱이 104번), 무변은 10의 7승의 제곱의 제곱의 제곱(제곱이 106번), 아승기는 10의 7승의 제곱의 제곱의 제곱(제곱이 102번)입니다. 겁劫은 아주 긴 세월의 단위를 말합니다.

47 무량수 부처님 : 무량수불無量壽佛. 한량없이 긴 수명의 부처님이라 는 의미입니다.

48 무량광 부처님 : 무량광불無量光佛. 한량없이 밝은 광명의 부처님이 라는 의미입니다.

49 성문 제자 : 10대 제자, 16성, 500아라한 등 부처님께 직접 설법을 들은 제자들을 말합니다.

50 삼천대천세계 : 사람이 인식할 수 있는 세계의 1,000,000,000배 혹은 1,000,000,000,000,000,000배를 말합니다.

51 일체제불 소호념경 : 모든 부처님들이 참으로 아끼는 경이라는 말입니다.

52 대염견 부처님 : 남방에도 대염견 부처님께서 계시나, 남방에 계시는 부처님은 Maharcishkandho 부처님으로 표기되고, 여기 상방에 계시는 부처님은 Maharciskandho 부처님으로 표기되고 있어 다른 부처님으로 생각됩니다.

53 오탁악세 : 겁탁劫濁 견탁見濁 번뇌탁煩惱濁 중생탁衆生濁 명탁命濁인 세상을 말합니다.

54 관세음보살 : 관세음 보살님의 명호를 염송할 때에는 일반적으로 "관세음 보살!"로 염송합니다.

55 중생 : 육도(하느님세상, 인간세상, 아수라세상, 축생세상, 아귀세상, 지옥세상)를 윤회하는 생명체를 말합니다.

56 칠난 : ① 화火 ② 수水 ③ 풍風 ④ 검劍 ⑤ 귀鬼 ⑥ 옥獄 ⑦ 적賊을 말합니다.

57 금은보화 : 금은을 중심으로 하는 보화 혹은 보물 전체를 말합니다. 통상 사보, 칠보를 말하는데, 때로는 8보, 11보를 말하기도 합니다.

58 삼천대천세계 : 세계는 사람이 인식할 수 있는 세계의 1,000,000,000배 혹은 1000,000,000,000,000,000배 되는 세계를 말합니다.

59 야차 : 일반적으로 포악 귀신을 말하며, 하늘 야차·허공 야차·땅

야차가 있습니다.

60 나찰 : 일반적으로 지옥 귀신, 악한 귀신, 식인 귀신, 질병 귀신 등을 말합니다.

61 삼독 : 탐貪 진瞋 치癡, 즉 탐욕, 분노, 어리석음을 말합니다.

62 복 : 착한 행동을 하여 지은 복은 누리지 않을 수가 없습니다.

63 사바세계 : 통상 오탁악세 사바세계라고 합니다. 오탁五濁은 겁탁劫 濁 견탁見濁 번뇌탁煩惱濁 중생탁衆生濁 명탁命濁을 총칭하는 말입 니다.

64 벽지불 : 부처님을 만나지 않고 수행을 통해 스스로 깨달은 사람을 말합니다. 벽지불, 연각, 독각이라고 합니다.

65 성문 : 부처님의 설법을 직접 들은 제자들을 말합니다.

66 범천(왕) : 범왕이라고도 하며, 초선천인 범천 하느님들의 왕을 말합니다.

67 제석천(왕) : 도리천의 왕입니다. 천주, 환인, 석제라고 하기도 합니다.

68 자재천(왕) : 시방 세계를 마음대로 다닐 수 있는 하느님을 말합니다.

69 대자재천(왕) : 시방 세계뿐만 아니라 허공계까지도 마음대로 다닐 수 있는 하느님을 말합니다.

70 비사문 : 야차·나찰을 통솔하며, 북방 하늘을 수호하며 사람들에게 복을 주는 하느님을 말합니다. 북방천 하느님(왕)이라고도 합니다.

71 거사 : 재가 남자 신도를 말합니다.

72 바라문 : 인도의 사성계급 중 가장 높은 계급을 말합니다.

73 팔부신중 : 하느님·용·야차·건달바·아수라·가루라·긴나라·마
후라가/인비인을 한꺼번에 말할 때에 팔부신중 혹은 팔부중생이
라고 합니다.

74 집금강신 : 손에 금강저를 들고 불교를 수호하는 신을 말합니다.
지금강, 금강수, 금강역사라고도 합니다.

75 공양 : 매우 광범위한 의미를 가지고 있는 말입니다. 간략하게
①부처님, 부모님, 스승님, 죽은 이 등께 재물을 바친다, ②식사한
다, ③부처님의 가르침을 실천한다 등의 의미가 있습니다.

76 지지보살 : 천상계의 교주는 천장 보살이고, 지상계의 교주는
지지 보살이며, 명부계의 교주는 지장 보살입니다.

77 십이처 : 육근과 육경을 합쳐서 십이처, 십이입, 십이입처라고
합니다. 육근은 눈·귀·코·혀·몸·뜻이고, 육경은 형상·소리·냄
새·맛·촉·현상입니다.

78 십팔계 : 육근, 육경, 육식을 합쳐서 십팔계라고 합니다.

79 이십오유 : 원각경 제8 변음보살장에 사마타 삼마발제 선나를
수행하는 25 과정이 있습니다.

80 십력 : 부처님의 십력과 보살님의 십력이 있으나 여기서는 보살님의
십력으로 보입니다.

81 사무소외 : 사무외라고도 하며, 부처님은 확신이 있으므로 네
가지의 두려움 중 어떤 것도 없는 것을 말합니다.

82 사무애지 : 사무애해라고도 하며, 네 가지 막힘없는 이해 능력을
말합니다. 법무애지, 의무애지, 사무애지, 변무애지를 말합니다.

83 십팔불공 : 불십팔공이라고도 하며, 부처님만이 갖추고 있는 열여
   덟 가지의 능력을 말합니다.

84 삼칠조도 : 삼십칠 조도품, 삼십칠 보리분법 등으로 말하며, 깨달음
   에 이르기 위한 37가지 수행법을 말합니다.

85 네 가지의 질병 : 지음의 병, 그침의 병, 맡김의 병, 멸함의 병을
   말합니다. 작지임멸 作止任滅 네 가지병을 말합니다.

86 사대 : 지수화풍地水火風을 말합니다.

87 이장사장理障事障 : 이장은 바른 견해를 가지지 못한 장애, 사장은
   생사를 상속하는 것을 말합니다.

88 오체투지 : 두 팔꿈치, 두 무릎, 이마를 땅에 대며 하는 절 즉
   가장 정중한 절을 말합니다.

89 아난다 : 부처님의 10대 제자 중에서 기억력이 가장 뛰어난 제자입
   니다.

90 존자님 : 부처님의 제자들 중에서도 매우 높으신 분을 말합니다.

91 삼계도사 : 삼계(욕계, 색계, 무색계)에서 길을 가르쳐 주는 스승이
   라는 의미입니다.

92 사생자부 : 모든 중생들, 즉 알로 생긴 중생이나 태로 생긴 중생이나
   습기에서 생긴 중생, 변화하여 생긴 중생 전부를 자비롭게 보살피
   는 부모님과 같은 존재라는 의미입니다.

93 오포 : 머리가 1포, 두 팔이 합쳐지면 3포, 두 다리가 합쳐지면
   5포가 됩니다.

94 육정 : 일반적으로 사람의 육정은 눈·귀·코·혀·몸·뜻이라고

하는데, 한문 부모은중경에서는 눈·귀·코·입·혀·뜻이라고 되어 있습니다. 오자로 생각하여 눈·귀·코·혀·몸·뜻으로 수정합니다.

95 아홉 개의 구멍 : 두 눈, 두 귀, 두 콧구멍, 입, 대변구, 소변구를 합치면 아홉 개의 구멍이 됩니다.

96 생장 : 심장 간장 비장 폐장 등을 통칭하는 말입니다.

97 숙장 : 창자 위장 방광 등을 통칭하는 말입니다.

98 세세생생 : '여러 생애를 걸쳐서'라는 의미입니다.

99 혼魂을 관장하는 간, 백魄을 관장하는 허파, 의意를 관장하는 지라, 지志를 관장하는 콩팥, 정신精神을 관장하는 염통이 모두 열리어 모든 힘이 거의 빠져나간 상태를 말합니다.

100 액난 : 횡액, 즉 예상하지 못하던 불행을 만나 어려운 처지가 되는 것을 말합니다.

101 원귀 : 너무 많은 원한을 품고 죽으면 저승도 가지 못하는 귀신, 즉 원귀가 됩니다.

102 무간지옥 : 지독한 고통이 끊어지지 않고 계속되는 지옥입니다.

103 하느님 : 육도윤회중생 중의 가장 높은 지위이며, 사람도 착한 일을 많이 하면 하느님이 되어 하늘나라에서 즐거움을 누리며 살게 됩니다.

104 인비인 : 하느님에서 마후라가까지의 8부 중생 전부를 인비인이라고도 합니다.

105 전륜성왕 : 무력을 사용하지 않고 천하를 통일하여 평화롭게

다스리는, 즉 세상을 매우 잘 다스리는 왕을 말합니다.

106 불설대보부모은중경佛說大報父母恩重經

107 상법시대 : 불법 유지에 대한 세 시기를 정법시대-상법시대-말법
시대로 구분합니다.

108 여래 십호 : ①응공 ②정등각 ③명행족 ④선서 ⑤세간해 ⑥무상
사 ⑦조어장부 ⑧천인사 ⑨부처님 ⑩세존입니다. 호는 별호인
데 일부 학자들이 여래를 ①로 하고 부처님-세존을 붙여서 10으
로 하기도 합니다.

109 삼취정계 : 삼취계라고도 하며, 대승 보살이 받아 지니는 세
가지 계율을 말합니다.

110 정법안장 : 모든 것을 꿰뚫어보고 모든 것을 간직하는 스스로
체득한 깨달음을 말합니다.

111 야차 : 원래 의미는 사람들을 괴롭히거나 해치는 귀신입니다.

112 나찰 : 땅이나 공중을 신속하게 다니면서 사람을 잡아먹는 무서운
악귀를 말합니다.

113 팔분재계 : 팔재계라고도 하며, 재가자가 육재일에 지키는 여덟
가지 계율을 말합니다. 오계에 화려한 자리에 앉지 않음, 향유를
바르거나 가무를 하지 않음, 때가 아니면 먹지 않음 등이 추가됩
니다.

114 찰제리 : 고대인도 사회에서 둘째 계급입니다. 왕족 귀족 무사로
정치와 군사를 담당하던 집단을 말합니다.

115 바라문 : 고대인도 사회에서 가장 높은 계급입니다. 제사와 교육을

담당하던 바라문교의 사제 집단을 말합니다.

116 제멸일체 중생고뇌 삼매除滅一切 衆生苦惱 三昧

117 불퇴전 : 마음을 늦추지 않고 수행에만 힘씀. 수행으로 도달한 경지에서 다시는 범부의 상태로 후퇴하지 않음을 뜻합니다.

118 오계 : 불교입문자가 지키기로 약속하는 다섯 가지 사항. 살도음망주 않겠습니다 라는 맹서를 말합니다.

119 십계 : 사미 사미니가 지키기로 맹서하는 열 가지 계를 말합니다. 오계에 향유를 바르지 않음, 가무를 하지 않음, 화려한 자리에 앉지 않음, 때가 아니면 먹지 않음, 금은보화를 지니지 않음 등이 추가됩니다.

120 삼악도 : 육도윤회 중에서 삼선도(하느님 사람 아수라)를 제외한 세 가지 나쁜 길(지옥 아귀 축생)을 말합니다.

121 성문 : 부처님의 가르침을 듣고 깨달음을 위해 수행하는 사람을 말합니다.

122 연각 : 스승 없이 홀로 깨달음을 추구하는 수행자 혹은 깨달은 사람을 말하며, 독각·벽지불이라고도 합니다.

123 등각지 : 바르고 원만한 부처님의 깨달음 혹은 부처님의 깨달음과 거의 같은 깨달음을 말합니다.

124 일생보처 : 한 번의 미혹한 생을 마치면 다음 생에는 부처가 되는 경지를 말합니다.

125 삼보 : 세 가지 참으로 귀한 보배, 즉 부처님·진리법·승가대중을 말합니다.

126 신식 : 육식의 하나. 안이비설신의에 각각 식이 붙습니다. 신에서 촉각으로 느끼는 감각작용을 말합니다.

127 염라대왕 : 염라왕 염마왕으로도 부릅니다. 생전의 행적에 따라서 상과 벌을 주는 저승의 왕을 말합니다.

128 구생신 : 사람이 태어날 때 함께 와서 사람의 양쪽 어깨 위에 있으면서 선악행위를 적어두었다가 사람이 죽은 후에 염라대왕에게 일일이 보고하는 신이며, 오른 어깨 위에는 동명신, 왼쪽 어깨 위에는 동생신이 있습니다.

129 관정왕 : 찰제리 중에서 '정식으로 대관식을 마친 왕'을 말합니다.

130 오역죄 : 다섯 가지 무거운 죄. 오역죄는 무간지옥에 떨어질 무거운 죄업이므로 오무간업이라고도 합니다. 여러 설이 있으나, 아버지·어머니·아라한을 죽인 죄와 승가의 화합을 깨뜨린 죄, 그리고 부처님의 몸에 상처를 낸 죄를 말합니다.

II. 가사체 불교의례

1 원인-결과 사이의 관계는 충분조건, 필수조건, 필요조건이 있습니다.

(1) A이면 반드시 B가 성립될 때 A는 B의 충분조건입니다. '대상이 있으면, 공함이 있다'에서는 '대상'은 '공함'이 있기 위한 충분조건입니다.

(2) A가 없으면 절대로 B가 성립되지 않을 때 A는 B의 필수조건입니다. '대상이 없으면, 공함이 없다'에서 '대상'은 '공함'이 있기 위한 필수조건입니다.

(3) A는 '절대로 버려지지 않고 반드시' B의 성립에 사용이 될 때 A는 B의 필요조건입니다. 이 자판기에는 "500원짜리 동전은 필요하다, 1000원짜리 지폐는 필요없다, 100원짜리 동전은 필요없다, 10,000원짜리 지폐도 필요없다"에서 볼 수 있듯이 어떤 목적에 '버려지지 않고 반드시 사용될 수 있음'이 필요조건 입니다. 예를 들어서, 지장경 5장 ⑩절의 "죽은 뒤에는 털끝만 한 죄에 대하여서도 다 과보를 받으며" 했을 때의 "털끝만 한 죄"가 "과보"성립의 필요조건입니다.

결과중심의 서양 논리학에서는 〈1 충분조건〉과 〈2 필수조건〉 뿐입니다. 〈3 필요조건〉은 없습니다. 즉 원인이 결과를 만들뿐 만 아니라, 결과의 내용도 결정하는 필요조건은 없습니다. 교육부에서 이런 미묘한 차이를 감지하지 못하고, 내용 필수조 건을 용어 필요조건으로 하여 한국의 논리학을 엉망진창으로 만들어 버렸습니다. 논리학자 수학자 국어학자들의 각성을 촉구합니다. 논리학의 가장 기본을 엉망으로 만들어 놓고, 대학입시에서 논술시험을 치게 하는 것은 큰 범죄행위입니다.

(4) 필수충분조건은 필수조건과 충분조건이 동시에 되는 경우를 말합니다. '대상이 곧 공함이고 공함이 곧 대상이다'에서 대상은 공함의 필수충분조건이고, 공함도 역시 대상의 필수충분조건 입니다.

2 원두園頭 : 오이 참외 수박 등을 총칭하는 말입니다. 원두막은 오이 참외 수박 등으로 행인들을 해갈시켜주는 곳입니다.

III. 한글세대 불교경전

1 육하원칙 : 경전은 원칙적으로 부처님의 육하원칙으로 시작되어야
   합니다(육성취). 사건진술은 부처님의 육하원칙으로 하여야 하는
   데, 교육부에서 착각하여 키플링의 육하원칙을 가르쳤습니다. 금강
   경에서의 미주 1)을 참고해 주세요

2 계율 : 계와 율을 따로따로 사용할 때의 계는 자신과의 약속이고,
   율은 집단구성원들간의 약속입니다. 내용은 거의 같으나 결과는
   다릅니다. 계는 인과법에 따라 과가 일어나며, 율은 집단의 결정에
   따라서 과가 일어납니다.

3 제도 : 자신이나 남을 고통에서 구해 내어 기쁨 세상으로 가도록
   하며, 궁극적으로는 부처가 되도록 하는 것을 말합니다.

4 오근 : 눈·귀·코·혀·몸을 말합니다.

5 오욕 : 눈·귀·코·혀·몸이 원하는 것, 즉 색성향미촉을 말합니다.
   혹은 재·색·음식·명예·수면욕을 말하기도 합니다.

6 감각적인 일 : 오욕락을 말합니다.

7 제석 : 석제 천주라고도 합니다.

8 구경열반 : 고통이 전혀 없고, 오직 기쁨만 있는 세상을 말합니다.

9 불가설불가설 : '정말 도저히 말할 수 없이 많은 수' 혹은 10의
   7승을 28번 계속적으로 제곱한 수, 즉 10의 1,879,048,192승.

10 불찰극미진수 : '우주를 부수어 먼지가루로 만들었을 때의 먼지가
   루 수'를 제곱한 수.

11 반열반 : '완전한 열반'을 의미하며, 부처님께서 육신을 버리고

이 세상을 떠나는 것을 반열반이라고 합니다.

12 시방 : 모든 방향을 말합니다.

13 불가설 불가설 : 현재의 우리 표현으로는 도저히 표현할 수 없이 많은 수를 말합니다. 뒤의 아승기, 무량, 무변 등도 마찬가지입니다.

14 오탁악세 : 다섯 가지 좋지 않은 일이 있는 세상, 즉 말세의 징후가 있는 세상을 말합니다.

15 大光明 : 圓滿大光明·慈悲大光明·智慧大光明·般若大光明·三昧大光明·吉祥大光明·福德大光明·功德大光明·歸依大光明·讚嘆大光明

16 法 : 布施波羅蜜·持戒波羅蜜·忍辱波羅蜜·精進波羅蜜·禪定波羅蜜·般若波羅蜜·慈悲喜捨·解脫·無漏智慧·大智慧·獅子吼·大獅子吼·雲雷·大雲雷

17 사바세계 : 지금 우리가 살고 있는 세계를 말합니다. 죄를 많이 지었기 때문에 그 죄업으로 고생을 많이 하는 세계입니다.

18 하느님들 : 四天王天·忉利天·須焰摩天·도솔타천·化樂天·他化自在天·梵衆天·梵輔天·大梵天·少光天·無量光天·光音天·少淨天·無量淨天·遍淨天·福生天·福愛天·廣果天·嚴飾天·無量嚴飾天·嚴飾果實天·無想天·無煩天·無熱天·善見天·善現天·色究竟天·摩醯首羅天·非想非非想處天 등

19 용신 : 원칙적으로 상당한 힘을 가지고 좋은 일을 하는 신들을 말합니다. 海神·江神·河神·水神·山神·地神·川澤神·苗稼神·晝

神·夜神·空神·天神·飮食神·草木神

20 귀신왕 : 원래는 나쁜 일을 하는 귀신들의 왕을 의미하였으나
여기에 나열되는 귀신왕들은 부처님께 귀의하여 좋은 일을 하게
된 귀신왕들을 의미합니다. 惡目 鬼神王, 噉血 鬼神王, 噉精氣
鬼神王, 噉胎卵 鬼神王, 行病 鬼神王, 攝毒 鬼神王, 慈心 鬼神王,
福利 鬼神王, 大愛敬 鬼神王

21 무애지無碍智 : 걸림없는 지혜를 말합니다.

22 강가강 : 인도에서는 강가강이라고 하고, 중국에서도 강가강이라
고 하며, 영어로는 갠지스강이며, 우리나라 사람들이 고대 중국
한자어를 잘못 읽어서 항하라고 하였습니다. 그래서 강가강으로
정리합니다.

23 불가설 : 두 가지 의미가 있습니다. '말로는 도저히 표현할 수
없을 정도로 많거나 크거나 작은'이라는 의미와 '구체적 수로서
10의 1,879,048,192제곱이라는 의미가 있습니다.

24 삼보 : 거룩한 부처님, 부처님의 거룩한 법, 부처님을 따르는
거룩한 대중을 통틀어 말합니다. 통상 불법승이라고 합니다.

25 칠칠일 : 7×7일, 즉 49일을 말합니다.

26 수기 : 다음 생에 부처가 되겠다는 예언을 부처님으로부터 받는
것을 말합니다.

27 여래 : 여래의 십호는 응공·정변지·명행족·선서·세간해·무상
사·조어장부·천인사·불·세존입니다.

28 십선행이라고 합니다.

29 상법시대라고 합니다.

30 탱화 : 부처님이나 보살님 등을 그린 그림을 말합니다.

31 삼악도 : 지옥, 아귀, 축생을 말합니다.

32 무우국토無憂國土 : 근심 걱정이 없는 나라를 말합니다.

33 악도 : 삼악도와 동의어이며, 지옥, 아귀, 축생을 말합니다.

34 지옥 1 : 極無間, 大阿鼻, 四角, 飛刀, 火箭, 夾山, 通槍, 鐵車, 鐵床,
   鐵牛, 鐵衣, 千刃, 鐵驢, 洋銅, 抱柱, 流火, 耕舌, 坐首, 燒脚, 啗眼,
   鐵丸, 諍論, 鐵銖, 多瞋 지옥을 함합니다.

35 지옥 2 : 叫喚, 拔舌, 糞尿, 銅鎖, 火象, 火狗, 火馬, 火牛, 火山,
   火石, 火床, 火梁, 火鷹, 鉅牙, 剝皮, 飮血, 燒手, 燒脚, 倒刺, 火屋,
   鐵屋, 火狼 지옥을 말합니다.

36 앞의 화상 지옥은 火象 지옥이고, 지금의 화상 지옥은 火床 지옥으로
   한자가 다릅니다.

37 "○○ 등 저희들은 ○○○를 위하여서 ○○○○ 앞에 촛불을
   켜고 향을 피우고 이 재물들을 올립니다. ○○○가 건강을 회복하
   도록 보살펴 주십시오. ○○○가 복을 누리도록 보살펴 주십시오!"
   혹은 적당한 다른 말로 바꾸어도 됩니다.

38 지금 우리나라에서는 동서남북으로 사용하나, 원융사상의 근본인
   동양 특히 불교에서는 동남서북으로 사용합니다.

39 본식 : 깊은 의식, 무의식을 말합니다.

40 무생법인 : 참된 진리를 온전하게 이루는 것을 말합니다.

41 귀신왕 : 閻羅天子, 惡毒, 多惡, 大諍, 白虎, 血虎, 赤虎, 散殃, 飛身,

電光, 狼牙, 千眼, 噉獸, 負石, 主耗, 主禍, 主福, 主食, 主財, 主畜, 主禽, 主獸, 主魅, 主産, 主命, 主疾, 主險, 三目, 四目, 五目, 祁利失王, 大祁利失王, 祁利叉王, 大祁利叉王, 阿那吒王, 大阿那吒王을 말합니다.

42 생사중죄生死重罪 : 생사와 관련된 중한 죄, 즉 살생죄를 말합니다.

43 8절과 19절의 부처님의 명호가 약간 혼란스럽습니다. 필자들이 본 한글판 유통본에는 전부 보승-다보로 되어 있으나, 신수장경에 는 보성-보승으로 되어 있습니다.

44 오무간대죄 : 무간지옥에 들어갈 다섯 가지 중한 죄를 말합니다.

45 호상광毫相光 : 白毫相光, 大白毫相光, 瑞毫相光, 大瑞毫相光, 玉毫相光, 大玉毫相光, 紫毫相光, 大紫毫相光, 靑毫相光, 大靑毫相光, 碧毫相光, 大碧毫相光, 紅毫相光, 大紅毫相光, 綠毫相光, 大綠毫相光, 金毫相光, 大金毫相光, 慶雲毫相光, 大慶雲毫相光, 千輪毫相光, 大千輪毫相光, 寶輪毫相光, 大寶輪毫相光, 日輪毫相光, 大日輪毫相光, 月輪毫相光, 大月輪毫相光. 宮殿毫相光, 大宮殿毫相光, 海雲毫相光, 大海雲毫相光을 말합니다.

발 문

서울대학교 이장호 교수님의 권유로, '서양의 한계를 극복하고 동서양 통합 상담심리학을 세우기 위해' 이동식 선생님의 교실에서 김종서, 이종익 선생님들과 금강경 공부를 시작하였습니다.

금강경을 독송하던 중, 필자는 '근원도 알 수 없는, 저 자신의 저 깊고 깊은 곳에서 생명의 빛이 흘러나오는 것'을 발견했습니다. '저와 모든 생명이 함께하는 빛, 생명의 빛'이 저의 깊은 곳에서 나오고 있었습니다. 내면의 빛뿐만 아니라, 날씨와는 무관하게 밖에서 불어오는 법풍(法風, 진리의 바람)도 저의 몸과 마음을 시원하게 해 주고 있습니다. 많은 분들의 은혜로 출간까지 하게 되었습니다.

첫째, 무비스님께 참으로 큰 은혜를 입었습니다. 천진난만하시며(?), 대자대비에도 걸리지 않으시는 '살아계시는 대 성현의 모습'으로 참으로 자상한 가르침을 베풀어 주셨습니다.

둘째, 안형관 선배님과 강수균 선배님을 비롯한 화화회(화엄경과 **화**이트헤드를 연구하는 모임) 회원들에게 고마운 마음을 전합니다. 20년 세월 동안 매주 원고를 교정해주고 가르쳐주신 두 분 선배님과 강태진, 김정옥, 김정자 선생님들께 특히 감사드립니다. 화화회에서 같이 했던 수많은 회원님들에게도 깊은 감사를 드립니다. 가려운 곳을 긁어주고 모자라는 곳을 채워준 김남경 교수님께도 심심한 감사를 드립니다.

셋째, 눈이 되어주고 귀가 되어주고 손발이 되어주신 보리행 박혜정 보살님, 수선행 이수진 보살, 해광 조재형 거사에게도 고마운 마음을 전합니다.

넷째, 출간을 허락해 준 도서출판 운주사 김시열 사장님과 출판과 관련하여 '필자의 이런저런 까다로운 요구'를 다 견뎌주고 협조해주신 임직원님들께도 감사를 드립니다.

마지막으로, 가사체 불교경전과 한글세대 불교경전의 보급을 위해 법보시에 동참해 주신 많은 십시일반 동참회원님들과 108 동참회원님들에게 심심한 감사의 말씀을 드립니다. 이 인연공덕으로 무량복을 누리시고 속히 성불하옵소서.

법보시 동참 계좌 :

신한은행 110-354-890749

조현춘(가사체금강경독송회)

이 통장으로 입금되는 보시금은 전액 '지정 전각'이나 '군법당 병원법당 교도소 등에의 법보시, 불교기관에의 보시'로만 사용합니다. 고맙습니다. 참으로 고맙습니다.

가사체 금강경 독송회

대심거사 조현춘 010-9512-5202 합장

무비스님·조현춘 공역 경전들

도서출판 운주사

『가사체 불교경전과 한글세대 불교경전』

1. 가사체 불교경전 2. 가사체 불교의례 3. 한글세대 불교경전

정본 금강경

1. 『정본 한문 금강경』

2. 『가사체 금강경과 정본 한문 금강경』(독송, 사경)

3. 『The Diamond Sutra 가사체 금강경』

4. 『정본 우리말 금강경』(근간)

사경집

금강경, 약사경, 부모은중경, 보현행원품 (기출판)

승만경, 아미타경, 관음경, 반야심경, 천수경, 지장경 (예정)

● **무비無比 큰스님**(전 조계종 교육원장)은

부산 범어사에서 여환스님을 은사로 출가. 해인사 강원 졸업. 해인사·통도사 등 여러 선원에서 10여 년 동안 안거. 오대산 월정사에서 탄허스님을 모시고 경전을 공부한 후 '탄허스님의 법맥을 이은 대강백'으로 통도사·범어사 강주, 조계종 승가대학원·동국역경원 원장 역임. 지금은 범어사 화엄전에 주석하시면서 후학을 지도하며 많은 집필활동과 더불어 전국 각지의 법회에서 불자들의 마음 문을 열어주고 있습니다.

(다음 카페: 염화실)

● **대심大心거사 조현춘**(가사체 금강경 독송회 회장)은

서울대학교 이장호 지도교수님의 권유로 '동서양 통합 상담심리학'을 세우기 위해 금강경 공부 시작. 30여 년 교수생활 중에 계속 '불교경전과 상담심리학'이라는 주제의 논문 발표. 화엄경과 화이트헤드 연구회·법률불자교수회·한국동서정신과학회·한국정서행동장애아교육학회·대한문학치료학회 등의 회장을 역임하였습니다.

(다음 카페: 가사체금강경)

가사체 불교경전과 한글세대 불교경전

초판 1쇄 발행 불기 2563(서기 2019)년 3월 30일
초판 3쇄 발행 불기 2567(서기 2023)년 5월 15일
공역 무비스님·조현춘 | 펴낸이 김시열
펴낸곳 도서출판 운주사
　　　서울시 성북구 동소문로 67-1 성심빌딩 3층
　　　전화 (02) 926-8361 | 팩스 0505-115-8361
ISBN 978-89-5746-542-4 03220
값 23,000원